明治期初等学校教育教科書

―明治期の子供たちが受けた高いレベルの教育とその教科書―

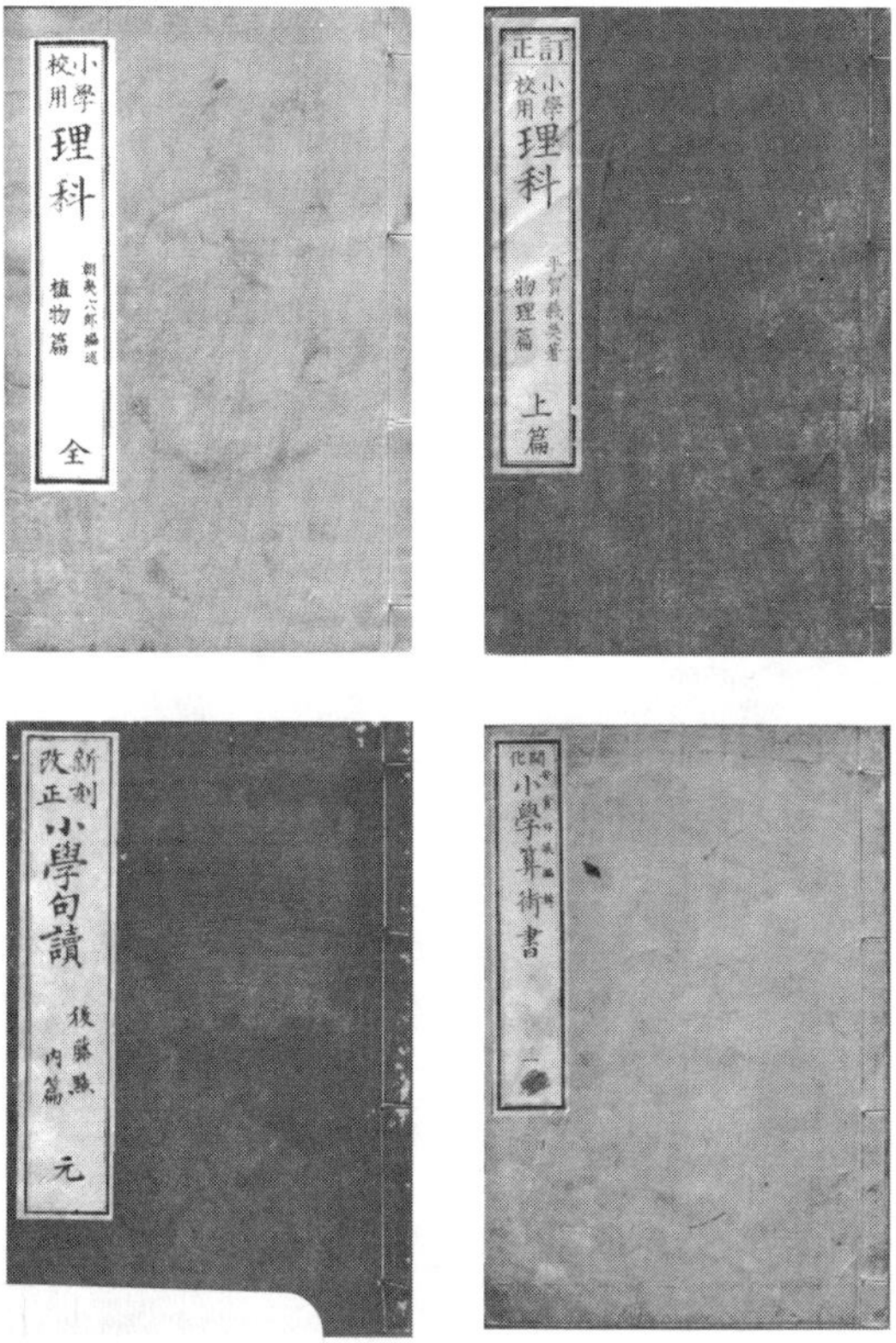

著者 吉野 勝美

米田出版

はしがき

日本を取り巻く環境は極めて厳しい状況にあり、世界の中での存在感がどんどん低下しつつあるが、その原因の一つは教育の劣化と、それがきっかけともなっての自信と誇りの喪失にある、と筆者は繰り返し発言してきた。

すなわち、戦後教育に大きな間違いがあり、その最たるものがゆとり教育であり、歴史教育である。これは小学校、中学校などの若年教育を著しく欠陥のあるものにしただけでなく、続く高校、大学など高等教育にも深刻な影響を与えたと考えているのである。

様々な能力の子供がおり、多様な教育が必要であると云うのは当然であろうが、教育のレベルを著しく低下させたのは全くの誤りである。積極的に自らが発想し発信する能力と多様な価値観を持った若者が世の中に育っていく、と云う考え方でゆとり教育が始められたのだろう。しかし、子供の能力が平等であり、誰もが落ちこぼれないような教育を目指すべきであると云う考えで教育が進められたため、著しい教育レベルの低下が起こったものと考えられるのである。子供によって成長速度の違いなどがあるのは当然であるから、子供にとって本当の平等とは、各自がその発達段階、時点で持っている資質と能力を一番いい形で育てることである筈である。成長の速い子供は小さい間に高いレベルまで指導しなければ伸び悩みになってしまう可能性があり、成長のゆっくりした子供はじっくりと時間をかけてでも確実に指導する必要があろう。これらの子供による違いがほとんど無視され、平均化された子供のレベルに合わすのが平等とみなされていると云う感がするのである。

もっとずっと高いレベルの教育が可能であり、行うべきである。それによって子供、若者は自信と誇りを持ち生き生きと活動できるのである。かつての日本が誇った高い技術、産業、社会の発展をもたらした時代の教育レベルが非常に高かったと云うことを知るべきであると考えていたが、それを実証するような証拠の一つとなると思われる、戦前の古い大学での講義ノート、受講ノートが届いたことから、この古い資料を広く披露し、多くの方々に考えてみていただきたい、と云うことで十巻にのぼる「古い大学講義ノート」シリーズを発行してきた。

これは大阪帝国大学工学部電気工学科を昭和16年3月卒業された学生さん、池田盈造氏のご家族から大阪大学工学部電気系同窓会である澪電会に送っていただいた膨大な講義ノートであり、当時の大学の学部で専門科目として教えられていた講義内容と、それが驚くほどの高いレベルであることが明らかになる素晴らしい資料であった。

現代と比べても極めて高いレベルの講義内容を、二十歳前後の当時の若者が充分に理解し身に付けることができた、と云うことは想像を超える程の驚きであった。

このことからみても、戦後の教育では否定されがちであった戦前の教育の方がはるかにしっかりしたものであったように思えるのである。と云うよりも、先生には非常に高いレベルの教育を行おうとする意気込みが感じられ、学生の方も積極的にそれにチャレンジしようとしている姿が思われるのである。

これだけの高いレベルの教育を大学に入りたての20歳前後の青少年が受けて、吸収、消化し、自らのものとできるからには、当時の若者がよほど優秀であったか、子供の頃の教育がうまく行われた可能性があると考えざるを得ない、と云う思いが古い大学講義ノートを調べれば調べる程強くなってきた。

そんな事実や思いをいろんな機会にいろいろな人に講演したり話をしたりしているうち、多くの人から様々な興味深い話を聞かせてもらえるようになってきた。その一つが本書で紹介する賣布神社の歴代の宮司さんが初等教育課程で教えを受けられた子供の頃の教科書である。

小生の奉職する島根県産業技術センターに勤務しているため、日頃、小生の話を聞き飽きるほど聞かされている、賣布神社の権禰宜青戸崇年さんが、〝家で資料を整理していたら明治の初めの教科書がたくさん出てきましたが、関心がありますか〟、と尋ねられたのである。賣布神社は凡そ千三百年以前の出雲国風土記にも載っている松江市内にある由緒のある神社である。

〝是非見せていただきたい〟とお願いした翌日、数冊の古い教科書を持ってきて下さった。まず小学校用理科の教科書を見てそのレベルの高さに驚いてしまった。その後、多くの当時の初等教育の教科書を持ってきて見せてもらったが、いずれも信じ難いほどのレベルである。

またこの教科書を見るとかなり難しい漢字を使っているのである。それで、これは小学生の各自が持つ教科書だったのかな、と当初少し疑問を持ったのであるが、次第に意外に小学生が難しい漢字を充分に理解していたのではないかと云う気がしてきた。かつて江戸期、明治期に二十歳前の若い人が大活躍して、また凄い文章や詩を残していることがあるが、実は途轍もなく高いレベルのことを既に十数歳以下でマスターしていたのではないか、と云う思いが強くなってきたのである。そのことを確信したのは、青戸さんがさらに明治初年頃の国語、歴史などの多くの教科書を持ってきて見せてくださった時である。

このことは是非とも多くの方々に知っていただく必要があると思い、「明治期初等学校教育教科書　―明治期の子供たちが受けた高いレベルの教育とその教科書―」として出版し披露することとした次第である。

本書はまず最初に理科教育の当時の教科書を中心にいくつかの科目の教科書を紹介することとしたが、可能であれば機会を見てできるだけ多くの教科書のコピーを順次出版し紹介したいと考えている。

（平成28年12月30日）

目次

1．まえがき

まず断っておかなければならないことは、筆者は大学工学部で研究教育を行ってきた経験はあるが、教育学そのもの、教育心理などを学んだ経験はなく、まして初等教育に携わってきたことがないと云うことである。何しろ小学校、中学校、高等学校などの教員免許さえ持っていないのであり、初等教育については素人と思った方がいいと考えている。大学教授には教員免許は不要なのである。ただ、これまでの大学での経験から、初等教育はこうあるべきだと云う直感は働き、これはある程度妥当なものであるものと思っているので、敢えて私見に近いものを交えて本書の記述を進めることとする。

この様な思いに至った背景は「はしがき」でも述べているが、ここにそのことを重ねて述べておくこととする。

日本を取り巻く環境は極めて厳しい状況にあり、世界の中での存在感がどんどん低下しつつあるが、その原因の一つは教育の劣化と、それがきっかけともなっての自信と誇りの喪失にある、と繰り返し発言してきた。すなわち、戦後教育に大きな間違いがあり、その最たるものがゆとり教育であり、歴史教育である。これは小学校、中学校などの若年教育を著しく欠陥のあるものにしただけでなく、続く高校、大学など高等教育にも深刻な影響を与えたと考えていたのである。

そもそもゆとり教育は知識偏重とそのための詰め込み教育は子供たちにとっては問題であり、これが落ちこぼれを生み出すもとになっていると云う認識の下、中央教育審議会の答申を受ける形で、文部省が昭和51年に打ち出した教育方針である。これは授業時間の大幅短縮、教育内容の大幅削減と高学年へのシフト、宿題の削減をもたらし、結果として子供たちの教育レベルの大幅な低下をもたらしたのは間違いない。当初からこんなとんでもないことを始めれば取り返しのつかないような結果になる、と筆者は危惧していたし、同じ思いを持った方も結構おられたのであるが、いろいろな力関係もあって推し進められてしまったものと考えている。実際に、例えば算数で云えば、小学校で掛け算、割り算などの力が大きく下がり、分数の取り扱いのできない子、筆算が苦手な子などが続出したと云われている。それから円の問題などを扱う場合に必要となる円周率を従来3.14と教えていたものを3として取り扱うなど、信じられないような暴挙を進めたのである。さらに教育する漢字数の大幅削減などもあり国語力も著しい低下をもたらしたのである。明治の時代から、読み、書き、ソロバン、現代風に云えば、読み、書き、計算が子供教育の全ての基本とされてきた伝統を完全に覆す形の暴挙であったと筆者は思っている。

様々な能力の子供がおり、多様な教育が必要であると云うのは当然であろうが、教育のレベルを著しく低下させたのは全くの誤りである。積極的に自らが発想し発信する能力と多様な価値観を持った若者が世の中に育っていく、と云う考え方でゆとり教育が始められたのだろう。しかし、子供の能力が平等であり、誰もが落ちこぼれないような教育を目指すべきであると云う考えで教育が進められたため、著しい教育レベルの低下が起こったものと考えられるのである。落ちこぼれが出ないようにするには別の方法があった筈である。それを量の低下と質の低下で行おうとした間違いなのである。

率直に結論を云うと、もっとずっと高いレベルの教育が可能であり、行うべきである。かつての日本が誇った高い技術、産業、社会の発展をもたらした時代の教育レベルが非常に高かったと云うことを知るべきであると考えていた。ところが、それを実証するような証拠の一つとなると思われる、戦前の古い大学での講義ノート、受講ノートが大阪大学電気系同窓会澪電会事務所に送られてきたのが、筆者が戦前の教育がどうであったかを考えるきっかけの一つとなったのである。その延長上で、明治期の初等教育についてもよく考える必要があると云う思いになり、この度の本書の発刊に至った次第である。

大阪帝国大学工学部電気工学科を昭和16年3月卒業された池田盈造氏のご家族から、池田氏が学生時代おそらく二十歳前後の頃講義を受け記録された膨大な量の講義ノートが大阪大学工学部電気系の同窓会、澪電会に送られてきていたのは20年くらい前である。その後平成23年に筆者が澪電会の会長に就任した時、これを人目に触れないかたちで放置するのは大変な損失であると思い、「古い大学講義ノート」シリーズとして出版し披露した。送られてきていたのは25科目以上の講義を受講し筆記した膨大な量の講義ノートであり、段ボール箱二箱にも達するものであった。

この古い資料を広く披露し、これをきっかけとして教育者、学生、政策決定者など、さらには世間一般の方々が、どうしたらいいのかを考えてもらいたい、と云うのがそもそも同書を出版することになった動機である。

平成24年にその第一巻として古い大学講義ノート―電磁気学―を出版し、以来、第二巻 古い大学講義ノートⅡ―交流理論、過渡現象論―、から第十巻古い大学講義ノートX―電気測定法及び電気計器、電気設計、基礎機械設計学―まで4年間にわたって、計十巻を出版してきた。

日本が極めて厳しい状況にあり世界の中での存在感が低下しつつある原因のひとつは教育の劣化と、自信と誇りの喪失にあると最初にも述べた。このことはあくまでも大学教育を行っている過程で強く感じたことであったが、実際の初等教育がどうなっているのか、古い時代の初等教育はどうであったのかの具体的資料を見ることなどなく、知見も全くなくこう思っていたのが実際であった。青戸氏の持って来てくださった資料はまさにこの心配事を実証するようなものであり、明治期の教育が現代と比べて非常にレベルが高かったと云うことを実証するものであったのである。

そもそも世界の中の日本であることは自明であり、世界中殆どの国々が、あえて批判を覚悟で云えば、自国最優先で全てことを決しているのが事実であり、これが日本に大変な圧力となり、常に容易ならざる状況にあると云うのが実勢であり、これは今後も変わることはないと考えられる。そんな中にあって、高い教育レベルを持って、自らに誇りと自信を持つことが日本が生き残るのに不可欠である。

そう長くはなかったが、著者がヨーロッパに滞在した経験、国際会議などを通じて多くの国々の方々と交わった経験からして、真に日本の繁栄と平和、発展を願っている人々、国々がどれだけあるかは心配なところである。それは、例えば世界地図を見ても明瞭である。日本で普通目にする世界地図とヨーロッパ、米国などで見る世界地図は大きく異なっており、地図の中心に日本があるわけではなく、右端にあるのである。これを見てあらためて感じたが、日本はまさに極東にあって、世界の中では東の果ての国であり、地図の右端を少しだけ折り返すと日本は見えなくなってしまう。日本がこんな立場であるのは昔も今も変わりはしない。

長い間、本質的に日本内外の状況は変わらず、平穏とは云えず厳しい状況が続いている。しかも、日本列島が存在している位置にも本質的な要因もあり、国内は常に厳しい自然環境下にもある。かつ、資源もエネルギーも乏しい国であり、何と云っても人間の頑張りが最も必要な国であると云える。そのためにも教育が極めて重要な意味を持っている。

古い大学講義ノートシリーズの初刊を出版する少し前には東北大震災があり、日本は大変な試練を受けることになり、特に福島原発の大事故の後、日本の状況は大きく変化している。出版から4年後のこの平成28年4月熊本でまた震度7の強烈な直下型地震が発生し、熊本、大分に亘って大変な被害が出てしまった。初版出版から4年と云うことは東北大震災からは5年目の春と云うことである。考えてみると日本は常に大災害、天災と共にあると云っていいように思える。それに対してどうするかと云うことを頭に入れて産業も含め社会とシステムを作っておく必要があると云うことである。これは我が国が国となってからずっと続いていることの筈である。

また筆者自身の関わっている分野である日本の電気電子産業だけを見ても大変な様変わりを呈しつつある。あらためて前向きな若い技術者、研究者の充実が求められ、大学教育関係者だけでなく初等教育課程における理系教育はますます重要なものとなってきていることから、本シリーズが少しでもその中で意味を持っているように思っている。

筆者の云いたいことは、日本人、特に若い人たちが絶対の自信と誇りを持つこと、高い教育レベルを復活すべきであると云うことである。学生、生徒、さらには低学年の子供達には量、質ともしっかりした内容、カリキュラムで指導すべきである。

既刊の古い大学講義ノートシリーズで披露した講義ノートを見ていると戦前の教育の方がはるかにしっかりしたものであったように思えるのである。と云うよりも、先生には非常に高いレベルの教育を行おうとする意気込みが感じられ、学生の方にも積極的にそれにチャレンジしようとしている姿が思われるのである。

これだけの高いレベルの教育を大学に入りたての青少年が受けて、理解、吸収、消化し、自らのものとできるからには、当時の若者がよほど優秀であったか、子供の頃の教育がうまく行われた可能性があると考えざるを得ない、と云う思いが古い大学講義ノートを調べれば調べる程強くなってきた。そんな事実、思いをいろんな機会にいろいろな人に講演したり話をしたりしているうち、多くの人から様々な興味深い話を聞かせてもらえるようになってきた。その一つが本書で紹介する賣布神社の歴代の宮司さん達が明治時代に受けられた子供の頃の学校の教科書である。

小生の奉職する島根県産業技術センターに県庁から派遣されて総務で勤務してもらっている青戸崇年さんは松江市にある賣布神社の権禰宜さんである。神職さんは、宮司、権宮司、禰宜、権禰宜と続く。彼は今年まで宮司であった青戸良臣宮司氏の長男さんで現在権禰宜であるが、やがては宮司職を継がれる立場である。ご先祖には青戸良臣氏の父、青戸堅磐氏、祖父、青戸巖氏等々がおられると聞いている。

ある日、日頃小生の話を聞き飽きるほど聞かされている青戸さんが、昼食の後、所長室に来られて云われた。

「いつも昔の教育レベルが高いと仰っていましたが、昨日家で資料を整理していたら明治の初めの教科書が出てきましたが、関心ありますか」

「そりゃ面白い。是非見せてもらえませんか」

と云うやり取りがあってその翌日数冊の古い教科書を持ってきてくれた。表紙に小学校用理科とあり、薄い和紙を折りたたんで重ね製本したもので、なかなか感じのいい教科書である。中の字も美しいが一目見ただけでもそのレベルの高さに驚いてしまった。もう一つ驚いたのはその本の軽いことである。すぐに重さを量ってみると、B5くらいのサイズで100頁程度の本の重さがわずか80グラム程度で、同じ大きさ、厚さの最近の本の重さにくらべても凄く軽いことが手にとってすぐわかる。最近の教科書は同じ厚さで約2倍の重さであるのである。最近の教科書ではカラー写真なども入っているから単純な比較をするわけにはいかないが、和紙の素晴らしさを示すものでもある。

最初に持って来て見せてもらったのが明治17年出版の小学校用理科　物理上篇　平賀義美著（普及舎）であり、次が明治16年出版の志賀泰山編著物理初歩上巻（86頁）、中巻（78頁）、下巻（74頁）である。いずれも小学校での理科、物理の教育で用いられたものである。しかし、一目見るなり、小学校の生徒にこんな教科書を使ってこんな高いレベルの教育を行っていたのかと驚愕してしまった。勿論、明治初年の頃と比べると平成の現在の理科、特に物理学、化学については、学問としては格段に進歩しており理解が進んでいるので、当時の教科書の中には現在の知識からすると〝どうかな〟と思う内容もあるが、殆どは非常に内容豊かな記述である。明らかに現在の小学生に比べると信じがたいほどの高いレベルである。もしかすると志賀泰山の物理初歩はもう少し上のクラスの子供のための教科書かも知れない。この平賀義美著小学校理科が物理上篇となっているが、中を見ると途中から物理中篇も記載されている。と云うことは物理下篇もあると考えられるが、実際にあるかどうかは今のところ不明である。

小学校用理科物理篇に対して小学校用理科化学篇もある筈である。

また、小学校用理科植物篇（78頁）も朝倉六郎編述で普及舎から出版されており興味深い。当然、動物篇もある。さらには手元にはないが小学校用理科生理篇、鉱物篇、地文篇なども同じ普及舎から出版されている。

平賀氏、朝倉氏意外に多くの学者、教育者によって理科教育の教科書が出版されており、時代と共に様々な社会の状況、文部省の意向を反映して取り扱う内容も変化していると思われる。

明治の初年の頃の学校制度をよく知らないが、恐らく現在とは大幅に異なっていた筈である。この百年余り、特に明治から昭和の第二次世界大戦前夜の間の百年余りの間に学校制度は大きく変わっているのが実際である。

例えば、筆者が小学校入学したころは小学校6年、中学校3年、高等学校3年、大学4年が標準的な学校制度であり、その上に大学院、また小学校へ行く前に都市部にあっては幼稚園もあった。しかし筆者より十歳程度年上で昭和6年生まれの姉迪子は昭和12年尋常小学校入学、国民学校卒、高等科入学と云う経緯を経て、その後女子高等学校へ行っている。昭和11年生まれの兄富夫は昭和12年国民学校入学、小学校卒、中学校卒を経て高等学校入学である。昭和16年生まれの筆者と、弟隆夫、妹敬子はいずれも今と同じ、小学校、中学校、高等学校と云う学歴である。小生の父秀男は明治40年、母政子は明治44年生まれであるが、その頃の尋常小学校は4年、尋常高等小学校は2年であったと聞いたことがある。

とりわけ明治初期は日本における近代教育が始まる時点であるから教育制度はめまぐるしく変わった可能性がある。恐らく青戸さんの曽祖父さんの頃は小学校或いは尋常小学校に次いで高等小学校或いは尋常高等小学校、中学校と云う順序であった可能性がある。従って見せてもらった教科書が小学校と云っても小学校か、高等小学校か、尋常小学校か、尋常高等小学校のものかよく分からないが、いずれにしても十歳前後あるいはそれ以下の子供に対しての教科書としては信じられないほどのものである。

賣布神社もそうであるだろうが、多くの神社の歴代の宮司さんは学校の先生をされている方が多いので、もしかして、先生のための指導要綱か何かとも思ったがどうもそうでもなさそうである。

こんな高いレベルの教科書を全ての小学生が持っていて、それを教科書として使っていたとは考えにくい。また教科書は結構な値段がした筈である。考えられるのはこの教科書を使って、先生が教科書を持っていない生徒に口頭で読み上げ説明する、さらには黒板に板書して説明する、あるいは生徒と一緒に読みあう形で授業を進めた可能性がある。丁度、筆者らが大学生の頃、また今でもそうと思われるが、同じレベルの大学生などが輪講と称してお互いに本を読みあって勉強するのと同じようであった可能性もある。すなわち意外に先生と小学生との理科などに関する知識は大きく異なっておらず、もしかして同等であった可能性があるかも知れない。と云うのは先生に対する教育制度、指導法が十分に発達していない時期であったであろうから、たくさんの先生が十分に指導を受け知識を持っていたとは考え難いのである。一方、子供たちは周りに自然が豊かにあり、また家で農業なりいろいろな家業のお手伝いをするのが当たり前の時代だから、自然のこと、植物、動物、それらの性質、そんな性質になるわけなどを非常によく知っていた可能性もあるのである。本人が体得したところが大きかろうが、親、友人から自然に学んだことも多かった筈である。また経済的に少し余裕があって教科書を買えた子供が一人いると、その一冊の教科書を兄弟姉妹、親族、友人など多くの子供が借りたりゆずりあって使った可能性も高い。

因みに筆者は昭和16年生まれであるが、家の手伝いもしたけれど、自然の中で遊ぶことも多く、特に宍道湖、川での魚とり、魚釣りに熱中していたので、魚のこと、海藻のこと、湖岸、湖底の様子などを熟知しており、それも殆ど自ら体得したものであった。それができないと本当によく魚はとれず、釣れないのである。いつも魚になったつもり、魚の気持ちで考えると、どうすればいいのかが分かる、と云っていた。だから逆に自然の汚染に極めて敏感で、故意にあるいは不注意で汚染が進むととんでもないことが結果すると心配していたのである。

また、この教科書を見るとかなり難しい漢字を使っているのである。そのことも小学生の各自が持つ教科書だったのかな、と疑問を持つ原因であったのであるが、次第に意外に小学生が難しい漢字を充分に理解していたのではないかと云う気がしてきた。かつて二十歳前後で大活躍した若い人物が凄い文章や詩を残していることがあるが、実は、途轍もなく高いことをすでに十歳以下でマスターしていたのではないかと思えるのである。そのことを確信したのは、青戸さんがさらに明治初年頃の国語、歴史などの多くの教科書を持ってきて見せてくださった時である。後でいくつかの教科書の表紙等をコピーして載せるが、機会を見て全文を紹介したいものである。ともかく凄いのである。習字の教育もずいぶんしっかりしていたようで、筆者らの父、母、祖父、祖母らが皆んな凄く字がうまかったのがなるほどと頷かれるのである。

特に理科教育で云うと、明治初年に基本的に教育のベース、教育を受けるための予備知識があったとは考えられないと一般には思われているようであるが、実は江戸時代から庶民もいわゆる寺子屋教育などでとても高いレベルの教育を受けて理解していた可能性がある。また江戸幕府の公式の教育機関、昌平黌の他、各藩では藩校などが結構充実していて、そこでは現在一般に想像するよりはるかに高い教育を受けていたと思われる。あるいは高いレベルの教育を受け、それを身に付けるだけのレベルまで基礎的な資質を高める凄い教育がなされていたのでは、と思えるのである。それが二十歳以下の少年が幕末、維新にかけて大活躍し、諸外国と接触するやたちどころにその本質的なところを会得してしまう、と云う結果をもたらした可能性があると思われるのである。

筆者が大学に入って以来、今日までに多くの友人と交わってきたが、その中に旧藩校の流れをくむ高等学校卒業生が結構たくさんいたのも事実である。たとえば修猷館高校、時習館高校等々結構たくさんあるのである。

それからもう一つ指摘しておきたいのは、当時の初等教育には飛び級制度があったことである。1年、2年を飛び越えて年上の子供と一緒に教育を受ける子が結構いたことである。人は随分多様であり、早熟な子もあればゆっくり成長する子もいる。早熟な子が聡明に見えるが、ある歳を超えてからは急に成長速度が落ちる子もいるのである。早熟な子は早めに進度を進めてやらなければ伸びそこなってしまう可能性があるのである。遅熟の人がこれから成長すると云う時には早熟の人は止まってしまっているかも知れないのである。小学校のとき身長が伸びて中学校で急に止まる子もいれば、小学校、中学校の初めは小さいが、中学校卒業する頃からさらに高校に入ってから急激に背が伸びる人と同じように、知能と云う意味でも成長の速い、遅いがあって自然である。そのことからしても、同じ年齢であったら同じ速度で教育すると云うのは真の平等ではないと思えるのである。人はその人のその時持つ能力の少し上のレベルで教育するのがもっとも効果的である。早熟な子にとって教育のレベルが低いと興味も、意欲も失ってしまう可能性がある。そう云うことから云っても飛び級、飛び入学も意味があると思っている。

こう考えて見ると、現在行われている初等教育は一体なんなのだ、と云ういつもの思いがさらに強くなってくる。平等教育もいいが、とてつもなく伸びる可能性のある子供は小さい間にとことん高いレベルにまで到達させてやることが真の平等教育で、本人のためにもなるし、社会、我が国の将来にとっても、世界にとっても重要なことである筈である、と云う考えをさらに強いものとしたのである。

戦後教育を進めた人たちが子供たちの能力に対して大きな誤解をしているのではと思えるのである。子供たちの中には、例えば百人いたとすると十人くらいは理解力も、洞察力も、実行力もとても高い能力を秘めた子供たちがいると考えたがいいと思っている。そんな子供は現代初等教育を受けたとすると興味、魅力を失ってしまう可能性が極めて高い。2、3年の飛び級など当たり前であるほうがむしろ平等と思えるのである。その子の持てる能力を充分に高めてやれるのは小さい時であり、そんな子もある程度歳をとってからは伸びるとは限らないのである。明治期の教育では現代の平等と云う視点からは良いとは云えないかもしれないが、高い可能性を持った子供たちを最大限のばしてやることができる教育体制であったように思える。だから十代、二十代でも当時は世の中を劇変させたり、大変なリーダーシップを発揮させることができたのである。十代で活躍した人をあげても枚挙にいとまがないくらいなのである。

関連して、古い時代の教育が良かったせいかもしれないと思われる面白いものが我が家にあったので、そのこともついでに披露しておこう。筆者の父秀男は明治40年の早や生まれで、受けた教育は当時の子供として標準的であったと思われ、島根県八束郡玉湯村の尋常小学校、尋常高等小学校卒である。ここを卒業した玉湯村湯町地区の元同級生８名が青年の頃、

「猪会」なるものを作り時々集まったようである。（付録参照）

亥（いのしし）年生まれではないのに何で「猪会（いのししかい）」なのかと思っていたが、中を見ると、昭和10年乙亥年の元旦に発足したことから名前をつけたようであるが、もう少し資料を見てみると、「会員は和協以て忠良なる大日本帝国臣民として使命に向かい猪突猛進を期す」、とあり、さらに猪（いのしし）と胃の酒士（いのしゅし）とをかけているようで、要は時々集まってお酒を酌み交わしながら親交を深めると共にお互いに励まし助け合い、人のため、国のため頑張ろうとお互い確かめ合う会のようでもある。その文章、中身を見ると、標準的であって特に高い教育を受けた人たちであるわけではないが、豊かな知識とものの考え方を身につけていたことを伺わせるものである。しかも字も素晴らしく趣があるのである。

もう一つ記しておくべきは、江戸から明治にかけて活躍した人の中には、非常に高い学識を有し、高潔とも思われる人格を備えた人たちがいたと云うことである。その典型的な一人が榎本武揚であり、この人は幕府側の海軍のトップであり、幕府側と明治新政府側の最後の戦いとなった五稜郭の戦いで敗れた人である。（付録参照）普通であれば明治政府側から見れば賊軍の大将であるから、捉われた後処刑されて何の不思議もないが、これも人格的に優れたと思われる戦った相手、明治政府側の軍のトップであった黒田清隆の必死の助命嘆願の尽力により、数年間牢獄に捉われるが、その後釈放された後、明治政府に請われて困難な明治初頭に様々な大臣を歴任し大変な貢献をした人である。この人は文部大臣でもあったので、明治期の教育にも大きな貢献をしたと考えられる。

ともかく知識の浅い著者がくどくどと何か思いを語るより、実際の当時使われた教科書を目にしてもらう方が遥かに効果的である筈と思えるので、以下にいくつかの教科書をコピーして転載させてもらうことにする。

具体的に先ず小学校理科の教科書をコピー転載するが、実はこの様な古い教科書の著作権がどこにあり、どなたに、どの組織に転載の許可、認可をもらっていいのか分からなかったので、そのまま許可をいただかずに掲載していることを断っておかねばなるまい。これが問題となればすべてが著者の責任であり、勝手に我が国の教育レベルが非常に高く、関係者の思いが非常に熱かったと云うことを知ってもらうために敢えてしたことである。

また、先にも述べたように子供たちの国語力も高かったのが国語教育のお蔭であった可能性があると感じることになった。最初であるので当時の小学校の国語に当たる読み方教科書の例などの一部も転載、披露することとする。

2. 明治期の初等教育教科書の概要

ここでコピーを掲載する小学校理科教科書に記載されている主だったところの一部をあらかじめ説明しておくが、そもそもこのような教科書が何をもとに作られたのかは小生の知るところではない。しかし、可能性の一つとしては欧米の教科書あるは専門書を翻訳あるいは、それらの中のやさしそうな部分を要約してまとめた可能性がある。いずれにしてもこれを理解できた小学生は今の小学生と比べて格段の高い理解レベルに到達したものと考えられる。

なお、この理科、物理の教科書を見ると数量的な、定量的な記述は少ないが、これは問題ではないと考えている。矢張り一番大事なことは本質的なところ、現象を理解すること、考え方を知ることである、と云う筆者の日頃の思いと合致するところである。と云っても、一方では子供たちの計算能力は相当高いレベルにあったのではと考えている。実際に当時の小学校の算数、数学にあたる算術の教科書もかなりレベルが高いのである。

理科、数学などの理系の教科書を始め順次国語など文系の教科書についても、転載による紹介を可能な範囲で続けたいと思っている。

明治に入って、恐らくかなりたくさんの教科書が出版された可能性があるが、ここで転載するものはそのほんの一部であり、最初に紹介するものとして、これが一番いいものかどうか、また典型的なものかどうかは著者には判断できない。しかし、誤解を覚悟で述べれば、この教科書の内容を正しく子供たちに指導できる先生が果たしてどれくらいいたかは疑わしいところである。むしろ先生は、子供たちにこれらに関心を持たせて、自ら自然の中で疑問を持ち、考える癖をつけさせれば大成功であるかも知れない。すぐに子供たちの方が優れてくる可能性があると思えるのである。

具体的には著者が青戸氏から預かった和紙に印刷され和綴じされた教科書をいくつか紹介しておくこととする。これが青戸氏のご先祖の受けられた授業に用いられた学科の教科書の全てであるかどうかは不明である。これよりも多数のものがあった可能性が高いが、中には失われてしまったものもあるかも知れない。

しかもこれは青戸氏の明治期のご先祖が学んだ小学校、高等小学校、尋常小学校、尋常高等小学校などで使われた教科書であって、県によって、また学んだ教育機関によって様々なものが利用された筈であり、また出版社も結構たくさんあったと思われる。実際、島根に焦点を絞った教科書も出てきたのである。従って、明治期に於いても膨大な種類の教科書があったものと考えられるので、ここで紹介したのはほんの一部であると考えられることを再度記しておきたい。しかし、一人の生徒が卒業するまでに学ぶ科目の教科書としてこれだけでもかなり膨大なものであり、現代教育よりも遥かに量的に豊かであった可能性が高いと考えている。

実際に国、各地の公的図書館、大学図書館などには膨大で詳細な明治期の教科書リストと実物が保管されている筈であるので、関心がある読者はそれを直接読まれることを薦めるものである。

3 明治期の初等教育教科書の実例

3・1 小学校理科 物理篇

3・1・1 小学校用理科 物理上篇、物理中篇 平賀義美著（明治17年出版、普及舎）

典型的な明治中期の教科書として小学校用理科 物理上編 平賀義美著を取り上げてみる。図1はその表紙と奥付であり、殆どの教科書がこのようなスタイルとなっており、中にはこのような簡単な表紙の裏に赤いもう少し詳しい内容が書かれた表紙らしきものがあるものもある。もしかすると元々赤い表紙の教科書であったけれど、それを多くの子供、先生たちに届けるために簡易な表紙がつけられたものかもしれない。ただし、これは単に筆者の憶測である。

この小学校理科教科書の最初に目録として記されている現代風に云えば目次を拾い出してみると次のようになっている。これを見ると、この教科書で何が書かれているか現代においてもほとんどが理解できる。少し分かりにくい表現のものもあるが、ほぼ意味を類推することができる。

目録
第一章　緒言
第二章　物体の解
第三章　物体の三形
第四章　填充性
第五章　無盡性
第六章　気孔性
第七章　弾力性
第八章　運動
第九章　力の解
第十章　自然の三大力
第十一章　引力
第十二章　重力
第十三章　凝聚力
第十四章　化学力
第十五章　固体の性
第十六章　固体の屈折
第十七章　気体の性
第十八章　液面は平準の位地を求む
第十九章　液体の下圧力
第二十章　液体の側圧力
第二十一章　液体の上圧力
第二十二章　アルキメデース氏法則

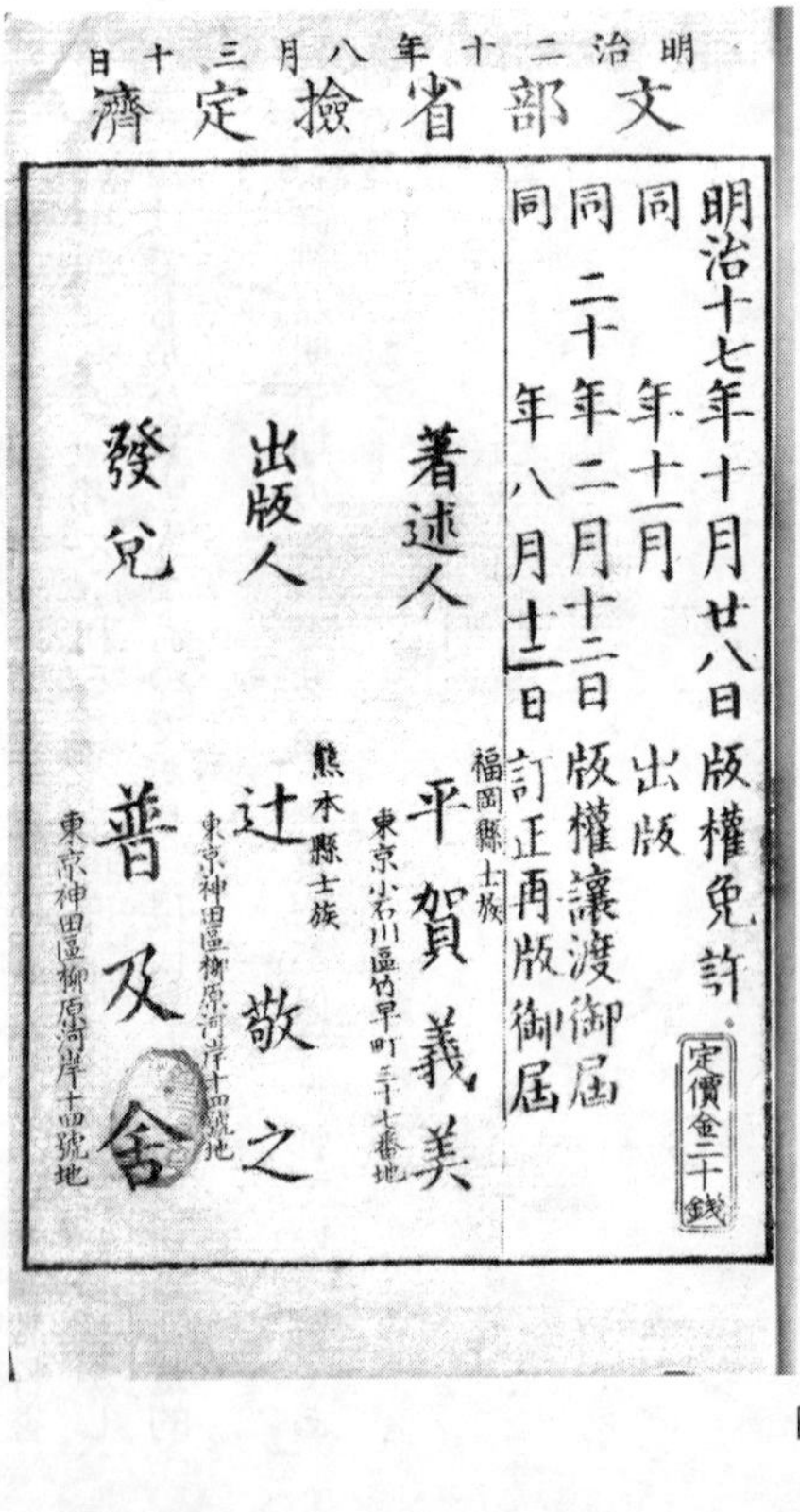
明治二十年八月三十日
文部省撿定濟

明治十七年十月廿八日版權免許
同　年十一月　出版
同　二十年二月十二日版權讓渡御届
同　年八月十二日訂正再版御届
定價金二十錢

著述人　福岡縣士族　平賀義美　東京小石川區竹早町三十七番地
出版人　熊本縣士族　辻敬之　東京神田區柳原河岸十四號地
發兌　普及舍　東京神田區柳原河岸十四號地

図1

第二十三章　比重

尾（おしまい）

小学校用理科中篇　物理篇

第二十四章　毛細管引力

第二十五章　気体の性

第二十六章　空気の重量

第二十七章　空気の圧力

第二十八章　気圧計

第二十九章　排気機

第三十章　撤液管

第三十一章　熱論

第三十二章　熱源

第三十三章　熱に依る物体の膨張

第三十四章　検温器

第三十五章　熱に依る物体の変状

第三十六章　水の潜熱

第三十七章　水蒸気の潜熱

第三十八章　滾沸は気圧に関す

第三十九章　導熱

第四十章　音論

第四十一章　調音不調音

第四十二章　音の進行

第四十三章　返音

先に記載した表紙には物理上篇となっているが、目録からするとこの一冊の教科書の中に物理中篇も含まれていることが分かる。

下篇は青戸家所蔵のものの中に入っていなかった。下篇は出版されていないのか、出版されてはいるが、青戸家のご先祖さんたちが通われた小学校では下篇までは使われなかったから存在していないのかは今のところ明らかではない。

以下に具体的な小学校理科教科書を複写して掲載するが、非常にレベルが高くまた分かりやすく記述されていることが分かる。

訂正
小學校用
理科
平賀義美著
物理篇
上篇

第九章　力ノ解

第十章　自然ノ三大力

第十一章　引力

第十二章　重力

第十三章　凝聚力

第十四章　化學力

第十五章　固體ノ性

第十六章　固體ノ屈折

第十七章　液體ノ性

第十八章　液面ハ平準ノ位地ヲ求ム

尾

目録畢

小學校用理科上篇 物理篇

東京大學理學士 平賀義美 著
英國化學會會員 杉浦重剛 校閲

第一章 緒言

夫レ物理學ハ理學ノ一科ニシテ、凡ソ天地間ニ散布セル諸物體カ、吾人ノ五官ニ呈出スル、千態萬狀ノ理ヲ考究スル所ノ學問ナリ、例ヘハ今一團ノ石ヲ取リ、之ヲ投クレハ、其必ラス地面ニ向フテ墜ツルノ理ヲ究メ、雪ハ何故ニ清白ニシテ、木炭ハ何故ニ暗黒ナルヤヲ辨明シ、鐵片ハ何故ニ木片ヨリハ、柔軟ナラザルヤノ理ヲ究ムルコト等、是レ皆ナ物理學ノ範圍ニ屬スルモノニシテ、物理學ノ管理スル事物實ニ宏シト云フヘシ、而シテ凡テ諸物體固有ノ性質ヲ變化セシムル現象、例ヘハ水ヲ分析シテ、酸素及ヒ水素ト稱スル所ノ二元素トナスカ如キ、變化ヲ考究スルコト、是レ化學ニ屬スルモノナリ、

本編ハ固ヨリ初學ノ徒ヲシテ、物理學ノ大意ヲ知ラシメ、他日中學ニ昇ルノ楷梯トナサンカ為メ、物理學ニ屬スル諸論中最モ緊切ノモノヲ撰

ヒ、兒童ノ常ニ見聞スル所ノ事柄ニ就テ逐次概論スヘシ、

第二章　物體ノ解

物體トハ吾人ノ五官ニ頼リテ、其存在ヲ知得スヘキ性質、即チ形アリ、重サアルモノヲ云フナリ、例ヘハ竹、木、金、石、等凡テ吾人ノ周圍ニ羅列スル所ノ萬物、皆ナ物體ナリ、然リ而シテ、凡ソ物體ハ際限ナク分ツコト能ハサルモノナリ、例ヘハ一合ノ水ヲ取リ、之ヲ数百万分ニ分ツコトヲ得ヘシトモ、愈分テハ愈小分トナリテ、終ニハ其

本質ヲ變スルニアラサレハ、復タ分ツコト能ハサルニ至ラン、此最小分ヲ分子ト云フ、即チ分子トハ、物體ヲ組成スル所ノ、見ル可カラサル極微ノモノヲ云フナリ、

第三章　物體ノ三形

凡ソ物體ハ固體、液體、若クハ氣體ノ一ニ居ラサルハナシ、而シテ各自特有ノ性ヲ具フルヲ以テ、相ヒ互ニ之ヲ區別スルコト又難キニアラス、

固體、トハ特ニ烈シク之ヲ敺ヒテ破壞スルニアラサレハ、其形ヲ變セスシテ、常ニ同一ノ太サヲ

保有スルモノヲ云フ例ヘハ鐵片、木片等ノ如キ是レナリ、

液體ハ之ヲ瓶、或ハ皿ニ容ルレハ、其面直チニ平準ノ地位ヲトリテ該器ノ形ニ随フ、但シ其大サヲ變セス、即チ油、水ノ如キモノ是レナリ、例ヘハ茲ニ壹舛入ノ瓶アランニ、之ニ水ヲ盛レハ、水面直チニ平準ノ地位ヲトリ、且ツ瓶ノ形トナル、然ルニ今此水ヲシテ、五合入ノ瓶ニ充満セシメントスルモ、到底成シ得ヘカラサルナリ、

氣體、或ハ瓦斯體トハ空氣ノ如キモノニシテ、一

定ノ大サヲ有セス、何ントナレハ、今眞空ノ瓶ヲ取リ、之ニ其氣體ヲ容ルレハ、全ク瓶内ニ充塞シ、而シテ氣體ハ容易ニ其大サヲ變セシメ得ルモノナリ、例ヘハ今空氣一升ヲ取リ、之ヲ五合入ノ器ニ壓入シ、尚ホ一層壓スレハ、容易ニ一合入ノ器ニモ容ルヽコトヲ得可シ、

又一物體ニシテ、上記ノ三形ヲ呈スルモノアリ、例ヘハ水ハ通常液體ナリト雖トモ、之ヲ熱シテ攝氏撿温器百度ニ至ラシムレハ、蒸發シテ氣體トナリ、冷却シテ同撿温器零度ニ至ラシムレハ、

固體、即チ氷トナルカ如シ、

第四章　塡充性

凡ソ物體アレハ、必ス其容積、即チ大サアリテ、以テ空所ヲ塡ム之ヲ物體ノ塡充性ト云フ、若シ此性ヲ有セサレハ、物體ハ存スルコト能ハス、而シテ空所ヲ塡ムレハ又必ス長、短、廣、狹、厚、薄、ナカル可カラス、之ヲ物體ノ大小ト云フ、又往々長、短、廣、狹、厚、薄、ヲ深淺、或ハ高低ト稱スルコトアリ、又物體ノ大小トハ彼此相比較セル語ニシテ、其大小ヲ知ランニハ、一ノ標準ニ比シテ幾倍ナルヤ、或ハ幾分ナルヤヲ以テス、而シテ其標準ハ、一定ナラサルヲ得ス、是レ尺度ノ起來スル所以ナリ、上文ノ如ク、物體ノ空所ヲ塡ムル性アルヲ了解セハ、又其形アルヲ推知スヘシ、若シ形ナクンハ、決シテ空所ヲ塡ムル能ハサルヤ明カナリ、物體己ニ空所ヲ塡ムレハ、他ノ物體來リテ其所ニ入ル能ハス、即チ二物同時ニ同所ヲ占ムル能ハス、是レ又前理ヲ以テ推考スレハ、自カラ明カナルヘシ、

第五章　無盡性

凡ソ物體ハ天地間ニ在テ少シモ増減スルコトナシ、物體、熱ノ為メニ燃焼シ、或ハ水ニ溶解スレハ、恰モ消失シタルカ如キ外観アリト雖トモ、其實決シテ然ラス、之ヲ物體ノ無盡性ト云フ、故ニ天地間ノ萬物ヲ構成セル分子ノ惣数ハ、太古ヨリ今日ニ至ルマテ、些少ノ増減ナシ、尚ホ又向後幾百萬年ニ至ルモ、増減セサルナリ、例ヘハ皿ニ數滴ノ水ヲ盛リ、之ヲ空氣中ニ晒スコト數日間ニシテ見レハ、皿ハ乾燥シテ、全ク水ヲ見サルヘシ、然ルトキハ物理學ヲ修メサル人ハ、皿内ノ水ハ消失セリト思考スレトモ決シテ然ラサルナリ、水ハ蒸發シテ、眼之ヲ見ル能ハサル水蒸氣トナリ、空氣中ニ昇リテ現存シ、上境ニ於テ冷氣ニ遇ヘハ、雨トナリ、或ハ雪霰トナリテ、再ヒ地上ニ降ルモノナリ、

第六章　氣孔性

前章既ニ說ク如ク、凡ソ物體ハ最小分、即チ分子ノ合集シテナルモノニシテ、其分子ノ形狀、恐クハ球形ナランシ、故ニ其分子ト分子トノ間ニ、空隙ナキ能ハス、此空隙ヲ物體ノ氣孔ト云フ、例ヘハ

水ニ砂糖ヲ投スレハ、漸々溶ケテ之ヲ見ル能ハザルニ至ル是レ砂糖ノ分子ハ、水ノ氣孔ニ抱含セラレ、ニ頼ル、

第十章　彈力性

凡ソ物體ニ外力ヲ與ヘテ、之ヲ壓縮シ、或ハ之ヲ屈折シ、再ヒ其力ヲ除ケハ、原形ニ復スルノ性アリ、之ヲ彈力性ト云フ、例ヘハ竹棒ヲ曲テ、之ヲ放テハ直チニ原形ニ復ス、又護謨球ヲ取リテ之ヲ壓スレハ、収縮スト雖トモ、再ヒ放テハ原形ニ復スル是レ皆ナ彈力性ニ頼ルモノナリ、

第八章 運動

運動トハ物體位置ノ變換ニシテ、即チ近傍ニアル他ノ物體ト、相比シテ、其位置ヲ變換スルヲ云ヒ、又之ニ反シテ、物體同一ノ位置ニ在リテ、變セサルヲ静止ト云フ、眞ノ静止ハ天地間ニ存在セサルモノナリ、蓋シ吾人ノ棲息スル地球モ他ノ諸星ト共ニ、太陽ヲ周リテ、絶ヘス運動シ、太陽及ヒ星ト雖トモ、亦運動スレハナリ、凡テ物體ノ運動ハ必ス之ヲ起ス所ノ力アリ、又静止セルモノニ於ケルモ、力ヲ受ケサルニハアラスト雖トモ其受ケル所ノ諸力相平均スルニ依ルナリ、運動ノ理ヲ解セシニハ、必ス其方向、及ヒ速力ヲ知ルコト肝要ナリ、例ヘハ人歩行シテ、一時間ニ五里ヲ歩シ、二時間ニ十里、三時間ニハ十五里ヲ歩ムトキハ、其速力ハ一時間ニ五里ト云フ、斯ク一定ノ速力ヲ以テ、運動スルヲ等速運動ト云ヒ、又滊車ノ走ルカ如ク、停車場ニ近ツカントスルトキハ、其速力漸々ニ減ス、斯ノ如キヲ不等速運動ト云フ、又獨樂ノ如キ、全體ノ位置ヲ變セスシテ、其心軸ニ依リテ囬轉スルアリ、之ヲ廻心運動

ト云フ

第九章　力ノ解

力トハ前章說述セル如ク既ニ運動セル物體ヲ靜止シ、或ハ靜止セル物體ヲ運動セシムル所ノ源因ヲ云フナリ、而メ其本性ハ、之ヲ尚ホ未タ究ムルコトヲ得スト雖トモ、其強弱ハ吾人ノ五官ニ感スル現象ノ著シキト、否トニ賴リテ別ツナリ、

第十章　自然ノ三大力

自然ノ三大力トハ、引力、凝集力、化學力、ノ三ヲ云

フ、今逐次之ヲ説述セントス、

第十一章　引力

凡ソ天地間ニ存在スル萬物ハ、互ニ相牽引スルノ力アリ、之ヲ引力ト云フ、而メ大ナル物體ハ、小ナル物體ヨリモ大ナル力ヲ以テ牽引スルナリ、人若シ手ニ一物ヲ持チ、之ヲ放ツトキハ、其必ス地ニ向テ墜ツルヲ見ル、是レ吾人ノ周圍ニ存スル物體中ノ最大物、即チ此地球ノ之ヲ牽引スレハナリ、故ニ地上ノ萬物ハ、互ニ相牽引スルモ、地球ノ引力遥カニ強キカ故ニ、悉ク地ニ向テ引カ

ルヽナリ、此地球ノ引力ヲ名ケテ重力ト云フ、

第十二章　重心ノ解

已ニ説キタル如ク萬物ハ、皆ナ極微ナル分子ノ相集合シテ成レルモノニシテ、地球ノ引力ハ、又此各分子ニ對シ、同力ヲ以テ、並行ニ引クナリ、（引力ハ地球ノ中心ニ引クカ故ニ、全ク並行セルニアラスト雖トモ、地上ノ物體ニ比較スレハ、其距離非常ニ大ナルヲ以テ、並行ト見做スモ可ナリ、）其並行ニ引カレタル引力ノ中心ヲ名ケテ、物體ノ重心ト云フ、即チ此心ヲ支フレハ、全體靜止シテ墜ツルコトナシ、此心ハ必ス物體ヲ構造セル總分子ノ中央ニアルナ

り、例ヘハ球體ハ其中心ニアリテ、圓柱ハ軸線ノ

第壹圖

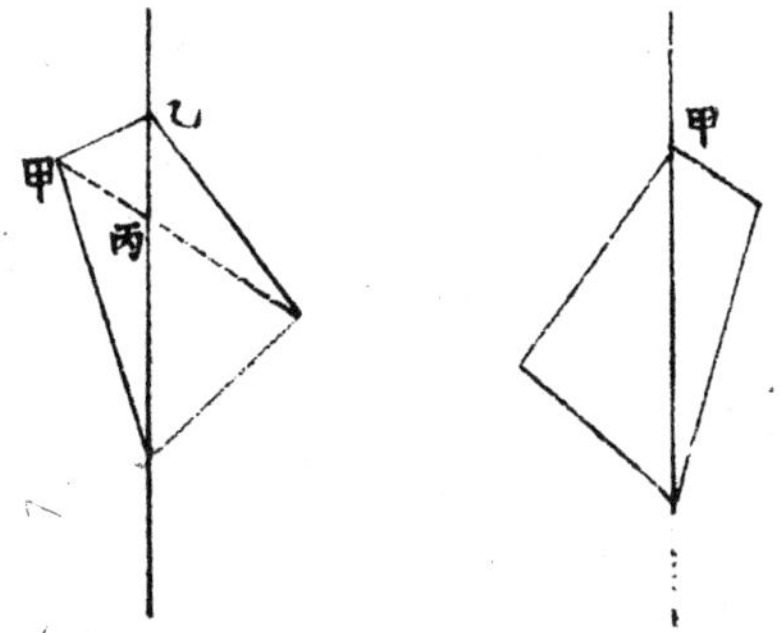

中央ニアルカ如シ、又第一圖ノ如キ板ハ、糸ヲ以テ縋下スルトキハ、重心必ス其糸ノ向キニアリ、故ニ一點(甲)ヲ繫キ、其向キニ一直線ヲ引キ、又他點(乙)ヲ繫キ、前ノ如クスレハ、二線、(丙)ナル點ニ於テ交ハル、此點即チ此板ノ重心ナリ、

夫ノ天秤ノ衡、常ニ相平均スルハ衡ノ重心ニ於テ支ヘラレタルカ故ナリ、

第十三章　凝集力

引力ノ外ニ、又凝聚力ト稱スルモノアリ、例ヘハ茲ニ鐵片アリ、之ヲ二ツニ折ラントスレハ、抵抗ヲ覺フ此抵抗ハ即チ鐵片ノ凝聚力ニシテ、此力ニ勝ツニアラサレハ、鐵片ヲ二ツニ折ル能ハス、凡テ金、石、木、竹、ノ形狀ヲ變セントスルニ難キヲ感スルハ、全ク此力ニ依ルナリ、

故ニ凝聚力トハ、物體ノ分子ヲ互ニ結合シテ、分離セサルヤウ、之ヲ保持スルノ力ニシテ、引力トハ異ナリ、物體ノ分子相隔ツトキハ、働クコトナ

レ、只互ニ隣接セル分子ト分子トヲ結合シテ、一體トナスモノニ過キス、

第十四章　化學力

例ヘハ水素ト酸素ト相化合シテ、水、酸ノ二元素トハ全ク異質ノ水ヲ生シ、或ハ水、分解シテ水、酸ノ二元素トナルニハ、其力ノ作用アルニアラサレハ能ハス、此作用ヲ起ス力ヲ化學力ト云フ、而シテ此化學力ナルモノハ、異質ノ物體間ニアラサレハ其作用ヲ起サヽルモノナリ、

第十五章　固體ノ性

固體ノ最モ特有ナル性ハ、常ニ同一ノ大サヲ保持スルノミナラス、同一ノ形ヲモ保持スルニアリ、

今茲ニ、讀者ニ向テ注意セシムヘキコトアリ、乃チ形ヲ異ニシテ、大サヲ同フスルモノアリ、又形ヲ同フシテ、大サヲ異ニスルモノアリ、例ヘハ第二圖ニ示ス所ノ(甲)(乙)二器ヲ見ヨ、其形ノ相異ナルコト一目瞭然タリ、然レトモ、其大サハ同一ナリ、即チ今(甲)器ニ水

第二圖

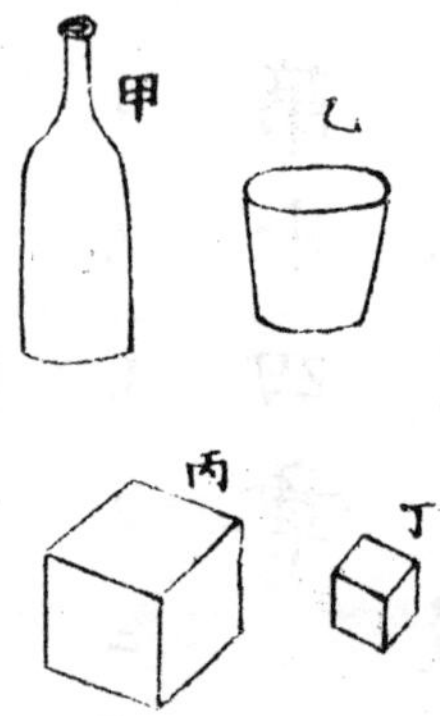

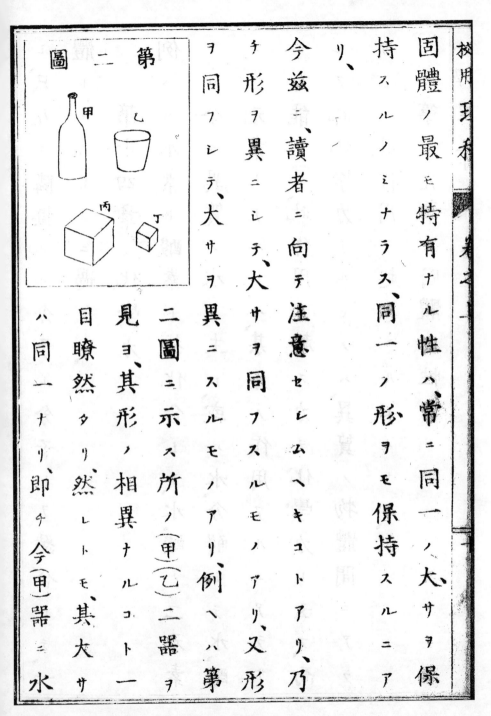

ヲ充タシ、然ル後チ之ヲ(乙)器ニ移注スレハ、其水ハ正シク(乙)器ヲ充満シテ、過不及ナキヲ見ルヘシ、

又(丙)(丁)ナル二個ノ木片ヲ見ヨ、其形ハ両ナカラ同シト雖トモ、其大サニ至リテハ、一ハ大ニシテ、一ハ小ナルノ異アルヲ知ルヘシ、

讀者已ニ物體ノ大サト形トノ區別ヲ了知セシナラン、今若シ上記ノ大サヲ同フスル(甲)(乙)器ヲ取リ、(甲)瓶ノ形ヲ(乙)器ノ形ニ變シ、又形ヲ同フスル(丙)(丁)ナル二個ノ木片ヲ取リ、(丙)木片ノ大サヲ

(丁)木片ノ大サニ、壓縮スルコト能ハス、此故ニ固體ハ、其形ト大サトヲ保存スト云フ、尤モ茲ニ(甲)器ヲ(乙)器ノ形ニ變シ、(丙)木片ヲ(丁)木片ノ大サニ壓縮スルコト能ハスト云フハ、到底吾人ノ企及シ得サルト云フニアラスシテ、容易ニ尋常ノ方便ヲ以テスルモ、能ハスト云フ義ナリ、讀者宜シク之ヲ記臆セヨ、

第十六章　固體ノ屈折

第三圖ノ(甲)ニ示スカ如キ木造槓杆ノ両端ヲ、木片ヲ以テ保持シ、其中央ニ鉛塊ノ如キ重キモノ

ヲ懸ケレハ、為メニ槓杆ノ屈マルヲ見ルヘシ、之ヲ固體ノ屈折ト云フ、而シテ其屈折ノ大小ハ、懸ケタル鉛塊ノ軽重ニ依リテ異ナリ、例ヘハ鉛塊ノ重サヲ二倍スレハ、其屈折モ亦タ殆ント二倍ス、或ハ又鉛塊ノ重サヲ二分一ニスレハ、其屈折モ亦殆ント二分一トナルカ如シ、故ニ固體ノ屈折ハ、其受クル所ノ重サニ、殆ント比例スト云フ、今第三圖(乙)ノ如ク槓杆ノ廣キ面ヲ横ニ向ケ、狭キ面ヲ竪ニ向ケテ、前ノ如ク鉛塊ヲ懸ケレハ、槓杆ノ屈折前ノ實撿ニ於ケルヨリハ、大ニ減少スルヲ見ルヘシ、即チ凡テ固體ハ其幅ヲ廣クスルヨリハ、厚サヲ大ニスルヲ以テ強シトス、建築家ノ如キハ、前ノ理ニ基ヒテ、屋ヲ建テ、橋ヲ架スルトキハ、少ナク材料ヲ用ヒテ、堅固ナルモノヲ造リ得ヘキナリ、

第三圖

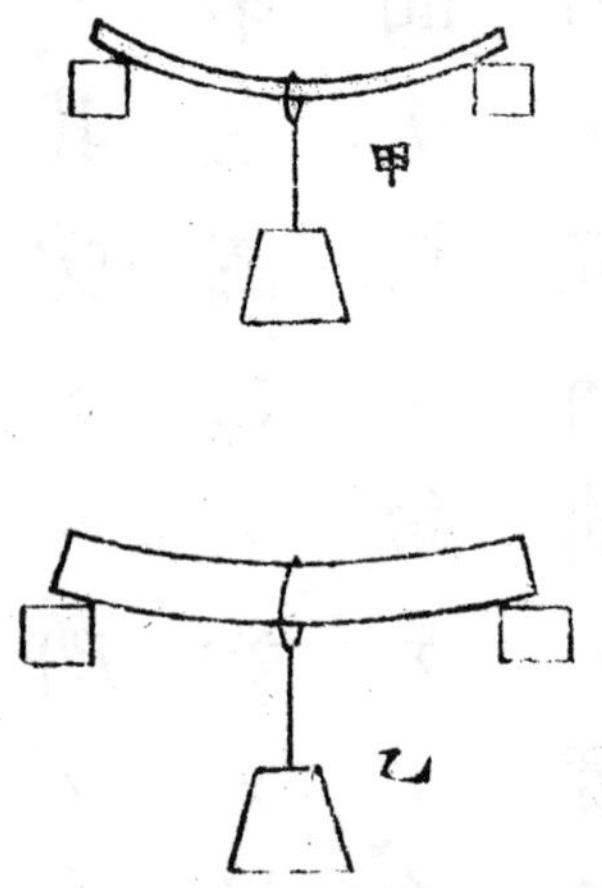

第十七章　液體ノ性

液體トハ水ノ如キモノヽ總稱ニシテ、其分子自在ニ運動スルヲ以テ、能ク其形チヲ變ス、即チ液

體ハ、方圓ノ器ニ隨フモノナリ、但シ其大サヲシテ、氣體ノ如クニ壓縮スルコトハ、到底人力ノ及ハサル所ナリ、

第十八章　液面ハ平準ノ地位ヲ求ム

液體ハ如何ナル形ノ器ニ盛ルモ、其面、平準ノ地位ヲトル、若シ其面、高低アルトキハ、前ニ言ヘル如ク其分子自在ニ運動スルヲ以テ、高所ノ分子ハ低所ニ至リ、平面ヲナス、又第四圖ニ示スカ如キ形ノ玻璃管ニ水ヲ盛レハ其水面ハ

第四圖

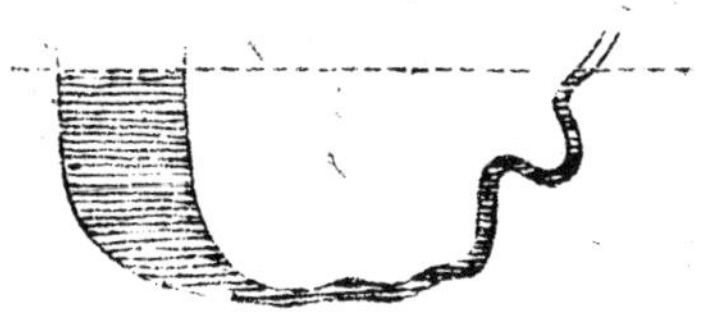

同一ノ高サヲナス、此理ヲ應用シ、西洋ニテハ兩端ヲ密封シタル五寸許ノ玻璃管ニ、殆ント水ヲ充テ、少シク空氣ヲ殘シテ第五圖ニ示スカ如ク

第五圖

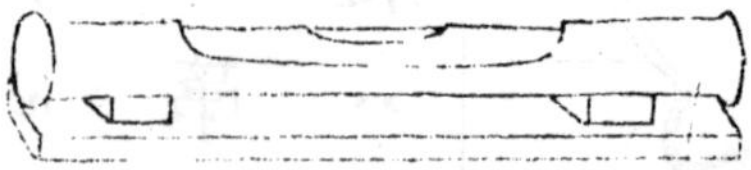

ニ整調シ、物ノ表面ノ平準ナルヤ、否ヤヲ査定ス、即チ之ヲ物ノ表面ニ置キ、空氣ノ泡、器ノ中央ニアレハ平カニシテ、端ニアルトキハ、其空氣ノ偏ヨル方ノ高キヲ知ル、此器ヲ水準器ト云フ、我邦ニ於テハ家ヲ建ルニ當リ、其基礎ノ平準ナルヤ否ヤヲ査定スルニハ、先ツ長キ柱ニ溝ヲ穿チ、之

ニ水ヲ盛リ、其平準ナルヤ、否ヤヲ伺フナリ、俗ニ之ヲ水準《ミヅモリ》ト云フ、亦タ同一理ニ基クナリ、

第十九章　液體ノ下壓力

液體ヲ器ニ盛ルトキハ、其器底ヲ壓ス、而シテ其壓力ハ、上層ヨリ次第ニ下層ニ及フヲ以テ、液面ヨリ下ノ深淺ニ依リテ訣壓力ニ強弱アリ、即チ器底ト同面積ノ底ヲ有シ、液面ト同一ノ高サヲ有スル液柱ノ重サニ相等シ、此故ニ液益々深ケレハ、壓力益々大ニシテ其器ノ上部或ハ廣ク、或ハ狹ク或ハ斜メナルニ關セス、唯其底面ノ深淺

ニ關スルモノナリ、

第二十章　液體ノ側壓力

液體ハ其性動搖シ易キヲ以テ一方ヨリ壓ヲ受クルトキハ、各方ニ同壓ヲ傳フ、故ニ一器ニ水ヲ盛ルトキハ、下方ヲ壓スルノミナラス、又側面ヲ壓ス、此側面ニ受クル壓力ハ、之ト同一ノ深サニアル水層ニ受クル壓力ニ等シ、即チ其水層ヲ底トシ、水面マテノ高サヲ有スル水柱ノ重サニ等シキナリ、故ニ液體ノ側壓モ、其深淺ニ關スルヤ明カナリ、

今之ヲ實撿セント欲セハ、第六圖ニ示ス如キ側

第六圖

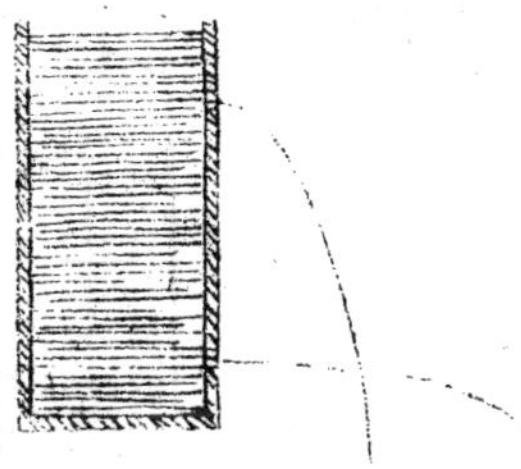

面ノ上下ニ二個ノ孔ヲ具フル圓筒ニ水ヲ盛レハ、水ハ其孔ヨリ流出ス、而シテ下孔ヨリ流出スル水勢ハ、上孔ヨリ流出スル水勢ニ比スレハ一層急ナリ、是レ上孔ニ於ケル水層ハ、淺クシテ、下孔ニ於ケル水層ハ深キカ故ナリ、

第二十一章　液體ノ上壓力

今兩端ヲ開放セル玻璃圓筒ヲ取リ、其一端ニ、能ク密着シテ底ト為シ得ヘキ玻璃圓板ヲ附ケ、此

板ニ一糸ヲ結ヒ、手ニ之ヲ持テ、水ヲ満テタル水桶中ニ沈メ、然ル後糸ヲ放ツニ、玻璃板ハ依然トシテ止マルヲ見ルヘシ、是レ水ノ上ニ向テ壓スル力アルニ依ル、之ヲ液體ノ上壓力ト云フ、茲ニ於テ圓筒内ニ水ヲ注加シ、其水圓筒外ノ水面ト殆ト同高ヲナスニ至ラハ、玻璃板ハ自己ノ重サヲ以テ降下スヘシ、是レ圓筒ノ底ヲナス所ノ玻璃圓板ニ於ケル上壓力圓筒内ニ注加セシ水ノ下壓力ト平均スレハナリ、

第七圖

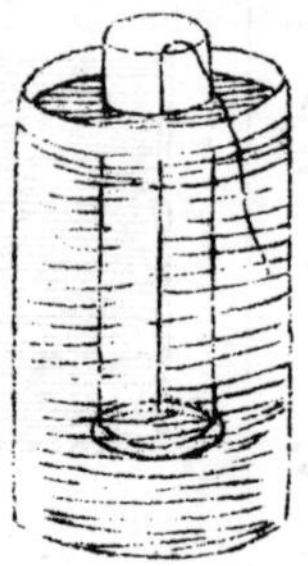

第二十二章　アルキメヂース氏法則

上壓ノ理ニ據リ液中ニ沈入シタル固體ハ、其重サノ一分ヲ失ヒ、其減重ハ、驅除セラレタル液ノ重サニ相等シ、尚ホ他言ヲ以テセハ、液體中ニ固體ヲ沈入スルトキハ驅除セラレタル液ノ重サト、相等シキ其重サノ一部分ヲ液體ニ據リテ支撑セラル、此重要ナル法則ハ發明者ノ名ヲ取リテ、アルキメヂース氏法則ト稱ス、

今直柱ヲ第八圖ノ如ク液中ニ沈入スルトキハ、柱ノ側壓ハ各力互ニ相等シクシテ、且其向キ反

對ナルカ故ニ、相消滅ス、然レトモ其上面ハ柱ト同底面ニシテ、高サ(甲)ナル液柱ノ壓ヲ受ケ、又其下面ハ同底面ニシテ、高サ(乙)ナル液柱ニ壓セラル然ルトキハ、直柱ニ上面ヨリ壓スル所ノ力ヨリモ、下面ヨリ壓上スル過剩力ハ、(甲)ト(乙)ノ差ヲ高サトシ、直柱ト同底面ヲナス液柱ノ高サ即チ直柱ト同底面ヲナス液柱ノ重サニシテ、直柱ニ依リテ驅除セラレタル液ノ重サニ相等シキナリ、是ニ依リテ之ヲ見レハ、如

第八圖

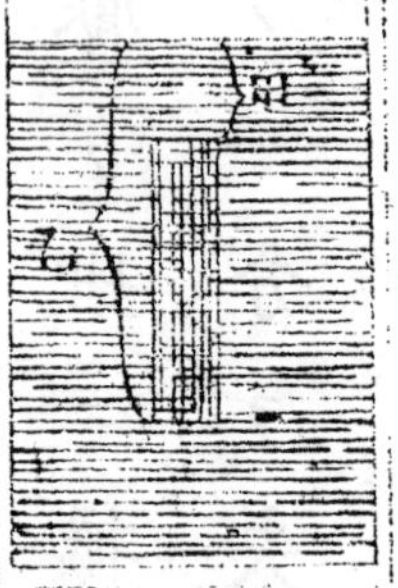

何ナル形狀ノ固體ニアリテモ、前ノ如キ直柱ノ極メテ小ナルモノ數多相集合セルモノト見做セハ、亦容易ニ了解シ得ルナラン、實撿上之ヲ證明センニハ、第九圖ニ示スカ如ク、

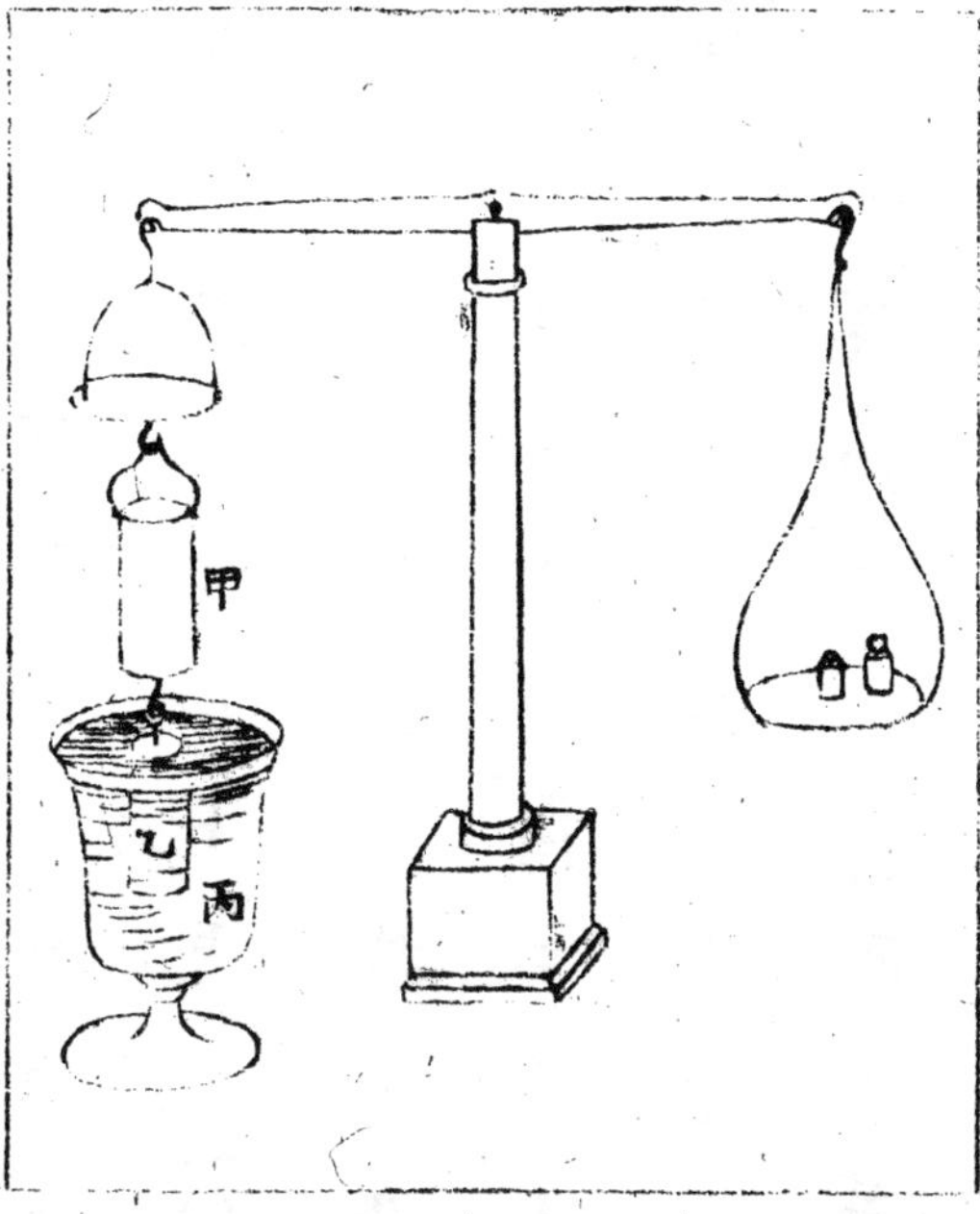

天秤ノ一盤ヲ去リ、下面ニ鈎ヲ備フル盤ヲ高ク設ケ、此鈎ニ金屬ノ筒(甲)ヲ掛ケ、又此筒ニ密合スル所ノ金屬柱(乙)ヲ裝置シ、他ノ盤上ニ錘ヲ載セ、衡

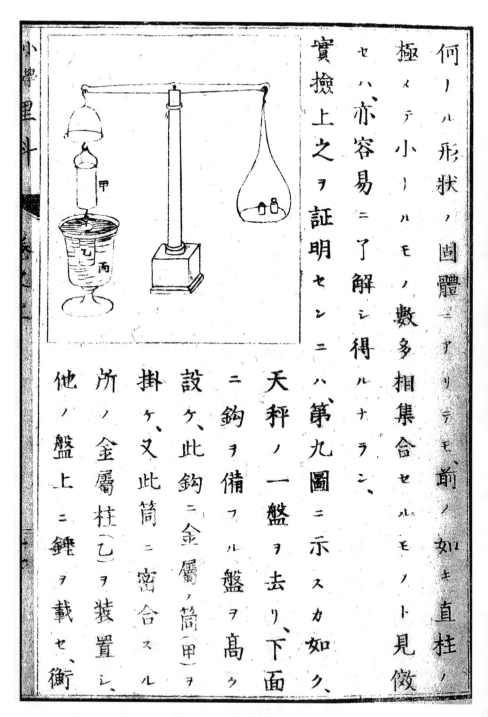

ヲシテ相平均セシムヘシ而シテ(乙)ヲ(丙)ナル水中ニ沈入スルトキハ(乙)ハ其重量ノ一部分ヲ失フカ故ニ、衡ハ平均スル能ハス、今筒(甲)内ニ水ヲ満ツルトキハ、再ヒ衡ヲシテ相平均セシムルヲ得ル、然ラハ(乙)ノ水中ニ於テ失フ所ノ重サハ、之ト同容積ナル(甲)内ニ満ツル水ノ重サニ相等シキヲ知ル、

是ニ依リテ之ヲ見レハ、凡ソ固體ノ液體中ニ沈入シテ、重サノ減少スルノ理ハ、正ニ之ト同容積ノ液重ニ相等シキヤ明ナリ、

夫ノ水中ニ在リテ、重キ物體ヲ容易ニ運搬スルトキニ其輕キヲ覺ユルモ、亦此理ニ外ナラス

前述ノ理ニ依リ固體若シ同容積ノ液體ヨリ重キトキハ沈降シテ底ニ達ス若シ固體、同容積ノ液重ト其重サ相等シキトキハ、浮ハス沈マス、液中ニ静止スルナリ、又若シ同容積ノ液重ヨリ輕キ固體ニアリテハ其體全ク液中ニ沈マスシテ、其幾分ヲ沈ムルノミ、是レ其液中ニ沈ム部分ト、同容積ノ液ノ重サト、相等シケレハナリ、

第二十三章　比重

アルキメヂース氏法則ヲ應用シテ、固體及ヒ液體ノ比重ヲ定メ得ル、如何トナレハ、液中ニ沈入シタル固體ノ減重ハ驅除セラレタル液ノ重サト相等シケレハナリ、

今一物ヲ取リ、其重サ(甲)ヲ定メ、次ニ之ヲ水中ニ沈入シテ秤量スルニ、(乙)ナル重サヲ減シタルヲ見タリ然ルトキハ、此(乙)重ハ物體ト同容ノ水ノ重サニシテ、物體ノ比重ハ(乙)ヲ以テ(甲)ヲ除シタル商ナリ、故ニ凡ツ固、液兩體ノ比重トハ、之ト同容積ナル水ノ重サヲ一位トナシ、其重サヲ相比

較セルモノナリ例ヘハ茲ニ金塊アリ其眞重三十八匁ニシテ、之ヲ水中ニ秤量スルニ、三十六匁ナルコトヲ見タリ然ルトキハ減重二匁ハ、正ニ金塊ト同容積ノ水ノ重サニシテ、金塊ノ眞重ハ、三十八匁ナルカ故ニ、其比重ハ二ヲ以テ三十八ヲ除レタル商、即チ十九ナルカ如シ、又各種液體ノ比重ヲ撿定スルニハ、先ツ一ノ固體ヲ取リ、其重サヲ秤リ、次ニ水中ニ沈入シテ秤量シ、水中ニ於テ失フ所ノ重サ(甲)ヲ知リ、又之ヲ可撿ノ液體中ニ投シ其失フ所ノ重サ(乙)ヲ秤定スルナリ然ルトキハ、(乙)ハ固體ト同容積ノ液重ニシテ、(甲)ハ其液ト同容積ノ水重ナルヲ以テ、液體ノ比重ハ(甲)ヲ以テ(乙)ヲ除シ得タル商ナリトス、

斯ノ如ク實撿シテ、白金ノ比重ハ、二十二、黄金ハ十九、水銀ハ十三、六ナルコトヲ知レリ、

第二十四章　毛細管引力

固體ヲ液體中ニ挿入スルトキハ、其固液、二體相接スル所ハ、水平面ヲ亂ス此現象ハ固體ノ面、液體ニ依リテ濡フトキト、否ラサルトニ關ス(甲)ハ液體ト固體トノ間ニ行ハル、粘着力ノ、液體分

子ノ凝聚力ヨリモ大ナルトキニ在リ、(乙)ハ之レニ反シテ、液體分子ノ凝聚力、固體ト液體ノ凝聚力ニ勝チタルトキニアリ、

第十圖

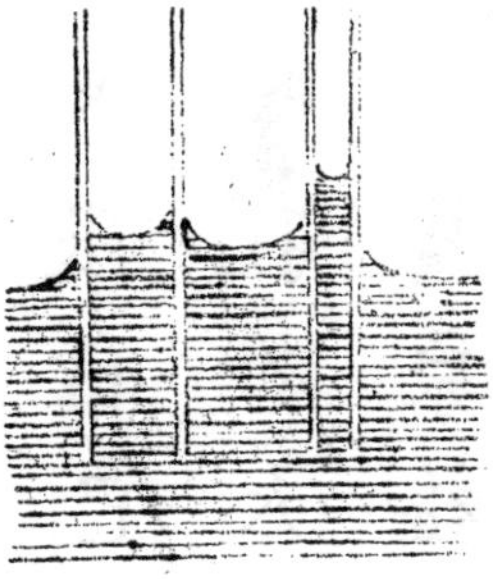

第十一圖

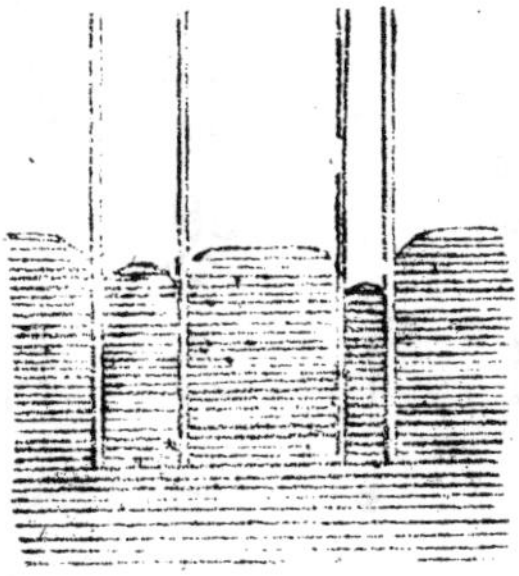

例ヘバ細キ玻璃管ヲ水中ニ挿入スレハ、第十圖ノ如ク、管ノ内外壁面ニ傍テ起上ミ管口廣ケレハ、管内水面ハ中央水平ナレ、管外ノ水面ト同高ナレトモ、管口狭小ナルトキハ、一方ノ弧相對セル弧ト會合シテ、内部ノ

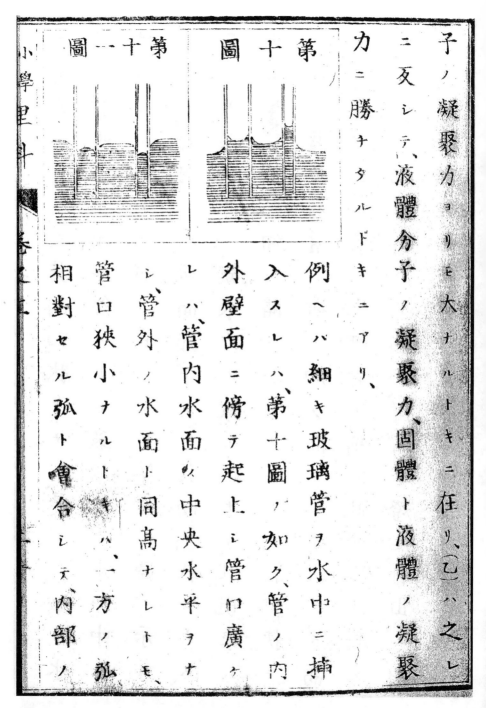

水面高ク昇リテ其面凹状ヲナス、是レ玻璃ト水トノ凝聚力ニ依ル、然レトモ玻璃管ヲ水銀中ニ挿入スルトキハ、前ト異ニシテ、第十一圖ニ示スカ如ク、管内ノ水銀面陥下シテ、其面凸状ヲナス、是レ水銀自己ノ凝聚力ノ致ス所ナリ、此現象ハ大ニ管孔ノ太細ニ關スルモノニシテ、孔ノ愈狭キニ從ヒ其象益著シ、斯ノ如ク液ヲシテ極メテ高ク昇ラシムル管ヲ、毛細管ト稱シ、此發現ヲ起ス原因ヲ毛細管引力ト稱ス、洋燈ノ燈心、自由ニ油ヲ吸上ケ植物ノ液分ヲ其根ヨリ枝葉ニ送致シ、

或ハ紙片ノ端ヲ水ニ接スレハ、直チニ透竄シテ全體ヲ濡ス等、皆ナ是レ毛細管引力ニ職由スルモノナリ、

小學校用理科上篇物理篇終

小學校用理科中篇物理篇

目録

目録畢

小學校用 理科中篇物理篇

東京大學理學士 平賀義美 著
英國化學會會員 杉浦重剛 校閲

第二十五章 氣體ノ性

氣體トハ空氣ノ如キモノヽ總稱ニシテ一ニ之ヲ瓦斯體ト稱ス、其性甚タ液體ニ似タリト雖トモ、之ヲ考察スルニ又異ナル所アリ、即チ液體ハ面積ヲ有スルヲ以テ壜等ニ其一部分ヲ充タシテ、之ヲ動搖スレハ壜ノ内面ニ觸ルヽヲ覺フ、然レトモ、氣體ニ在リテハ器ノ一部分ニ充タサントスルモ、直ニ其全容積ニ充チテ少シモ眞空ヲ殘サス、是レ氣體ノ固體、液體、ト異ニシテ、其分子互ニ相反撥スルノ特有性アルニ依ル、又固體、液體ニアリテハ、其容積ヲシテ尋常ノ方便ヲ以テ二分一、或ハ三分一等ニ、收縮セシムル能ハスト雖トモ、氣體ニ在リテハ二分一、或ハ三分一等容積ヲ隨意ニ容易ク壓縮セシメ得ルナリ、後章、氣體ノ各性ヲ概論スルニ當リ地球上最モ廣ク存在スル空氣ヲ假用シテ說カン、讀者宜シク了知セヨ、

第二十六章　空氣ノ重量

空氣ハ無色透明ナルカ故ニ、吾人ノ眼ヲ以テ之ヲ見ルコト能ハスト雖トモ、其重サ等ヲ具フルニ至リテハ萬物ト少シモ異ナルコトナシ、今空氣ノ重サヲ具フルコトヲ實撿上証明セシニハ、第十二圖ノ如キ活栓ヲ備フル玻璃球ヲ取リ、之ヲ排氣器ノ鐘坐後章ニ說明セリニ箝メ球內ノ空氣ヲ排除シ、其重サヲ秤リ、次ニ此球ニ空氣ヲ充テ、再ヒ秤ルニ若干ノ重サヲ增シタルヲ見ルヘシ、即チ此

第十二圖

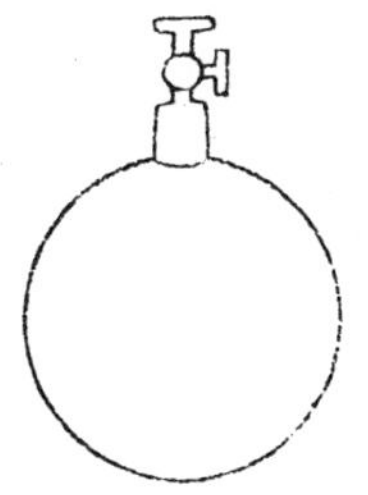

増重ハ球内空氣ノ重サナルヤ明カナリ、

第二十七章　空氣ノ壓力

我地球ヲ包圍スル空氣ハ、前章既ニ説キタルカ如ク、重サヲ有スルモノナルカ故ニ、地上ノ萬物ハ、皆其重サノ為メニ壓力ヲ受クルコト、尚ホ水ヲ器ニ盛リテ其底ヲ壓スルカ如シ、而シテ此壓力ハ上下四方ノ別ナク、諸方ヨリ作用スルナリ、今之ヲ証明センニハ、第十三圖ノ如ク水呑ニ水ヲ充テ將サニ溢レントスルニ至ラシメ、之ヲ厚紙ニテ蓋ヒ、圖ノ如ク下方ヲ向ケテ倒持スルニ

水敢テ流ルヽコトナシ、是レ即チ空氣ノ下方ヨリ壓スルニ依ル、若シ空氣ナケレハ器内ノ水ハ其重サノタメニ流下スヘキナリ、

第十三圖

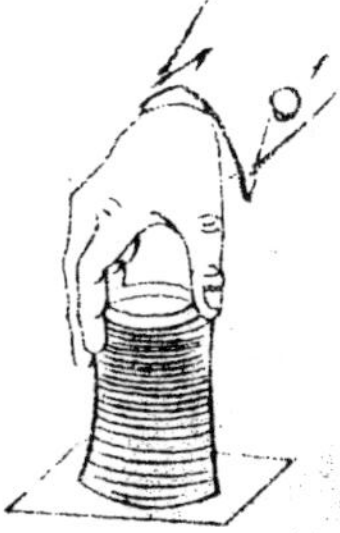

第十四圖ニ示スモノハ、所謂マグデブルグ半球ト稱スルモノニシテ、是レ亦空氣ノ壓力ヲ證明スル器ナリ、其裝置ハ二個ノ金屬製半球ニシテ、極メテ能ク相密合ス、而シテ下球ニ注嘴ヲ備ヘ、且ツ自由ニ開閉シ得ル所ノ活栓ヲ備フ、又螺旋ニ依リテ排氣機ノ鐘坐ト連結スルコトヲ得ル

ナリ、今此半球ヲ合セテ鐘坐ニ着ケテ内部ノ空氣ヲ排氣機ヲ以テ排除シ、其注嘴ヲ開キ両半球ニ分タントスルニ、甚タ難クシテ猛力ヲ以テスルニアラサレハ分離スルコト能ハサルヘシ、然レトモ今活栓ヲ開キ、内部ニ空氣ヲ入ルヽトキハ容易ニ二ツノ半球ニ分チ得ルナリ、之ニ依リテ之ヲ考フレハ、空氣ハ重大ナル壓力ヲ有スルヤ明ナリ、斯ク重大ノ壓力アルコトヲ吾人ノ常ニ感セサルハ、敢テ怪ムニ足ラス、即チ空氣ハ上下四

第十四圖

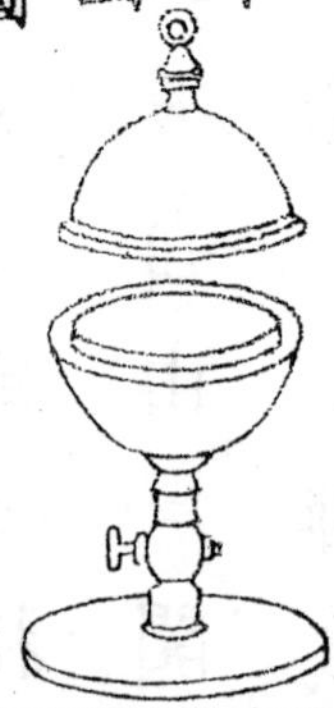

方ヨリ壓シ、決シテ一方ヨリ壓スルコトナクシテ、相平均スレハナリ、夫ノ樽内ニアル酒ヲ流出セシメント欲シ、嘴口ノ塞子ヲ脫スルモ、上蓋ニ小孔ヲ穿タサレハ酒ノ流出セサルモ亦空氣、嘴口ヲ壓スルニ依ル、然シテ蓋ニ小孔ヲ穿ツトキハ、酒直チニ流出ス、是レ嘴口ヨリ空氣、壓スト雖トモ蓋ノ小孔ヨリモ壓スルカ、故ニ相平均スルヲ以テ、酒ハ自已ノ重サヲ以テ流出スルナリ、

第二十八章　氣壓計

第十五圖ノ如ク、長サ三尺許ノ玻璃管ニシテ、其

一端ヲ閉チ他端ハ開放セルモノヲ取リ、之ニ水銀ヲ充テ指頭ヲ以テ固ク閉チ、之ヲ別ニ水銀ヲ盛レル器中ニ倒置シ指ヲ放ツニ管内ノ水銀降下シ、上部ニ眞空所ヲ生シテ水銀面ノ高サ大約二尺五寸ニシテ留マル、是レ前條ニ説

第十五圖

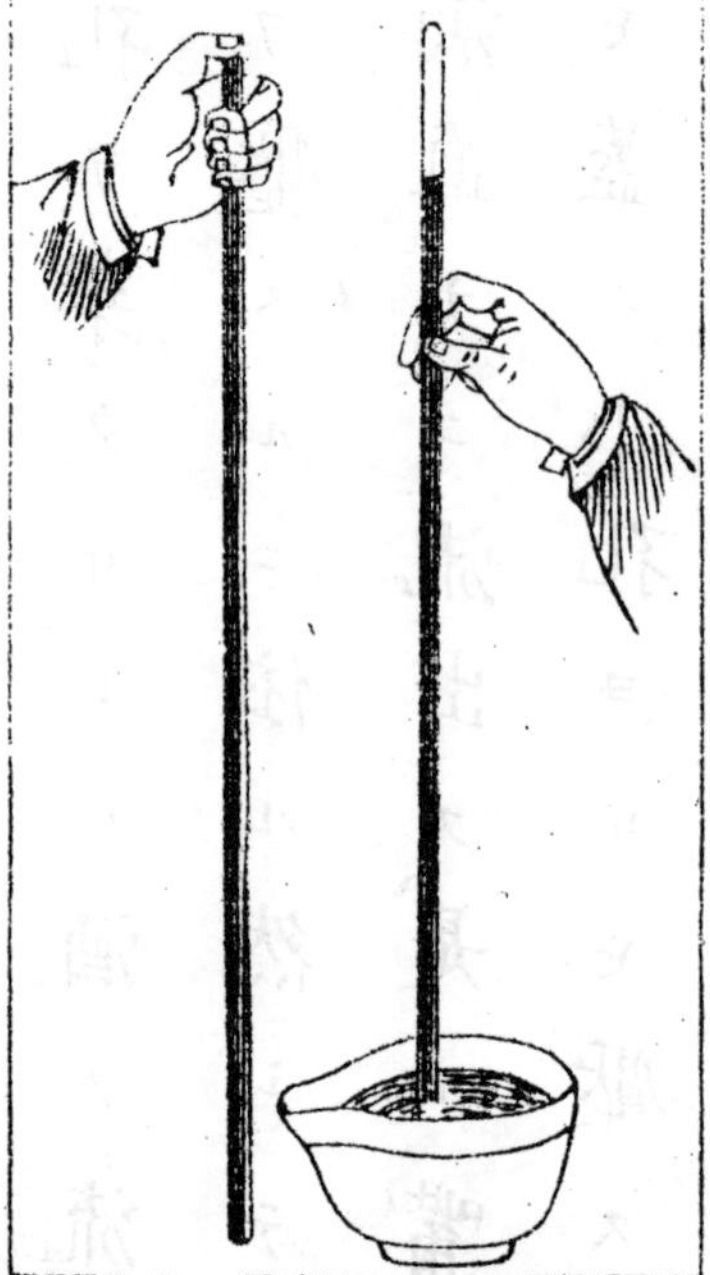

キタル、空氣ノ壓力アリテ水銀器ノ面ヲ壓スルト管内水銀ノ重サト相平均スルニ依ル、而シテ茲ニ生シタル眞空所ハ、發明者ノ名ヲ取リトリ

セリー氏眞空ト稱ス、其水銀面ノ高サ二尺五寸トスレハ、凡ソ一平方寸ニ付二貫五百目余ノ壓力ニ當ル、吾人ハ斯ク強大ナル壓力ヲ發ケナカラ、之ヲ感セサルハ、吾人ノ體内ニモ亦空氣アリテ常ニ外氣ニ抵抗シ之ト相平均スルニ依ル、又空氣ノ壓力ハ時々變スルカ故ニ、従テ水銀面モ亦昇降ス、即チ水銀面昇ルトキハ空氣ノ壓力強クシテ、水銀面降ルトキハ空氣ノ壓力弱キヲ知ル、故ニ空氣若シ濕氣ヲ含ンテ温カナレハ、其重サ小ナルヲ以テ壓力弱シ、故ニ水銀面降ルヘシ空氣乾燥ニシテ寒冷ナルトキハ、重キカ故ニ壓力強シ、依リテ水銀面昇ル、之ニ依リテ多年ノ經驗上畧、天氣ノ晴雨ヲ豫知スルヲ得ルニ至レリ故ニ晴雨計ノ名アリ、

氣壓計ノ方便ヲ藉リテ、又山ノ高低ヲ測量スルヲ得ルナリ、何トナレハ前章ニ説キタル如ク、空氣ハ我地球ヲ包圍シ高キヨリ低キヲ次第ニ壓スルカ故ニ、高所ハ稀薄ニシテ低所ハ稠密ナリ、從テ其壓力モ強弱ノ別アリ、今高山ニ登ルトキハ氣壓計ノ水銀面平地ニ於ケルヨリモ低シ而

シテ愈高キニ至ルニ從ヒ水銀面愈降ル、此理ニ依リテ山ノ高低ヲ測量シ得ルナリ、

前ニ述ヘダル如ク、吾人ハ平地ニ在リテ空氣ノ壓力ト體内ノ空氣ノ壓力ト相平均スルヲ以テ、若シ極メテ高所ニ昇ルトキハ、體内ノ空氣ハ外氣ノ壓力ニ勝チテ相平均スル能ハスシテ、遂ニ血管ヲ壓シ破リ、皮膚ヨリ血液ヲ流出セシムルニ至ル、富士山等ニ登リテ往往出血スルモノアリ、是レ即チ此理ニ頼ルモノナリ、

第二十九章　排氣機

前章ニ於テ排氣機ヲ以テ空氣ヲ排除スルコトヲ說キタルカ故ニ、今玆ニ排氣機構造ノ大畧ヲ示サントス、第十六圖ニ示ス(甲)ハ玻璃製ニシテ

第十六圖

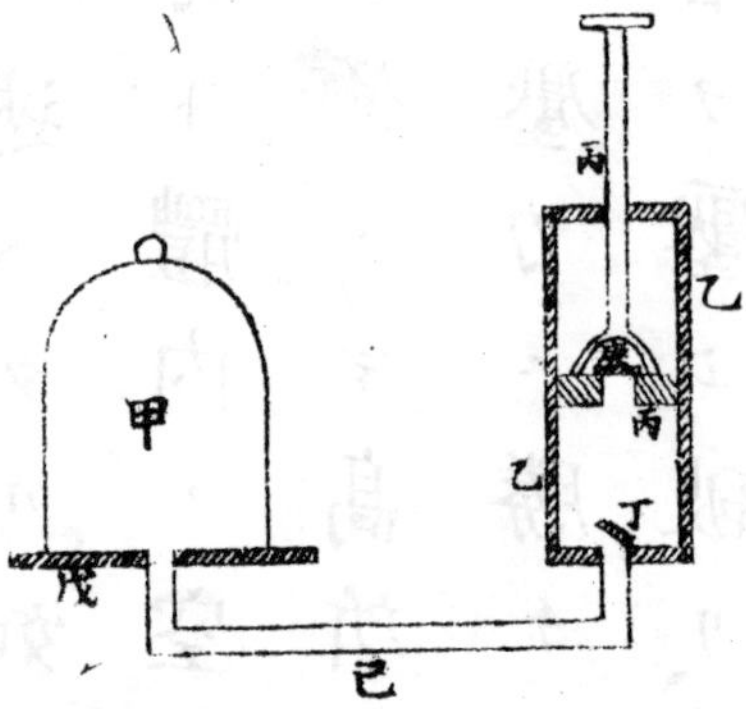

鐘狀ナリ、故ニ之ヲ、排氣鐘ト云フ、(戊)ハ金屬製ノ平板ニシテ善ク磨キテ排氣鐘(甲)ト密合スルカ如クナセリ之ヲ鐘坐、ト云フ、其中央ニ孔アリ、曲管(己)ヲ以テ筒(乙)ニ通ス、此曲管ト筒ト相連ナル所ニ一ノ瓣(丁)アリ、上ニ向テ開キ下ニ向テ閉ツ、又

筒ト密合スル所ノ活塞(丙)アリテ筒内ニ昇降スルヲ得ル、又此活塞ニモ一ノ瓣(庚)アリ、上ニ向テ開キ下ニ向テ閉ツルナリ、今空氣ヲ排除センニハ、先ツ排氣鐘(甲)内ニ空氣充ツルトシ、活塞(丙)降リテ筒(乙)ノ底ニアルト見做スヘシ、今活塞ヲ引キ上ケルトキハ活塞ト底ノ間ニ眞空所ヲ生スレトモ、外氣來リテ之ヲ補充スルコト能ハス、何トナレハ瓣(庚)ハ上ニ向テ開クモ下ニ向テ閉ツレハナリ、然レトモ、瓣(丁)ハ上ニ向テ開クカ故ニ、鐘(甲)内ノ空氣來リテ眞空ヲ補フ、而シテ活塞筒頭ニ昇ルトキハ鐘内ノ空氣分レテ鐘及ヒ筒ニ充ツ、是ニ於テ活塞ヲ下方ニ壓スルトキハ、辨(丁)ハ閉チテ活塞ノ辨(庚)開クヲ以テ筒内ノ空氣之ヨリ器外ニ出ツルカ故ニ、活塞ノ昇降毎ニ鐘内ノ空氣ヲ筒内ニ排除シテ眞空トナスナリ、若シ此器ノ鐘内ニ雀或ハ鼠ノ如キ小動物ヲ入レ空氣ヲ排除スルトキハ、其飛走ル力ヲ失ヒ遂ニ斃死スルニ至ル、若シ大ナル排氣鐘ヲ取リ、人其内ニ入リテ空氣ヲ排除スレハ、亦タ雀鼠ト均シク斃死スヘシ、是レ鐘内ノ空氣稀薄トナリ、其生活

ヲ支フルニ足ラサルカ故ニシテ、地上動物ハ此空氣ノ存スルヲ以テ生活スルコト尚ホ魚ノ水中ニ在リテ生活スルカ如シ、

第三十章　撤液管

撤液管ハ、兩端開通シタル曲管ニシテ液體ヲ第一器ヨリ第二器ニ移スノ作用ヲナスモノナリ、即チ第十七圖ハ、此器ノ最モ單一ナルモノニシテ、曲部ヨリ一方ハ長ク一方ハ短キモノナリ、然リ而シテ、常ニ移サント欲スル液面ヲシテ器ヨリモ高所ニ在ラシメ、之ニ曲管ノ短キ部分（戊）ヲ

第十七圖

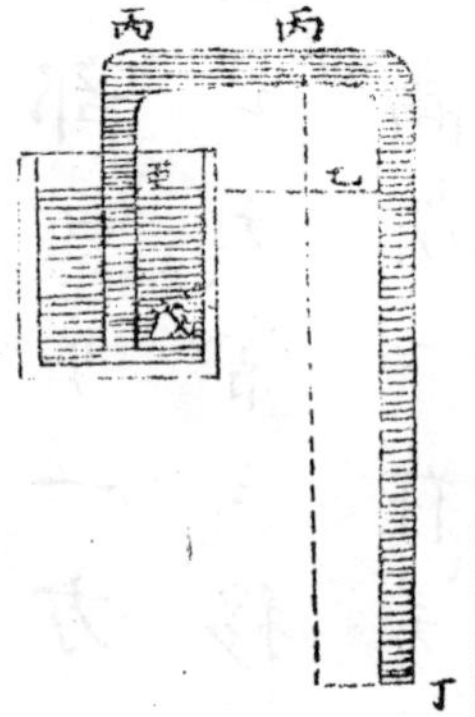

挿入シ、他端(丁)ヨリ管内ノ空氣ヲ吸ヒ取ルトキハ管内ニ眞空所ヲ生スルカ故ニ、空氣ノ壓力ノ為メニ液管内ニ来リテ眞空所ヲ充ツ、或ハ又管ニ液ヲ充テ其両端ヲ指ヲ以テ塞キ圖ノ如ク装置シテ指ヲ放ツモ可ナリ、斯ク管ニ液體充ツルトキハ空氣ハ外口(丁)ヲ壓スルモ、亦同カヲ以テ器ノ水面ヲモ壓スルカ故ニ、空氣ノ壓力ハ相平均ス、而シテ(丙)(甲)(丙)(乙)ノ同高部分ノ液ノ壓力モ相平均シテ、只ニ(乙)(丁)自己ノ重サヲ以

テ(丁)ヨリ流下スルナリ然ルトキハ(丙)ニ眞空所ヲ生スルカ故ニ、之ヲ充サンカ為メニ器内ノ液、絶ヘス管内ニ昇リ相補フヲ以テ又絶ヘス液ヲシテ(丁)ヨリ流出セシム、然レトモ(丙)點ト液面トノ距離遠クシテ、其下壓力空氣ノ壓力ヨリ大ナルトキハ之ヲ流下セシムル能ハサルナリ、

第三十一章　熱論

當時物理學家ノ說ニ據レハ、熱ハ振動ニ依テ生スルモノナリ、而シテ其振動ハ物體分子ノ振動セルモノナルカ將タ物體分子ヲ包圍スル一種

ノ氣素カ振動シテ起スモノナルカハ、未タ確言スル能ハス、然レトモ熱ハ振動ノ成蹟ニシテ物體ニアラストト云フ所以ノモノハ他ナシ、今若シ一片ノ白金ヲ取リ其眞重ヲ天秤ニテ量リ、之ヲ烈火中ニ赤熱シ再ヒ之ヲ量ルニ少シモ其重サノ増減スルヲ見サレハナリ、

第三十二章　熱源

熱ノ主源ハ太陽、化學的變化、動物熱、摩擦、壓力、及ヒ電氣等ニシテ就中、太陽熱ハ最モ貴重ナリトス、之ニ亞クモノハ化學的ノ抱合ニシテ、凡ソ化

學的變化ノ殆ント熱ヲ發生セサルモノナシ、而シテ其最モ重要ナルモノハ酸素ト他物殊ニ、炭素トノ化合即チ日常、薪材ノ燃燒是レナリ、又動物熱モ薪材ノ燃フルト同一ノ作用ニシテ、即チ動物、空氣ヲ吸入スレハ酸素ハ其血液中ニ吸収セラレテ體内ノ諸部ヲ循環スル際ニ體内ノ炭素化合物ヲ酸化セシメテ炭酸瓦斯トナシ常ニ呼出スルナリ、又タ摩擦ニ依リテ熱ノ生スルハ燧ト石トヲ衝擊シテ火ヲ發シ、或ハ摺附木ノ火ヲ發スルカ如キ其例ナリ、又タ器内ニ空氣ヲ充

テ之ヲ急ニ壓縮スルトキハ熱ノ發生スルヲ見ル、其他各種物體ヲ壓シテ熱ヲ發生スルナリ、

第三十三章　熱ニ依ル物體ノ膨脹

凡テ固液、氣體ヲ論セス熱度ノ昇ルニ從ヒ漸々其大サヲ增大スルヲ常トス之ヲ物ノ膨脹ト云フ、熱度降レハ又收縮スルナリ、然レトモ或ハ此法則ニ從ハサルモノアリ例ヘハ水ハ攝氏四度ニ於テ最モ濃密ニシテ之ヲ四度以上ニ熱スルモ又四度以下ニ冷スモ膨脹スルモノナリ、

固體ノ熱ニ依リテ膨脹スルヲ實撿上證センニ

第十八圖

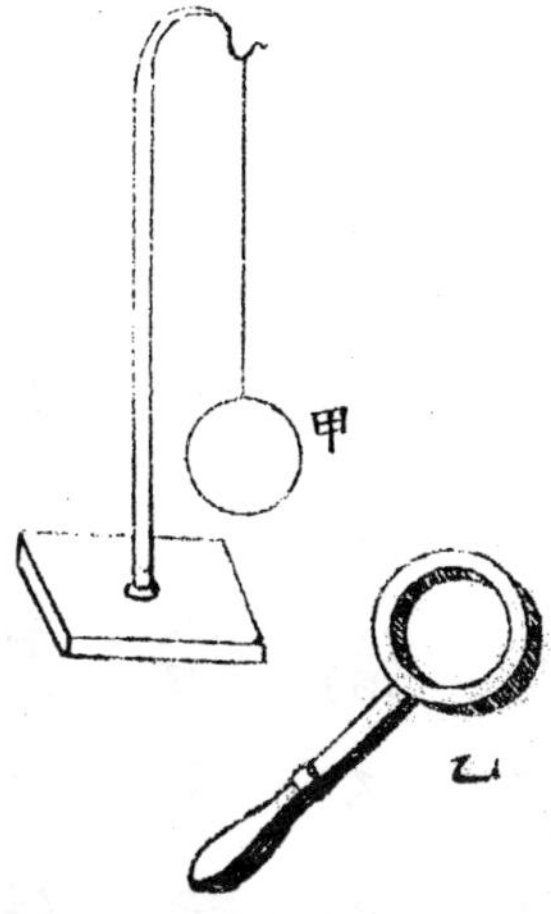

八、第十八圖ニ示スカ如キ、金屬球(甲)ノ常温ニ在リテ環(乙)ヲ容易ニ通過スルモノヲ取リ之ヲ熱シテ再ヒ環(乙)ヲ通サントスルモ已ニ通過スルコト能ハス、更ニ之ヲ冷セハ最初ノ如ク又容易ニ通過ス、是レ其球最初ニハ温ノ為メニ膨脹シタレトモ、又タ冷シテ固トノ大サニ復セシヲ以テナリ、又時トシテハ此理ニ反セル現象ヲ見ルヿアリ、凡リ濕潤ナル物體例ヘハ、一團ノ粘土ヲ取リ之ヲ

熱スレハ却テ収縮スルカ如キアリト雖トモ、是レ粘土中ニ含有セル水分ノ蒸散スルニ熱ヲ消費シテ未タ膨脹セシムルニ至ラサレハナリ、又液體ノ熱ニ依リテ膨脹スルヲ証センニハ、一ノ壜ヲ取リ之ニ水ヲ盛リ正ニ溢ル、ニ至ルマテ充テ、而シテ壜ヲ温ムレハ漸々水ノ溢流スルヲ見ルヘシ、是レ熱ニ依リテ其大サヲ増シタルカ故ナリ、今之ヲ冷シテ熱ヲ失ハシムルトキハ壜内ノ水已ニ充満スルニ足ラス、即チ溢流セシ大サヲ減却シタルアルヲ見ルヘシ、氣體モ亦タ熱ニ依リテ膨脹ス、例ヘハ、膀胱皮ニ少許ノ空氣ヲ入レ糸ヲ以テ能ク其口ヲ閉チ、爐上ニ之ヲ熱スレハ膀胱大ニ膨レ起ルヲ見ルヘシ、又緣ノ平ナル盃內ニ指附木等ヲ燃シ、掌ニテ其口ヲ蓋ヘハ盃ノ固ク掌ニ附キテ離レサルヲ見ルヘシ、是レ盃內ノ空氣焰火ニ依リテ膨脹シ其一部分ヲ飛散テ盃內ノ空氣ハ稀薄トナレルニ依リ、掌ヲ以テ蓋ヘハ外部ノ濃密ナル空氣ニ壓セラルヽニ依ルナリ、又殼ヲ脫セスシテ栗ノ實ヲ熱キ灰中ニ入ルヽトキハ爆發スルモ、亦殼

内ノ空氣、熱ノ為メニ膨脹シテ出ツル所ナキガ故ニ、遂ニハ殼ヲ壓シ破ルナリ、

第三十四章 撿温器

前ニ述フル如ク、凡テ物體ハ熱ニ依リテ膨脹シ、其大サノ大小ハ熱ノ強弱ニ關スルガ故ニ、物體ノ膨脹シ或ハ収縮スルニ依リテ其熱度ノ高低ヲ測ル、之ヲ撿温器ト云フ、俗ニ寒暖計ト稱スルハ即チ是ナリ、而シテ之ニ用フル物體ハ可及的規則正シク膨脹スルモノヲ以テセサルヘカラス、撿温器ハ小ナル玻璃管ノ下端ニ球形或ハ、圓

筒形ヲ有スルモノニ水銀或ハ酒精ヲ充テ熱シテ管内ノ空氣ヲ悉ク驅除シ、管口ヲ熔塞シテ之ニ度分ヲ刻シタルモノナリ此度分ヲ刻スルニハ先ツ器ヲ氷片中ニ挿入シ管内ノ水銀或ハ酒精漸々降リ遂ニ止マルヲ待テ之ニ一點ヲ刻シ、次ニ管ヲ更ニ滾沸湯中ニ挿入シテ、水銀或ハ酒精ノ漸漸昇リテ遂ニ止マルヲ待テ、前ノ如ク一點ヲ刻ス、而シテ氷中ニテ定メタル點ヲ、氷點ト云ヒ、滾沸湯中ニ挿入シテ刻シタルヲ滾沸點ト云ス、而シテ氷點ヲ零度トシ、滾沸點ヲ八十度ト

第十九圖

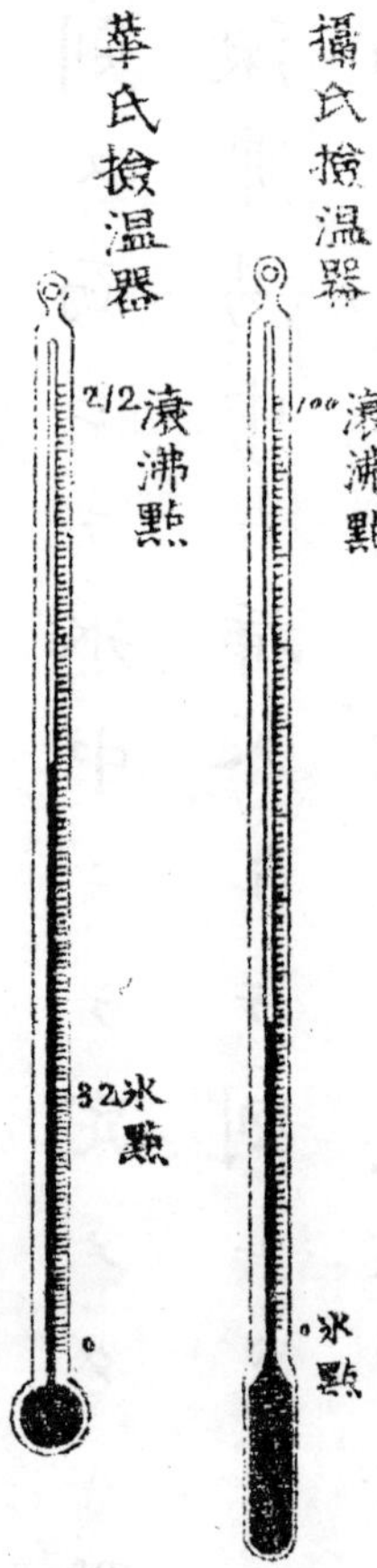

シ、其間ヲ八十等分セルモノヲ列氏ノ撿温器ト稱シ、又氷點ヲ零度トシ、滾沸點ヲ百度トシ、其間ヲ百等分セルモノヲ攝氏ノ撿温器ト稱シ、又氷點ヲ三十二度ト定メ滾沸點ヲ二百十二度トシ、其氷點ト滾沸點ノ間ヲ百八十等分セルモノヲ華氏ノ撿温器ト稱ス、

然リ而シテ、此器熱ニ逢ヘハ水銀、或ハ、酒精ハ膨

脹シテ管内ニ昇ルヲ見ル、然ルトキハ人之ヲ稱シテ熱度昇リタリト云ヒ、之ニ反スルヲ熱度降リタリト云フ、又熱度同一ナル際ハ管内ノ水銀或ハ酒精ハ同一ノ高サニ止マルナリ、

我國ニ於テ日常用フルモノハ、華氏撿温器ナリ然レトモ學者社會ニ在リテハ攝氏ノ撿温器ヲ賞用ス、是レ氷點ト滾沸點トノ間ヲ百分セルカ故ニ、計算ニ便ナレハナリ、本篇ニ用フル熱度モ亦タ此攝氏ノ器ニ依ルモノナリ、讀者宜シク之ヲ記臆セヨ、

第三十五章 ● 熱ニ依ル物體ノ變狀

物體ハ熱ヲ受クルノ多寡ニ依リテ、其狀態ヲ變スルコトアリ、即チ固體ハ熱ニ逢テ液體トナリ、液體ハ氣體ニ變ス、但シ其熱ニ逢テ狀態ヲ變スルニ先チテ熱ノ為メニ分解スルコトナキ際ニ於テ然リ、各種ノ有機物ノ如キハ、其狀態ヲ變スルニ先チテ分解シテ其質ヲ變スルモノ多シ而シテ固體ノ液體ニ變スルヲ熔解ト云ヒ、液體ノ發泡シテ氣體ニ變スルヲ滾沸ト稱ス、又氣體ノ熱ヲ失フトキハ液體トナリ、液體ノ熱ヲ失フトキハ固體ニ變ス、而シテ氣體ノ液體ニ變スルヲ凝結ト云ヒ、液體ノ固體ニ變スルヲ凝固ト云フ、固體ノ液體ニ變シ、或ハ液體ノ發泡シテ氣體ニ變スルニハ常ニ一定ノ熱度ニ於テス、之ヲ其體ノ熔點、或ハ滾沸點ト名ツク、例ヘハ氷ノ水ニ變スルハ零度ニ在リテ、水ノ發泡シテ蒸氣ニ變スルニハ百度ニ在ルカ如シ

凡ソ固體ヲ熱シテ其全ク熔解スルマテ、或ハ液體ヲ熱シテ其全ク氣體ニ變化スルマテハ如何ニ強ク熱スルモ熱度ノ昇ルコトナシ、熔點及ヒ

滾沸點ハ各物皆同カラス、例ヘハ氷ノ熔點ハ零度、鉛ハ三百三十四度、錫ハ三百六十度、鐵ハ千六度、銅ハ千五十度、硫黄ハ百九度、蠟ハ六十八度、固狀テレビン油ハ零下十度、固體水銀ハ零下三十九度ニシテ液體トナル、又水銀ノ滾沸點ハ三百四十度、テレビン油ハ百五十七度、アルコールハ七十八度、硫化炭素ハ四十七度ナルカ如シ、又固體、熱ニ逢テ液體ニ變セスシテ、直チニ氣體ニ變スルアリ、此現象ヲ昇華ト云フ、即チ沃素ヲ熱スルカ如キ是レナリ、

第三十六章　水ノ潜熱

零度ノ雪或ハ氷ヲシテ水ニ變セシムルニ、大ニ熱ヲ要ス、而シテ此熱ハ雪或ハ氷ヲシテ水ニ變スルノミニ要シタルモノニシテ、少シモ檢温器ニ感スルコトナク、恰モ消失シタルカ如シ、之ヲ水ノ潜熱ト云フ、今五十度ノ水一斤ト、八十度ノ水一斤トヲ混合スレハ其平均熱度即チ六十五度ノ水二斤ヲ得ル、然ルニ若シ七十九度ノ水一斤ト、零度ノ雪或ハ氷一斤ト相混合スルトキハ、其平均熱度ニアラスシテ零度ノ水二斤ヲ得ルナリ、然ラハ七十九度ノ水、零度ニ至ルマテ冷サレテ失フ所ノ熱ハ零度ノ雪、或ハ氷一斤ヲシテ唯タニ液體ニ變セシムルニ要シタルナリ、此七十九度ノ熱ハ即チ水ノ潜熱ナリ、之ヲ要スルニ潜熱ハ、固體ヲ熔解シテ之ヲ液狀ニ保持スルニ要スル熱ニシテ、撿温器ヲ以テ撿知スルコトヲ得サルナリ、此潜熱ハ液體ノ再ヒ固體ニ變スル時ニハ現出シ、撿温器ヲ以テ撿知スヘキ熱トナル、之ヲ現熱ト云フ、冬日雪降ルトキ寒ノ却テ弱キヲ覺フルハ、是レ空氣中ノ水分雪トナル際始

メ得タル潜熱ヲ放ツテ現熱トナスカ、故ニ寒ヲ減スレハナリ、雪或ハ水ノミナラス、凡テ固體ノ熔解スル際ニモ潜熱アルモノトス、

第三十七章　水蒸氣ノ潜熱

水ヲ滾沸シテ氣體ニ變セシムルニ、其熱度ヲ熾ンナラシムルモ、少シモ昇上セスシテ百度ニ至リ止マル、是レ水、氣體トナリ蒸散スルノ際ニ熱ヲ吸収スルカ故ナリ、之ヲ水蒸氣ノ潜熱ト云フ、即チ水ヲ氣狀ニ保持スルニ要スル撿温器ヲ以テ撿知スヘカラサル熱ナリ、夏日降雨ノトキ晴

天ノ日ヨリ涼シキハ、雨滴熱キ空氣及ヒ地面ニ觸レ蒸氣トナリテ飛散スルノ際空氣及ヒ地面ヨリ熱ヲ奪ヒテ潜伏スレハナリ、又極暑ノ日入浴シテ後涼シキヲ覺フルハ、皮膚ニ附着スル水分蒸散シテ人體ノ熱ヲ奪ヒ取ルカ故ナリ、

第三十八章　滾沸ハ氣壓ニ關ス

液體ノ滾沸ハ、氣壓ノ强弱ニ依リテ異ナリ、壓力小ナレハ低キ熱度ニ於テ滾沸シ、壓力大ナレハ之ニ反ス、今排氣鐘内ニ水ヲ盛レル盃ヲ置キ、鐘内ノ空氣ヲ排除スレハ水自然ニ滾沸シ、鐘内ニ

水蒸氣充チテ壓力ヲ增ストキハ滾沸ヲ止ム、再ヒ訣蒸氣ヲ排除スレハ復タ滾沸ス、

又第二十圖ニ示スカ如ク、玻璃壜ニ半容斗リ水ヲ入レ、之ヲ火上ニ置キ滾沸セシメテ、壜内ノ空氣ヲ驅除セシメ代フルニ水蒸氣ヲ以テ充ツルニ至リ、其口ヲ塞キ之ヲ倒懸シ稍ヤ其冷フルヲ待チ冷水ヲ灌注スルトキハ、再ヒ滾沸ス、是レ冷水ノ為メニ

第二十圖

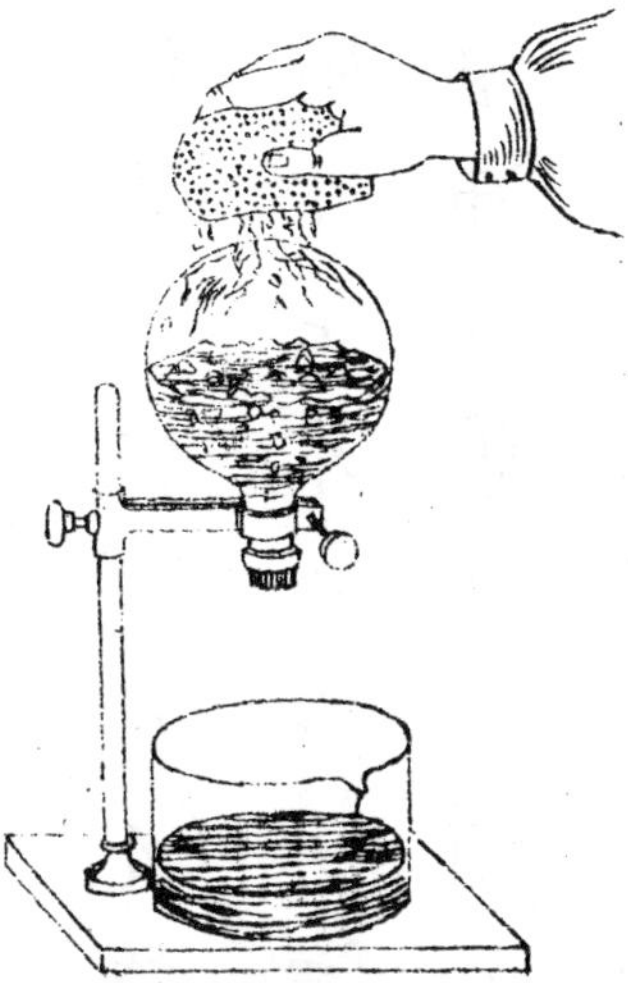

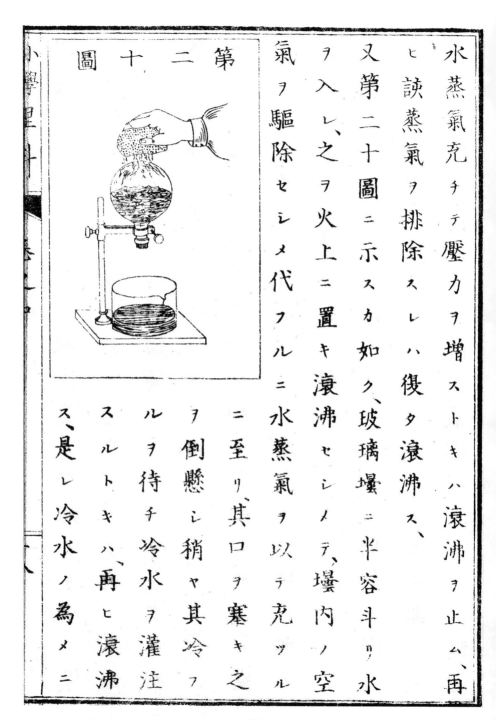

器内ノ水面ニ充ツル水蒸氣ハ凝結シテ水ニ復シ、其壓力ヲ減スルカ故ニ熱度ハ降テ前ヨリ低シト雖トモ、水ヲシテ滾沸セシムルナリ、故ニ液體ノ滾沸ハ壓力ニ關スルヤ明カナリ、

上文ノ理ニ依リテ山頂ノ如キ高所ニ於ケル空氣ノ壓力平地ニ比スレハ一層弱キカ故ニ水ノ滾沸點モ亦平地ヨリ一層低シ、

前章ニ於テ液體ノ滾沸スルトキハ熾熱ヲ以テスルモ熱度一定ナルコトヲ説キタリト雖トモ、是レ液體ヲ滾沸スル際ノ氣壓同一ナリト假定

スルモノニシテ若シ壓力ヲ強大ナラシムルトキハ熱度ヲ昇ラシメ壓力減スレハ熱度ヲ降ラシムルコトヲ得ルナリ、

第三十九章　導熱

今金屬棍ノ一端ヲ烈火ノ中ニ挿入シテ熱シ、他ノ一端ニ手ヲ觸ル、トキハ火傷ス、是レ此金屬片ノ一端ヨリ他端ニ熱ヲ導ヒキタルニ依ル、此ノ如キ物體ヲ熱ノ良導體ト云フ、若シ又一片ノ木ヲ取リ其一端ニ火ヲ點シ他端ヲ持ツニ熱ノ昇リタルヲ感セス、是レ熱ヲ容易ニ導カサルニ

依ル、斯ノ如キモノヲ熱ノ不良導體ト云フ、

上文ノ如ク各種物體ハ熱ヲ導クニ大ニ難易アリ、若シ一ノ金屬片ト毛布ノ片ヲ同所ニ放置スレハ正ニ同等熱度ヲ有スヘシト雖トモ、人之ニ手ヲ接スレハ金屬片ハ毛布片ヨリ遙ニ冷カナルヲ覺フ、是レ金屬片ハ手ノ熱ヲ導クコト毛布ヨリ遙ニ速カナレハナリ、吾人衣服ヲ着テ身體ノ温ヲ保チ、或ハ冬日草木ノ枯死ヲ防カン為メ藁ヲ以テ包ム等皆ナ此理ニ依ルモノナリ、

液體ノ熱ヲ導クハ、是レ其熱ヲ受ケタル液ハ冷

液ヨリモ其比重小ナルカ為メニ上層ニ浮ヒ昇リテ導クナリ實撿上之ヲ徴知センニハ、第二十一圖ノ如キ玻璃壜ニ水ヲ入レ、之ニ木屑ノ如キモノヲ入レ、下方ヨリ徐徐ニ熱スレハ木屑ハ中央ニ於テ上方ニ向テ昇リ側方ヨリハ下方ニ向ヒテ降ル、此ノ如ク絶ヘス熱ヲ受テ循環スルカ故ニ、總液體ノ熱度ヲ平均セシメテ上昇ス、然レトモ今若シ

第二十一圖

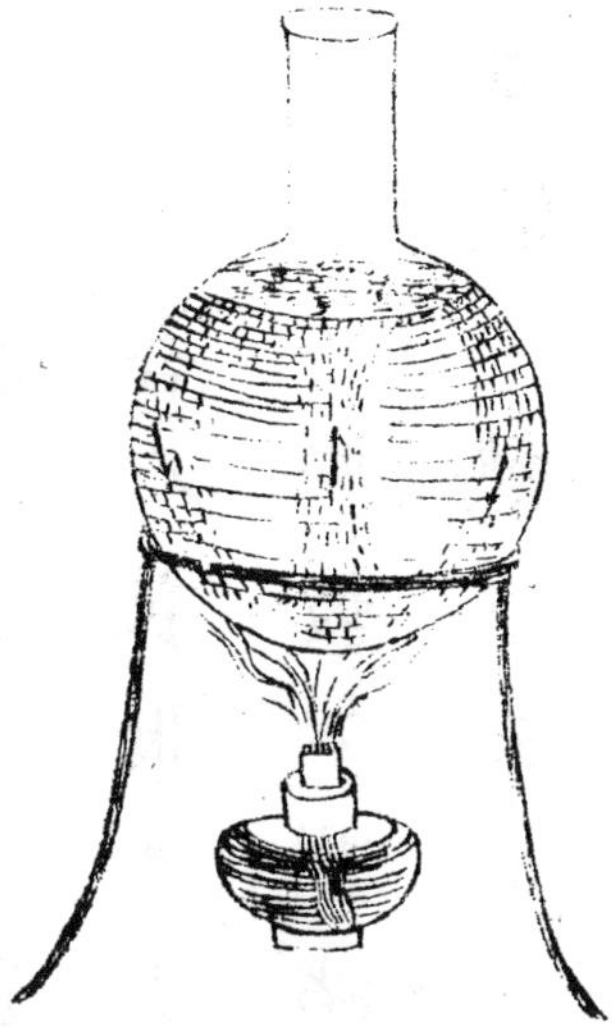

下方ヨリ熱セスシテ上方ヨリ熱スルトキハ、恰モ固體ノ如ク上層ヨリ漸漸下層ニ導クカ故ニ、全體ニ熱ノ及フコト甚タ緩慢ナリ、依リテ液體ハ不良導體ナリトス、氣體モ亦甚タ熱ノ不良導體ニシテ、吾人衣服ヲ着テ其體温ヲ保ツハ、全ク衣服ニアル無數ノ閑隙ニ空氣アリテ外寒ノ為メニ身體ノ熱ヲ失フヲ防クモノニシテ、衣服ハ自カラ温カナルニアラサルナリ、

第四十章　音論

音ハ彈力性ヲ有スル物體ノ振動ニ頼リテ起ル

モノニレテ、此振動ヲ空氣ニ傳ヘ、空氣ヨリ人耳ニ達シテ一種ノ感ヲナス、之ヲ音ト云フ、物體分子ノ振動ニ依リテ發音スルノ例ハ、鐘ヲ打テ其縁端ニ指頭ヲ近接スレハ、其彈却セラル、ヲ覺フ、又太鼓、三味線、等ノ音ヲ發スル際、其振動スルヲ見テ之ヲ知ルヘシ、又空氣ノ振動ヲ傳フルハ、迅雷ノトキ戸障子ノ振動シ、或ハ玻璃窓ノ近傍ニ於テ大砲ノ如キヲ放ツトキハ玻璃ノ破碎スルヲ見テ知ルヘシ、而シテ大氣ノ音ヲ傳フルハ恰モ水面ニ石ヲ投シタル如ク、波形ヲナシ上下

第二十二圖

四方ノ別ナク球形ヲナシテ傳フルナリ、例ヘハ、今第二十二圖ノ如ク鈴ヲ振リテ振動ヲ起サシメルトキハ、其近圍ニアル空氣ノ分子振動ヲ受ケテ暫時自カラ収縮シ後チ其彈力ヲ以テ固トノ形狀ニ復セントシ、却テ稀薄ニ過キ其外圍ノ空氣分子ヲ壓ス、是ニ於テ其外圍ノ空氣ハ、又其外圍ノ空氣ニ傳ヘテ一濃一淡ニシテ漸々球形ヲ増大ニ

レ人耳ニ及フモノニシテ、空氣分子ノ直チニ發音體ノ近邊ヨリ人耳ニ来ルニアラス、是レ水面ニ浮ヘル木片ノ波ニ從テ去ラサルト正ニ同一ナリ、

一 上ニ説キタルカ如ク、音ハ物體ノ振動ニ起リ之ヲ空氣ニ傳ヘ、空氣ヨリ人耳ニ達スルモノニシテ、若シ空氣ナクンハ之ヲ聞ク能ハス、實驗上之ヲ證明セント欲スレハ、鈴ヲ排氣鐘内ニ容レ空氣ヲ排除シテ振動セシムルニ其音ヲ聞クコトナシ、然レトモ鈴ト臺ト相接スルヲ以テ幾分カ

小音ヲ洩スコトアリ、故ニ之ヲ防カンニハ臺ト鈴ノ間ニ護謨板ヲ布クヘシ、蓋シ、護謨ハ全ク音ヲ傳ヘサルニアラスト雖トモ、彈力强キカ故ニ、最モ些少ニシテ人耳ニ達シ難ケレハナリ、是ニ依リテ之ヲ見レハ、空氣ノ外ニアリテ大音ヲ發スルモ人耳ニ達セス、加之至高ノ所ニ到レハ大氣稀薄ナルカ故ニ、談話ヲ通セサルニ至ルト云フ、

音ハ空氣ノミナラス他ノ氣體、例ヘハ炭酸瓦斯及ヒ固、液、二體モ亦能ク傳フルナリ、例ヘハ、水中

ニ在テ石ヲ撃テハ水外ノ人之ヲ聞キ、又長キ柱ノ一端ニ耳ヲ擬ヒ他端ニ袂時計ヲ置キテ能ク其振音ヲ聞キ、或ハ鐵道ニ枕シテ遠方ニ滊車ノ走ル音ヲ聞キ、或ハ地ニ伏シテ遠地ニ人馬ノ走ヲ知ル如キ、皆固體ノ傳音作用ニ依ルナリ、

第四十一章　調音不調音

音ヲ別テ調音不調音ノ二トス、調音トハ、其振動規則正シク一定時間ニ同數ノ振動ヲナシテ一定ノ距離ヲ進行スルモノニシテ、樂器等ノ如キ人耳ニ達シテ快美ノ感アルモノヲ云フ、不調音

トハ、之ニ反シテ其振動不規則ニシテ、一定時間ノ振動數ヲ異ニシテ、一定ノ距離ヲ進行スルナリ雷風砲音等ノ如ク人耳ニ違シ忌憚スヘキ感アルモノヲ云フ、

調音不調音ニ關セス、其性ヲ分チテ三トス、強弱、高低、音色、是レナリ、

強弱トハ、物體(分子カ振動スル距離ノ廣狹(波形ノ大小)ニシテ、其廣キ(波形ノ大ナル)モノハ強ク狹キ(波形ノ小ナル)モノハ弱シ、例ヘハ、男子ノ聲ハ強クシテ婦人ノ聲ハ弱ク、又三味線ノ第一線

ハ強クシテ第三線ハ弱キカ如シ、
音ノ高低トハ、即チ調子ノ高低ニシテ、一定時間振動スル數ノ多少ニ關スルモノナリ、一定時間（一秒ヲ常トス）ニ振動數多キ（即チ振動時間ノ短キ）モノハ、高調ニシテ少キモノハ低調ナリ、例ヘハ、男子ノ聲ハ強シト雖トモ低クシテ、婦人ノ聲ハ弱シト雖トモ高ク、又三味線ノ第一線ハ強クシテ低ク、第三線ハ弱クシテ高キカ如シ、
音ノ高低強弱ハ其、關係厚キモノニシテ、今長線ヲ張リ之ヲ彈ケハ、初メ其振動ノ廣クシテ眼之

ヲ見得ルヤ音強(即チ低シ)シ、漸ク振動疾クシテ見ル能ハサルニ至レハ弱(即チ高シ)シ、斯ノ如ク、凡テ高調ノ音ハ弱クシテ低調ノ音ハ強シ、然レトモ亦同調ニシテ強弱ノ異ナルヿアリ、例ヘハ、男女共ニ唱歌スルノ類是レナリ、

音色トハ、發音體ノ物質ニ關ス、例ヘハ、二個ノ各異ナル樂器ヲ用ヒテ同律ヲ奏スルニ共ニ耳ニ感シテ相異ナルヲ悟ルヘシ、之ヲ其律ノ色ト名ツク、即チ音律特有ノ性ナリ、

○第四十二章 音ノ進行

既ニ說キタル如ク、物體振動シテ發音シ、之ヲ空氣ニ傳ヘテ、空氣ハ波狀ノ球形ニ擴布スルモノナルカ故ニ、漸漸其發音體ヲ離ルコト遠キニ從ヒ弱クナリテ、遂ニ人耳ニ感セサルニ至ル、例ヘハ遠方ニ大鼓ヲ打ツヲ見ルト雖トモ其音ヲ聞カサル如キ是レナリ、

音ノ進行スル速力ハ、强弱高低音色ニ關セス、凡テ同一ナリ、如何トナレハ、遠所ニ於テ絲竹管弦ノ合奏セルヲ聞クニ、絲竹先ツ聞ヘテ管弦之ニ亞ク等ノコトナク諸音共ニ同時ニ聞フルヤ明

カナリ、然リ而シテ、音ノ進行スルニハ必ス若干ノ時間ヲ要スルモノニシテ、火光ヲ見テ後チ砲聲ヲ聞キ、或ハ電火ヲ見テ後チ雷鳴ヲ聞キ、或ハ又遠地ニ於テ伐木スルヲ見テ後チ丁丁ノ音ヲ聞ク等ノ如ク、光ト音トハ其進行ノ速力頗ル異ニシテ、光ノ速力ハ實ニ驚ヘク大ニシテ、音ノ速力ト比ス可カラス、故ニ光ニ資リテ音ノ進行スル速力ヲ測量スルコトアリ、實檢上音ノ速力ハ一秒間ニ大畧一千一百尺許ノ距離ヲ進行スルヲ知レリ、尤モ空氣ノ熱度ヨヒソノ含有スル水蒸氣ノ量ニ依リテ多少ノ變アリ、又其他ノ瓦斯體ニ在リテハ大抵其比重ニ反比ス、即チ比重太ナルモノハ音ノ進行遲クシテ、比重小ナルモノハ其進行從テ速ナリ、然レトモ固液ノ兩體ニアリテハ之ニ反シテ比重ニ正比ス、即チ比重大ナルニ從ヒ音ノ進行速カニシテ比重小ナルニ從テ其進行モ亦遲レトス、

第四十三章　返音

人壁面、或ハ山岳丘陵等ニ向ヒ發音スルトキハ恰モ遠所ニ於テ我語ヲ似言スルカ如キ感アリ、是

レ音ノ壁面、或ハ山岳丘陵ニ向テ相傳達シ再ヒ舊所ニ向テ反射セラル、故ニ、復タ音ヲ聞クナリ、是レ恰モ壁面ニ向テ鞠ヲ投ケ返射セラレテ舊所ニ返ルト同一ノ理ナリ、

小學校用理科中篇物理篇終

明治二十八年三月十日
文部省檢定濟

明治十七年十月廿八日版權免許
同　年十一月　出版
同　二十年十二月十二日版權讓渡御屆
同　年八月十二日訂正再版御屆

定價金二十錢

著述人　福岡縣士族　平賀義美
東京小石川區竹早町三十七番地

出版人　熊本縣士族　辻敬之
東京神田區柳原河岸十四號地

發兌　普及舍
東京神田區柳原河岸十四號地

3・1・2　物理初歩　上編、中編、下編　志賀泰山編纂　集英堂蔵版（明治16年）

青戸家には初等物理学の教科書として　前節で説明した　小学校用理科　物理上篇、物理中篇　平賀義美著　と一緒に物理初歩　志賀泰山編纂　集英堂蔵版が所蔵されている。本書は上編、中編、下編の三編に分かれて出版されているが、かなり高いレベルの教育が行われていることが分かる。

図2はその上編、中編、下編の表紙と上編の赤色の表紙裏及び下編の最後についている奥付である。これから判断すると、元々この物理初歩は一冊の教科書であるが、それを三冊に分冊して軽量で取り扱いやすく、かつ低価格となって購入しやすいものとしたものと推察される。また、小学校によって上編のみあるいは中編まで教育するところなどいろいろなところがあった可能性があると考えられる。

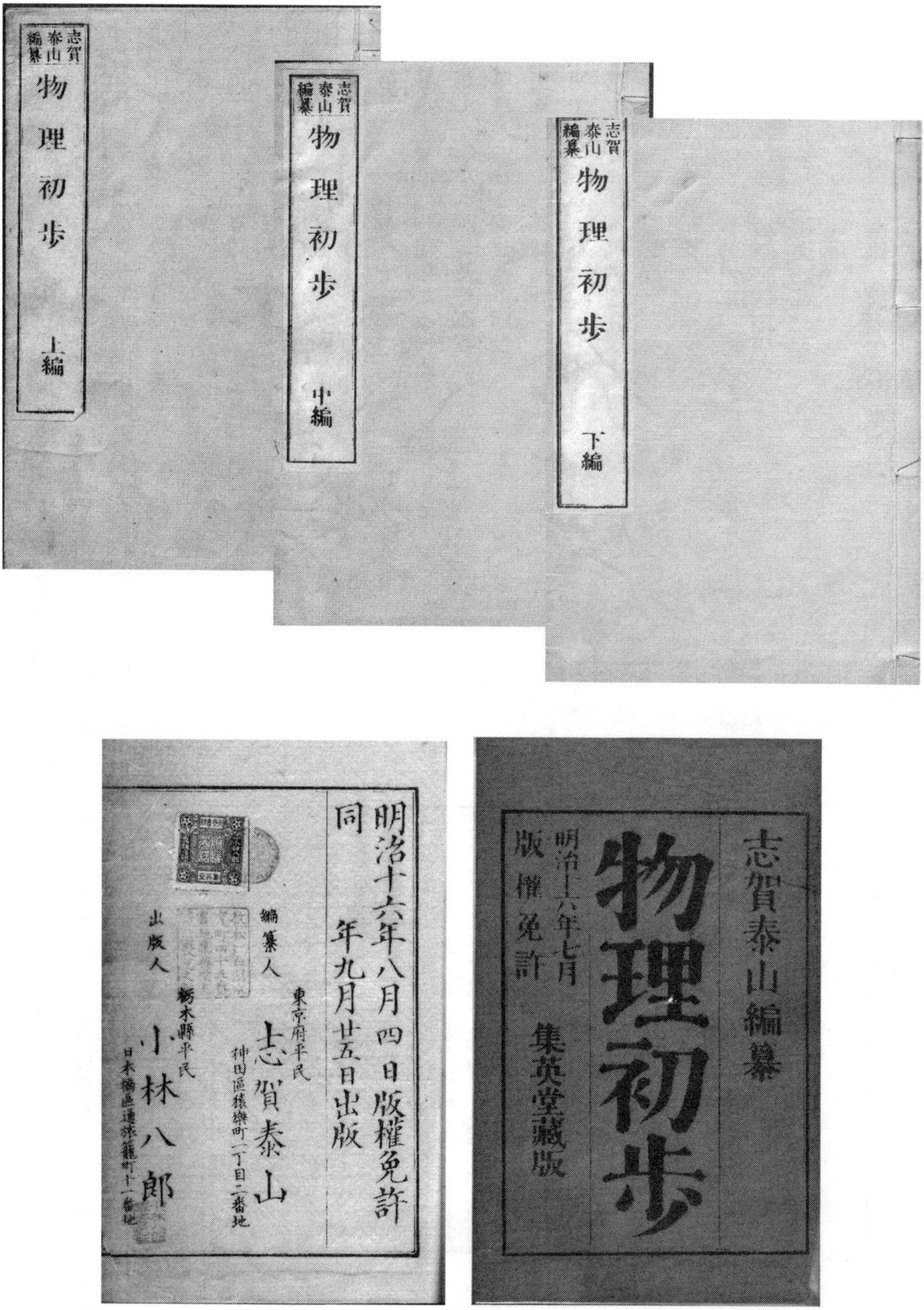
志賀泰山編纂
物理初歩
上編
志賀泰山編纂
物理初歩
中編
志賀泰山編纂
物理初歩
下編
明治十六年八月四日版權免許
同 年九月廿五日出版
編纂人 東京府平民
志賀泰山
神田區猿樂町二丁目二番地
出版人 栃木縣平民
小林八郎
日本橋區通旅籠町十一番地
志賀泰山編纂
物理初歩
明治十六年七月
版權免許
集英堂藏版

図2

図３－１は同書のはしがきである。はしがきが全文ひらがなで書かれており興味深い。

同書の目次は上編、中編、下編が一括して上編の最初に記載されており、平賀義美著の小学校理科よりかなり詳しいことが分かる。これが尋常小学校用のものか尋常高等小学校用のものかは明らかでない。

目次は次の通りである。

上編

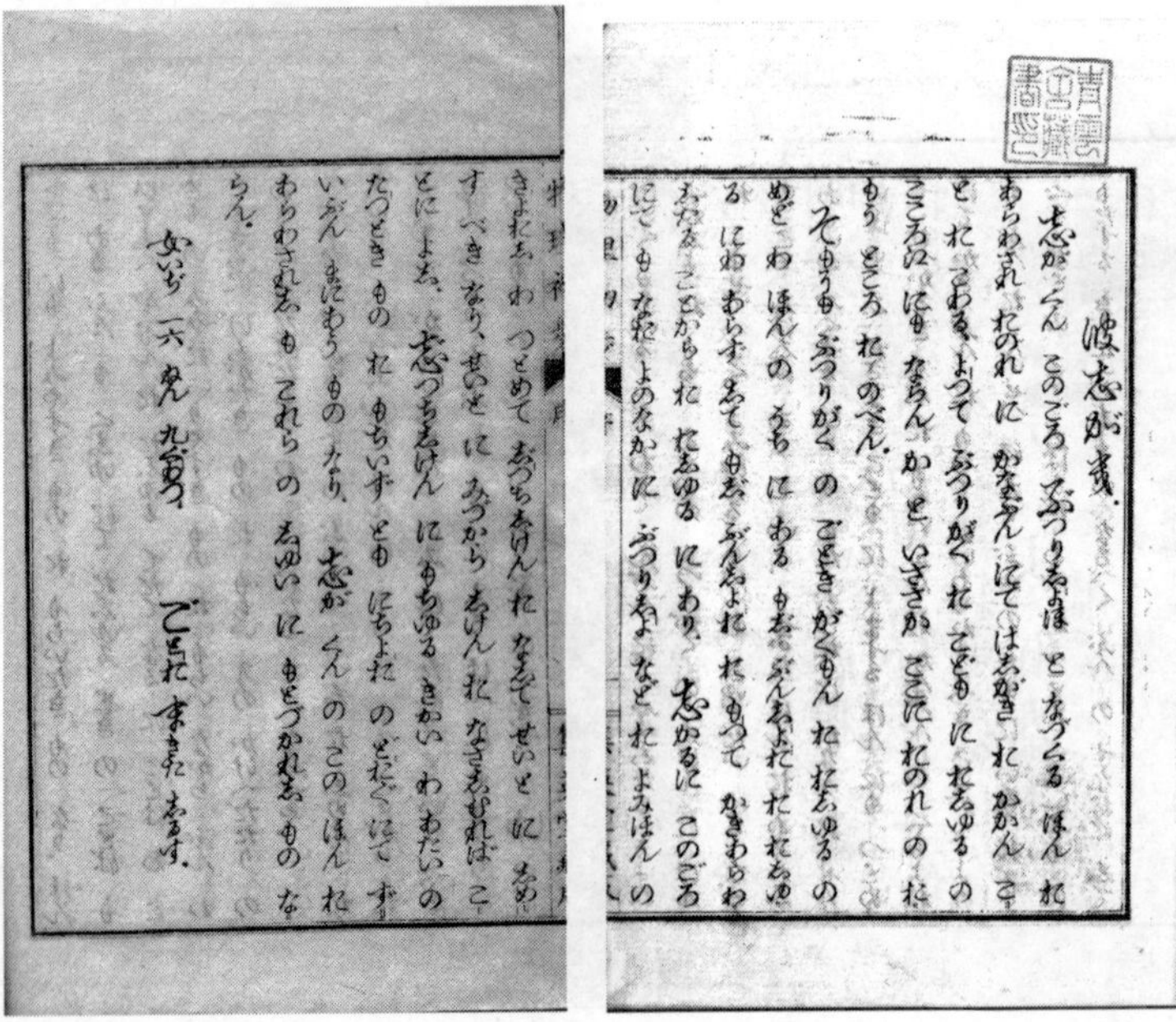

図3–1

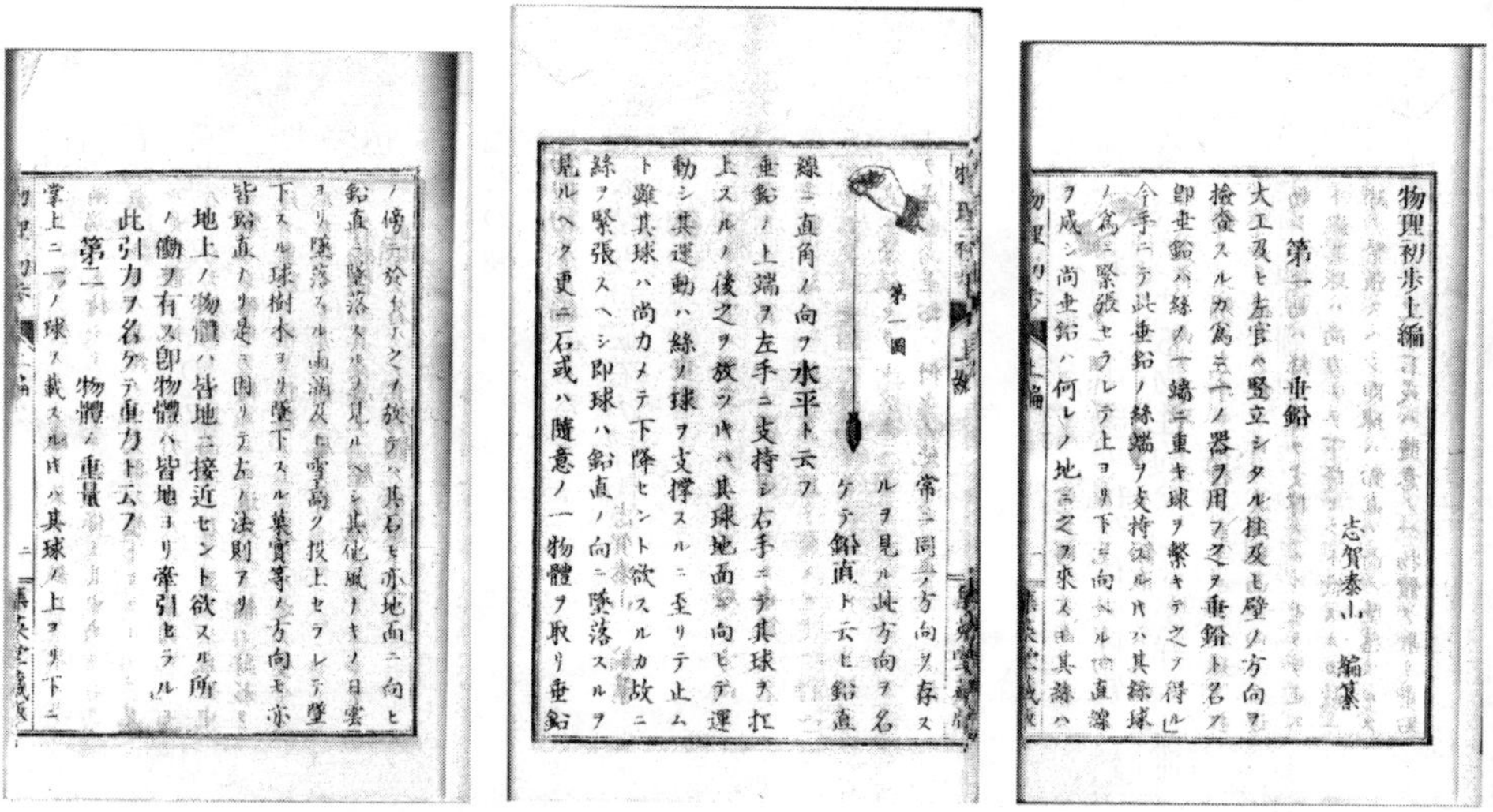
物理初歩上編　志賀泰山　編纂
第一　垂鉛
大工及ヒ左官ハ竪立シタル柱及ヒ壁ノ方向ヲ検査スルカ為メ一ノ器ヲ用フ之ヲ垂鉛ト名ク即垂鉛ハ絲ノ一端ニ重キ球ヲ繫キテ之ヲ得ル今手ニテ此垂鉛ノ絲端ヲ支持スル時ハ其絲球ノ為ニ緊張セラレテ上ヨリ下ニ向フル直線ヲ成シ尚垂鉛ハ何レノ地ニ之ヲ求ムルモ其絲ハ常ニ同一ノ方向ヲ存スルヲ見ル此方向ヲ名ケテ鉛直ト云ヒ鉛直線ニ直角ノ向ヲ水平ト云フ
第一圖
垂鉛ノ上端ヲ左手ニ支持シ右手ニテ其球ヲ扛上スルノ後之ヲ放ツ時ハ其球地面ニ向ヒテ運動シ其運動ハ絲ノ球ヲ支撐スルニ至リテ止ムト雖其球ハ尚カメテ下降セント欲スルカ故ニ絲ヲ緊張スヘシ即球ハ鉛直ノ向ニ墜落スルヲ見ルヘク更ニ石或ハ随意ノ一物體ヲ取リ垂鉛ノ傍ニ於テ之ヲ放テハ其石モ亦地面ニ向ヒ鉛直ニ墜落スルヲ見ルヘシ其他風ナキノ日雲ヨリ墜落スル雨滴及ヒ雪高ク投上セラレテ墜下スル球樹木ヨリ墜下スル菓實等ノ方向モ亦皆鉛直ナリ是ニ因リテ左ノ法則アリ
地上ノ物體ハ皆地ニ接近セント欲スル所ノ働ヲ有ス即物體ハ皆地ヨリ牽引セラル
此引力ヲ名ケテ重力ト云フ
第二　物體ノ重量
掌上ニ一ツノ球ヲ載スル時ハ其球ハ上ヨリ下ニ

図3-2

第四十一　揮散
第四十二　霧及び霜
第四十三　露及び霜
第四十四　雨雪及び雹
第四十五　音の発生
第四十六　音の高さ
第四十七　弾性体及び音の反射

下編

第四十八　光体及び暗体
第四十九　光の擴布
第五十　陰影其位置及び其形状
第五十一　光線の反射
第五十二　平面鏡
第五十三　彎面鏡
第五十四　光線の屈折
第五十五　凸面鑒
第五十六　凹面鑒
第五十七　複顕微鏡
第五十八　望遠管
第五十九　色
第六十　虹霓
第六十一　磁石の極
第六十二　磁石の引力
第六十三　起磁法及び磁石の原因
第六十四　電気的の現象
第六十五　導電体及び不導電体
第六十六　觸電気即瓦爾華尼電気
第六十七　鍍金法
第六十八　電磁石

で終わっている。

大まかに云うと、上編では　物体、固体の性質、力学的性質、液体について述べており、中編では気体の性質、熱、音などに関わることを述べ、下編では光、磁気、電気現象などについて述べている。いわゆる物性的なことが詳しく述べられている。図３－２は上編第一章垂鉛の最初の部分である。

これを理解すれば身の回りの様々な物質、現象、利用法などがよく理解でき、実用的な側面も持つものであり、小学校教育としては非常に有効であった可能性がある。

これとは別に教師用のもう少し詳しいものがある可能性もある。今で云えば学習指導要項であろうか。

3・2　小学校用理科　化学篇　平賀義美著

小学校用理科　化学篇　平賀義美著が存在している筈であるとの思いから、青戸家蔵書をいろいろ探したが見つからなかった。そこで各地の公立図書館、大学図書館などを調べた結果、近い所では島根県立図書館に存在していることが分かり、閲覧するとともに表紙と奥付のコピーをとらせてもらった。図4はその表紙と後付である。

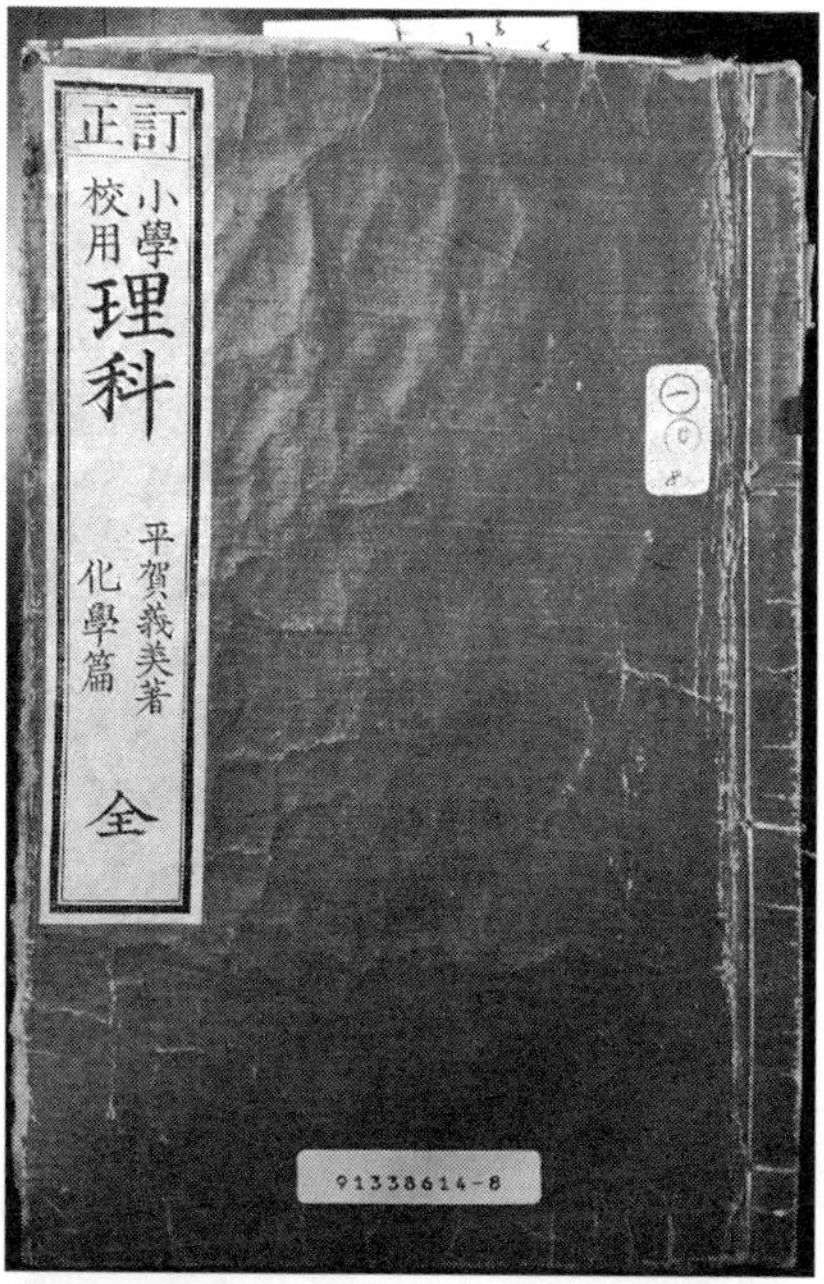

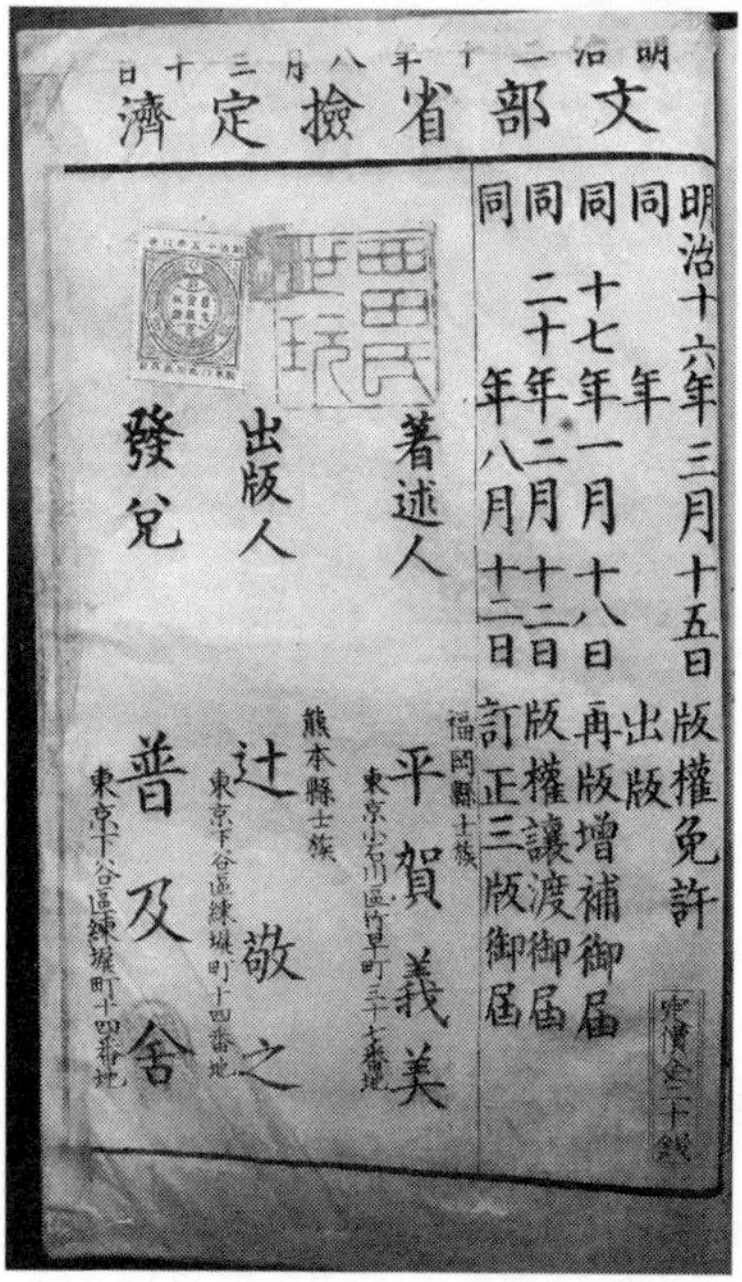
明治二十年八月三十日
文部省檢定濟

明治十六年三月十五日版權免許
同年　出版
同十七年一月十八日再版增補御屆
同年二月十三日版權讓渡御屆
同二十年八月十二日訂正三版御屆

定價金二十錢

著述人　福岡縣士族　平賀義美　東京小石川區竹早町三十七番地
出版人　熊本縣士族　辻敬之　東京下谷區練塀町十四番地
發兌　普及舍　東京下谷區練塀町十四番地

図4

また次の様な目次であることが分かった。

小学校用理科　化学篇　目録

上篇

第一章　諸言
第二章　非金属元素　酸素
第三章　水素　水
第四章　窒素　空気即ち大気　アムモニア　硝酸
第五章　酸類　塩基　塩類
第六章　炭素　炭酸
第七章　塩素　塩化水素酸
第八章　臭素
第九章　沃素
第十章　弗素
第十一章　硫素　硫化水素　硫酸
第十二章　珪素　珪酸
第十三章　硼素
第十四章　燐
第十五章　砒素

下篇

第十六章　金属元素
第十七章　ポタシアム　炭酸ポタース　苛性ポタース　硝石　塩酸ポタース
第十八章　ソヂアム　食塩　炭酸ソーダ　重炭酸ソーダ　苛性ソーダ
第十九章　カルシアム　石灰　炭酸石灰　石膏
第二十章　ストロンチアム
第二十一章　バリアム
第二十二章　アルミニアム　酸化アルミニアム　明礬
第二十三章　マグ子ジアム　炭酸マグ子ジアム　瀉利塩
第二十四章　鐵　錬丹　緑礬
第二十五章　コボルト
第二十六章　ニッケル
第二十七章　錫
第二十八章　アンチモニー
第二十九章　ビスマス
第三十章　鉛　鉛丹　白粉
第三十一章　銅　膽礬
第三十二章　亜鉛
第三十三章　クロミアム
第三十四章　マンガニース　黒色酸化マンガニース

第三十五章　水銀　朱　　　　　　第三十七章　黄金　塩化金
第三十六章　銀　硝酸銀　　　　　第三十八章　白金
結尾
附録
問題　銀、硝酸銀

ともかく元素についての詳細と当時よく使われていたであろう化合物などが詳細に説明されており、やはりこれが理解できれば卒業生は非常に豊かな知見を持つことになり、即戦力となり活躍できた可能性がある。

3・3　小学校用理科　植物篇　浅夷六郎編述　普及舎　明治20年出版

青戸家蔵書に小学校用理科　植物篇　浅夷六郎著は含まれていたので、その表紙及び奥付を図5に示す。定価　金拾五銭となっている。本書には目次はなく　総論　と　植物の分類　の二つの項目からなっている。

全文コピーを以下に示が、図入りでとても分かりやすい記述である。

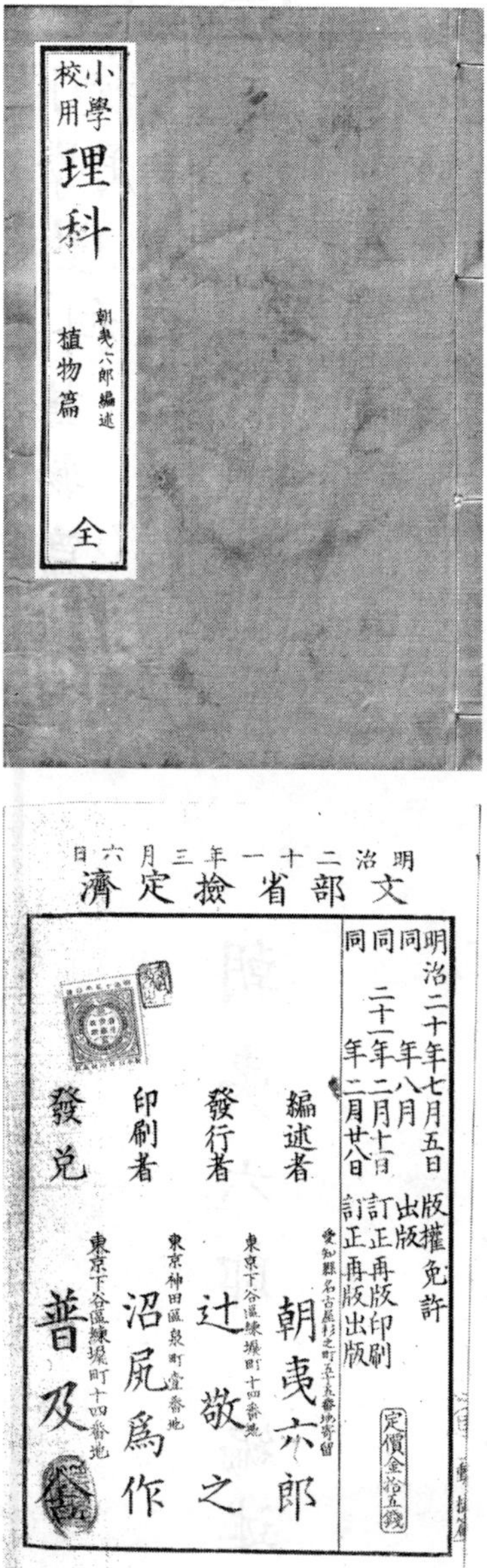

図5

小學校用理科植物篇

朝夷六郎 編述

總論

植物學ハ植物ヲ研究スルノ學ナリ、其植物生活ノ狀態ヲ論ズル學ヲ植物生理學ト稱ス、

植物ノ生活ト動物ノ生活トハ固ヨリ相同ジカラズト雖ドモ、生存ニ限界アルコトハ相同ジキナリ、二者其初メ種子ヨリ發生シ、漸々生長シテ老朽ニ及ビ、終ニ枯死ス、其生活セル中ニ已ニ代

ルベキ同類ヲ産出ス、

機關及ビ細胞　植物ト動物トハ、其體ニ種々ノ機器ヲ有スレドモ、初メハ皆細胞ト云ヘルモノヨリ成レリ、細胞ハ其初メ微小球形ノモノナレドモ、漸々生長シテ、諸種ノ形狀ニ變ズ、植物ノ細胞ハ、小ナル膀胱ノ如キ薄キ皮ヲ有シ、其中ニ流動セル液體ヲ含有ス、植物ノ材、動物ノ骨ノ如キ、皆此細胞ノ變ゼルモノヨリ成レリ、一細胞他ノ細胞ヲ生ジ、他ノ細胞更ニ他ノ細胞ヲ生ジ、細胞ノ數漸次增加シ、其際既成ノ細胞ニ變狀ヲ起シ、終ニ動植物ノ生長ヲ催ス、而シテ其變狀ヲ生ズルニハ、必ラズ一定ノ法アリテ、動植物ノ種類及ビ其各部ノ異ナルニ従テ、亦相異ナレリトス、植物生活ノ初歩、種子ノ萌發植物ノ始メテ生ズル時ハ單ニ一ノ細胞ノミ、然レドモ漸次生長シテ種子ト成ル、故ニ種子ハ數多ノ細胞ヨリ成レルナリ、今一花ヲ取リテ之ヲ撿スレバ、種子ノ源始ヲ有セル、種子室ノアルヲ見ルベシ、之ヲ實礎ト云ヒ、此種子ノ源始ヲ卵子ト名ヅク、其微小ナル卵形ヲ爲セルガ故ナリ、而シテ實礎ハ後ニ子房ト名ヅク、種子地ニ埋レ、適宜ノ溫度濕氣ヲ受クルトキハ、速ニ萠芽ノ作用ヲナス、此時種子中ニ變化ヲ生ジ、新細胞增加シ、種子皮中ノ微孔ヨリ一小根ヲ出シ此小根地ニ入リテ餌食ヲ吸收ス、又同ジ孔ヨリ一芽發生シテ地上ニ伸ビ、葉ヲ

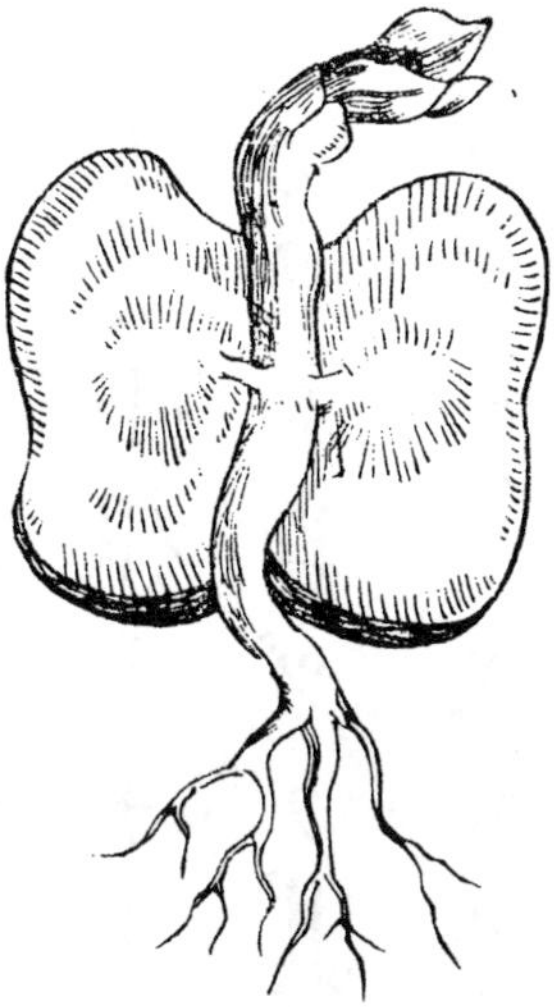

萠芽

出シテ餌食ヲ求ム、蓋シ植物ハ根ニ依リテ、土中ノ餌食ヲ收ムルノミナラズ、又葉ニ依リテ、空氣中ヨリ餌食ヲ得ルナリ、

故ニ葉ノ生活ニ必要ナルハ、根ト毫モ異ナルナキナリ、其小根トナリ地ニ降下シテ根ヲナスモノヲ幼根ト名ヅケ其地上ニ伸ビ後ニ幹枝ヲナシ、葉花果實ヲ生ズルモノヲ幼芽ト名ヅク、

植物ノ生長及ビ構造　植物ノ生長スルヤ、其莖數個ニ分レ或ハ細分シテ枝トナルモノ甚ダ多シ、然レドモ亦毫モ分岐セザルモノアリ、亦一ノ莖ヲ有セズ、唯根ノ頭ヨリ花梗ヲ出スモノアリ、亦莖ナク葉ナク、加フルニ根ナキモノアリ、此ノ如キモノハ、其全體ノ表面ニテ、其空中或ハ水中

ヨリ餌食ヲ吸收ス芝栭、海藻ノ如キモノ是レナリ、最下等ノ植物ニ至リテハ、單ナル細胞ヨリ成ルモノアリ、或ハ細胞ノ相寄リテ各個獨立セルガ如キモノアリ、

細胞組織纖維組織　植物ノ某ノ部或ハ其全體ハ、細胞組織ヨリ成レリ、細胞組織トハ、細胞ノ種々ニ相集合セルモノニテ、植物ノ柔軟ナル部、肉質ノ部ニハ殊ニ多ク、其種類ニ由リテハ、著シク發育セルモノアリ、又耕作ニ由リテ大ニ植物ノ變種ヲ増加シ以テ其用ヲ大ナラシム、植物ノ食

用ニ供スル部ハ、主ニ細胞組織ヨリ成レリ、又植物ノ生長スルニ當リテ、細胞特異ノ方向ニ伸張シ、或ハ數多ノ細胞合シテ一トナリ、各細胞ヲ纏ヘル所ノ皮消失シ、合一シタル細胞ヲ包メル膜、内部ノ沈澱物ニ由リテ其厚サヲ增シ、終ニ一管ヲナシ、兩端細尖シテ、細胞組織ノ如ク柔軟ナラズ、時ニハ甚ダ強硬ナルコトアリ、之ヲ纖維組織ト云フ、莖、葉、軸、果實ノ殼ノ如キ、強靱ヲ要スル部ハ、凡テ纖維組織ヨリ成レリ、纖維組織ノ最モ重要ナル種類ハ、木質組織ナリ、灌木喬木ニ於テハ、固結シテ強硬ノ材質ヲ成ス、人ニ益アルモノハ、強硬ノ材質ノミナラズ、木質組織ハ纖維物質ヲ給スルガ故甚ダ重要ナリ、綿及ビ麻ノ如キ、即是レナリ、

機關。 植物ノ機關ヲ分テ二トス、一ヲ榮養機器トシ、一ヲ生殖機器トス、榮養機器ハ植物ノ生活ニ必要ニシテ、生殖機器ハ同類ノ繁殖ニ必要ナリ、根、莖、葉ノ三者ハ、榮養機器ニ屬シ、花及ビ種子ヲ生ズルニ必要ナル機關ハ、生殖機器ニ屬ス、

植物ノ榮養機器

根。

根ハ土地ヨリ養分ヲ吸收スルノミナラズ、植物ヲ其生ジタル地ニ、定著セシムルノ用ヲ爲ス、故ニ其大氣ノ動搖ニ曝サル、者ハ否ラザル者ニ比スレバ、許多ノ根ヲ出シ、以テ暴風ノ爲メニ、顚倒セラル、ノ憂ヲ防グ、

根ハ枝ヲ出シ枝亦枝ヲ生ジ、末端最小ナル纖維ニ至ル、是レ木質ノ根ニ於テ然ル所ナリ、柔軟ナル根ハ、多クハ枝ヲ生ゼズ、蘿蔔ニ於ケルガ如シ、根ノ端ハ凡テ柔軟ナル細胞ヨリ成リテ、其質恰モ海綿ノ如シ、植物ノ養分ヲ取ルハ、即チ此根端

ヨリス、凡ソ動植物ヲ問ハズ、其皮膜ハ能ク液體ヲ通過セシムルノ性アリ、然レドモ故ラニ孔穴ヲ有スルニ非ズシテ、全體膜面ノ分子間ヨリ通過セシムルナリ、其膜甚ダ薄クシテ、兩面ノ液濃淡相異ナルトキハ、忽チ相交通ス、之ヲヲスモチック、アクシヨント稱ス、例ヘバ醃水ヲ以テ膀胱ニ滿タシ、是ヲ純水ノ器中ニ入レ置クトキハ、醃水中ノ鹽分ハ膀胱ヲ通ジテ純水ノ中ニ出テ、水ハ膀胱ヲ通ジテ醃水中ニ透入ス、然レドモ純水ノ醃水中ニ入ルハ、醃水中ノ鹽分ノ純水中ニ出ルニ比スレバ、更ニ大ナルヲ見ルベシ、蓋醃水ハ純水ヨリ濃ナレバナリ、ヲスモチック、アクションハ其作用スル處甚ダ廣シ、動植物ノ細胞ノ如キ、皆此作用ニ由リテ、其接近セル物ニ、其含有物ヲ傳ヘ、一脈一管ナキモ、能ク液體ノ交換ヲ生ズ、植物ノ根ノ養分ヲ吸收スルハ、卽此法ニ由ルナリ、夫レ一植物ノ生ゼル地ハ、其植物ニ必要ナル養分ヲ吸收セラルヽガ爲メニ、其植物榮養ノ緊要ナル實質ヲ失ヒ、不適當ナル物質ヲ殘スベシ、然レドモ此不適當ナル物質ハ、又他ノ植物ニ適當ス

ルガ故ニ、農夫ハ年々播種ノ地ヲ換ヘ、能ク其收獲ヲ大ニス、

根ハ莖ノ如キ皮ヲ被レリ、是ヲ以テ偶然或ハ故ラニ根ヲ空氣ニ曝ストキハ、其部分ヨリ芽ヲ生ズルモノアリ、植物ノ根ノ地下ニ蔓延シテ芽ヲ出スモノ甚ダ鮮カラズ、亦幹枝ヨリモ根ヲ出スコトアリ、例ヘバ幹枝ノ一部地ニ接スル時、或ハ稍地中ニ埋レル時、根ヲ生ズルコト往々見ル所ナリ、

前説ノ理ニ由リ挿木《サシキ》ヲ以テ植物ヲ繁殖シ、或ハ

枝ヲ曲ゲテ地ニ達セシメ、其根ノ生ズルヲ待テ、之ヲ母樹ヨリ切リ、以テ其種類ヲ繁殖ス、之ヲ壓條ト云フ、或ル植物ハ幹及ビ枝ヨリ根ヲ出シ、其根伸張シテ地ニ達シ、以テ養分ヲ吸收スルアリ、其著名ナル例ハ、印度ニ生ズル榕樹是レナリ、其大ナル者ハ、莖枝ノ數甚ダ多ク、四方ニ蔓延シテ、

榕樹

樹下七千ノ人員ヲ憩ハシムルヲ得ルト云フ、

塊莖及ビ鱗莖　根ノ柔軟ナル者ハ、其細胞中ニ養分ヲ貯蓄ス、根爲メニ肥大シ種々ノ形狀ヲ爲ス、蕪菁、胡蘿蔔ノ如キ是レナリ、馬鈴薯ノ塊莖ハ、根ニ非ズシテ莖ノ短縮セル者ナリ、其證ハ塊根ニ芽ノ在ルヲ以テ知ルベシ、此芽其含蓄セル養分ニ由リテ翌春生長シテ一ノ植物トナル、洋葱、百合ノ鱗莖ノ如キモ亦實ハ根ニ非ズシテ芽ノ短縮セルモノナリ、眞ノ莖ハ、下部ニ在リテ片狀ノ硬キ部分是レナリ、莖。莖ハ空中ニ出ヅルノミナラズ、亦往々地下ニ生ズルモノアリ、是レ特ニ塊莖鱗莖ニ於ケルガ如キノミナラズ、長莖ヲ有スル植物ト雖ドモ、斯ノ如キモノ往々之アリ、蓮、菖蒲ノ類ノ如シ、又長莖ノ往々地上ヲ匍匐シ、或ハ他ノ植物ニ倚リテ支持セラル、者アリ、其他物ニ倚ル者ハ、巻鬚或ハ吸盤ヲ有シ、是ニ由リテ他物ニ攀縁シテ、其枝葉ヲ開展スルアリ、例ヘバ豌豆ノ如シ、又巻鬚吸盤ヲ有セザル者ハ、其莖螺旋狀ヲ爲シ、能ク攀縁スルヲ得、例ヘバ牽牛花ノ如シ、是等ノ植物ハ、

あめりか地錦ノ莖

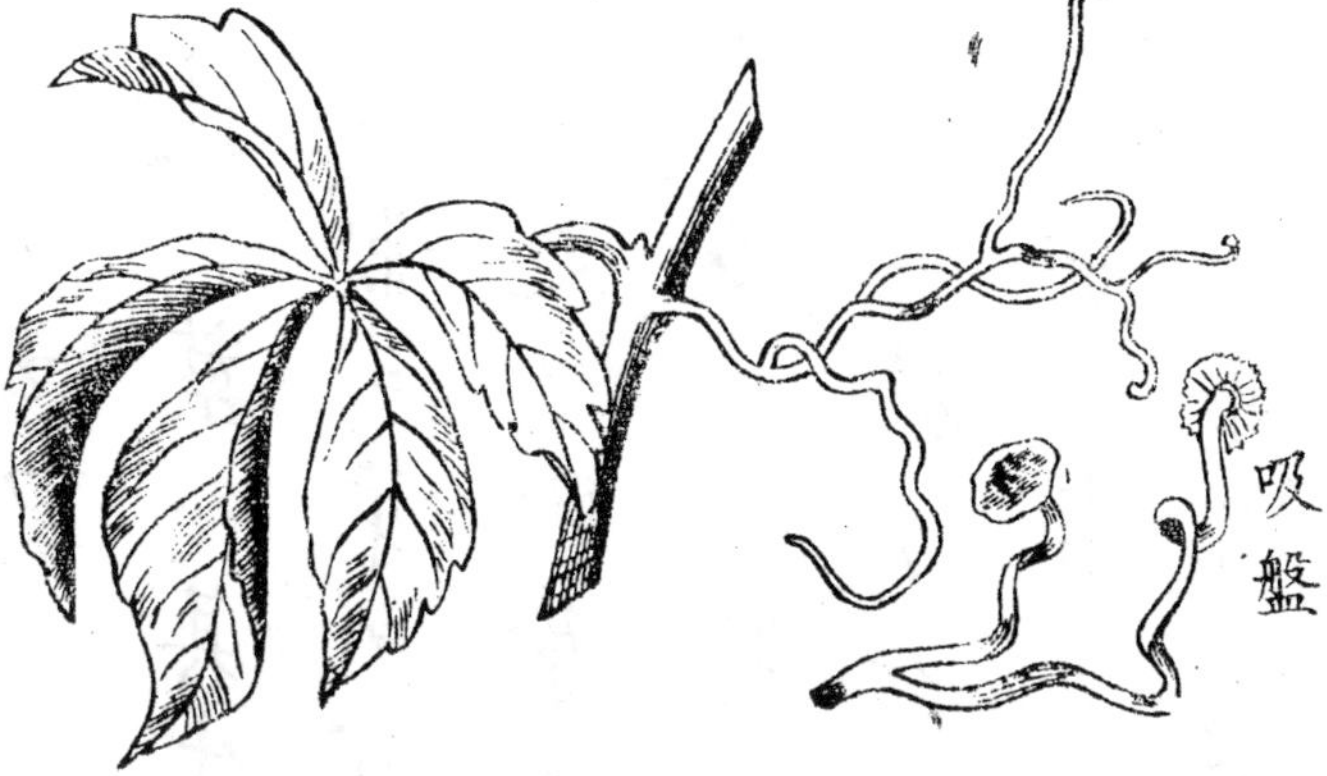

熱帶ニ生ズルモノニ於テ、尤モ多ク見ル所ナリ、

柔軟ナル莖ヲ草莖ト稱シ、草莖ヲ有スル植物ヲ草本ト稱ス、以テ木質莖ヲ有スル喬木ト灌木トニ區別ス、草莖ハ概子一年ニ枯死スト雖ドモ、木莖ハ植物ノ枯死スル迄存スルモノナリ、

灌木トハ、木莖ヲ有シテ多年生存シ其莖ノ高サ

人ノ長ノ三四倍ニ至ルモノヲ云フ、
喬木トハ、眞ノ木莖ヲ有シ、甚ダ大ナル高サニ達スルモノヲ云フ、

芽及ビ枝　莖ハ其生長スルニ從テ芽ヲ生ズ、莖ノ上端ハ、常ニ芽ヲ有ス、又莖ト葉トノ間ヨリモ芽ヲ出ス、之ヲ腋芽ト稱ス、枝ハ腋芽ヨリ成ル、植物ノ芽ハ、多クハ節ト稱スル莖ノ定點ヨリ生ズ、例ヘバ竹ニ於ケルガ如シ、他ノ植物ニ於テハ、往々明ナラザル者アリト雖ドモ亦節ヨリ出ルモノナリ、葉ノ排列ハ、植物ノ種類ニ由リテ異ナリ、

教育書專賣所

或ル植物ノ葉ハ相對シテ生ズ、之ヲ對生葉ト云ヒ或ル物ハ交互ニ生ズ之ヲ互生葉ト云フ、其互生セル者ハ、葉ヲ追フテ、順次ニ線ヲ引クトキハ、其線恰モ螺旋狀ヲ為ス、枝ノ排列ノ異ナル、亦猶葉ニ於ケルガ如シ、何ントナレバ枝ハ葉ト莖トノ接スル所、卽チ葉腋ヨリ出ヅレバナリ、蓋シ枝ノ排列ノ斯ク相異ナル

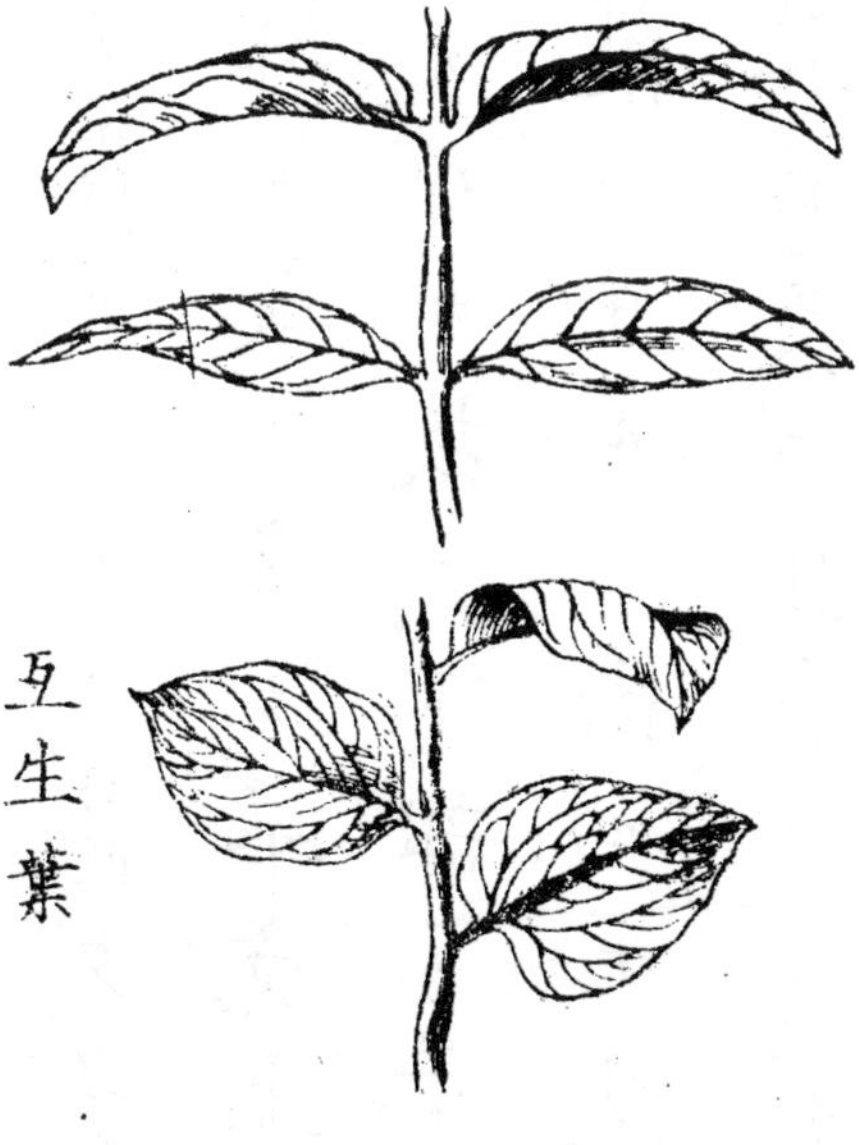

對生葉

互生葉

所以ハ、彼是相變ジテ以テ天工ノ美ヲ助クルニ在リ、芽ハ冬ノ間隱伏シテ、其柔軟ナル部ハ鱗片ニ由リテ蔽ハレ、以テ雪霜ノ害ヲ防グ、故ニ春時到レバ、液汁幹莖ニ上昇シテ芽自ラ成長ス、然レドモ亦芽ノ常ニ生長セズシテ存スルモノ甚ダ多シ、此ノ如キ芽ハ、莖枝ノ下部ニ最モ多シ、畢竟上部枝葉ハ、養分ヲ要スル大ナルガ故ニ、下部ノ芽ハ十分ニ其榮養ヲ受クル能ハザルニ由ルナリ、若シ上部ノ枝ヲ截ル時ハ、其芽直ニ生長シテ枝トナルヲ以テ證スベシ、又或ル植物ハ特異ノ枝ヲ生ズルアリ、例ヘバ虆苺ノ蔓ノ如シ、此ノ如キ枝ハ、其端ニ芽ヲ生ジ、芽ハ速ニ根ヲ生ジ、以テ同植物蔓延ノ用ヲ爲スナリ、

莖ノ構造　莖ノ構造ハ、植物ノ種類ニ由リテ均シカラズ、是ニ由リテ植物ヲ三類ニ分ツ、外長莖植物、内長莖植物、通長莖植物、是レナリ、

外長莖　外長莖ハ、材質ヨリ分離ス可キ、別殊ノ皮ヲ有シ、中心ニ木髓アリ、之ヨリ射出木髓ヲ射出シ、材質ヲ通ジテ皮下ノ生長點ニ達ス、是レ材

外長茎ノ横断面

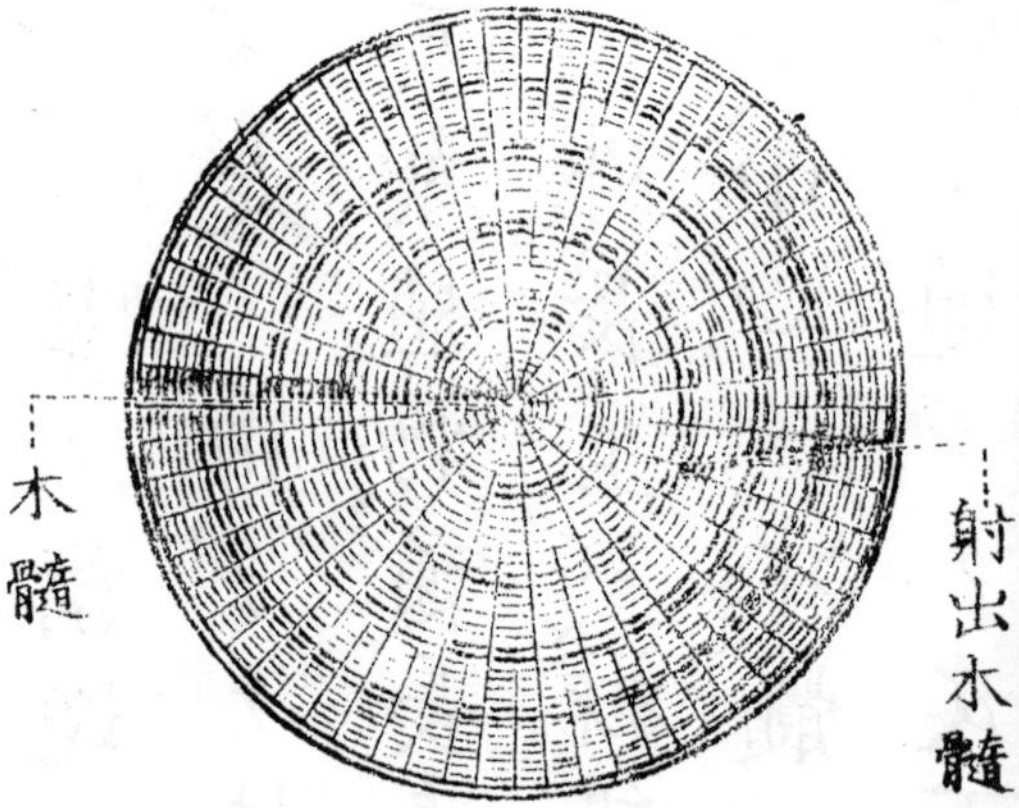

質ノ生育ニ甚ダ重要ナルモノナリ、外長茎ハ、年々其周圍ニ新層ヲ増加シ、以テ其大サヲ増加ス、故ニ其截面ノ層ヲ數フレバ、則チ其年數ヲ知ルヲ得ベシ、

木髄ハ細胞組織ヨリ成ル、然レドモ材質ハ纖維組織ト兩端密閉セル、長細胞卽木管ヨリ成レリ、其老ユルニ從ヒ、堅キ物質トナル、木髄ニ近キ部

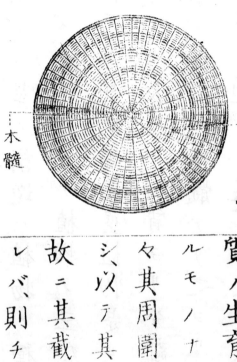

ハ、皮ニ近キ部ヨリ甚ダ硬ク、時ニハ色モ亦異ナレリ、

内長莖　内長莖ハ木髓、又ハ分離スベキ皮ヲ有セズ、其外部ノ皮ノ如ク見ユルモノハ、外長莖ノ皮ノ如ク、明ニ材質ヨリ分ツ能ハズ、其生長ハ外部ニ層ヲナスニアラズシテ、中心ニ管束ノ増加シ、外部ヲ壓スルニ由リテ、其大サヲ増ス、其堅クシテ壓出シ能ハザルニ至

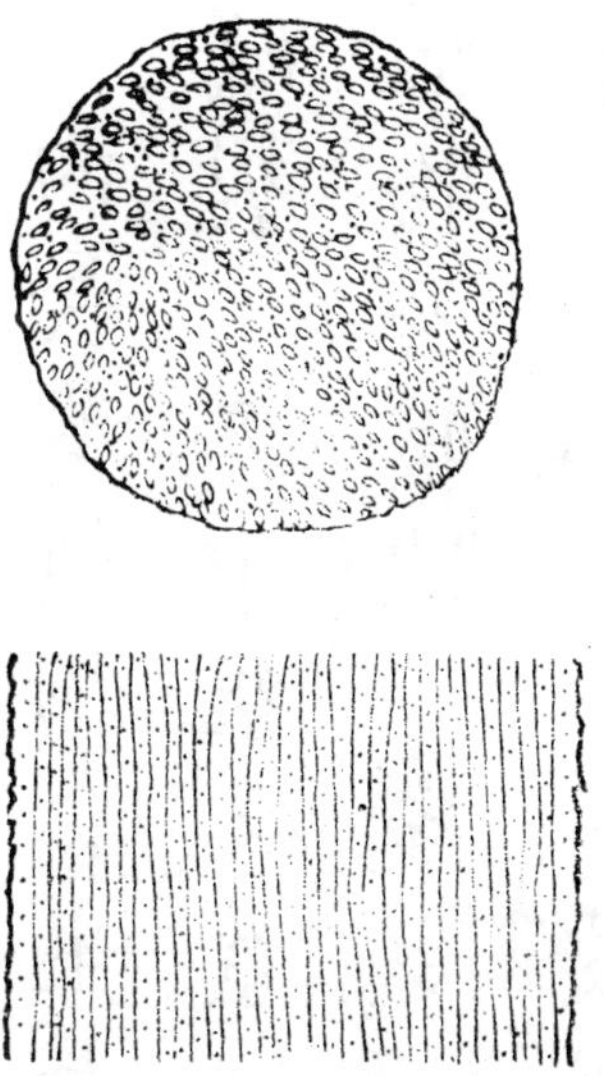

内長莖ノ横斷面及ビ縦斷面

レバ、唯リ長サヲ増スノミ、故ニ内長莖ノ植物ハ、其根ヨリ頂上マデ、大サ概子相等シ、而シテ莖ノ外部、最モ堅硬ニシテ、内部ハ却テ柔軟海綿様ニシテ、澱粉ノ沈澱物アリ、内長莖ニシテ木性ノモノハ、椶櫚ノ種類ノミ、其他ハ凡テ草莖ニシテ、鱗莖ヲ有セルモノモ、亦皆然リ、内長莖植物ノ生長速ナルモノハ、中心ノ細胞破裂シテ、中空ノ莖ヲ生ズルコトアリ、内長莖ノ植物ハ、暖地ニ多シ、

通長莖　通長部ノ植物ノ莖ハ、分離スベキ皮及ビ木髓ナキコト、恰モ内長莖ノ如シ、然レドモ其

生長スルニ、中心ニ於テセズシテ、上端ニノミ新物質ヲ増加シ、以テ其長ヲ増ス、通長部植物ノ莖ハ枝ヲ有セズ、惟上端ニ葉ヲ被レリ、「ツリーフェルン」ト云ヘル植物ノ外、木

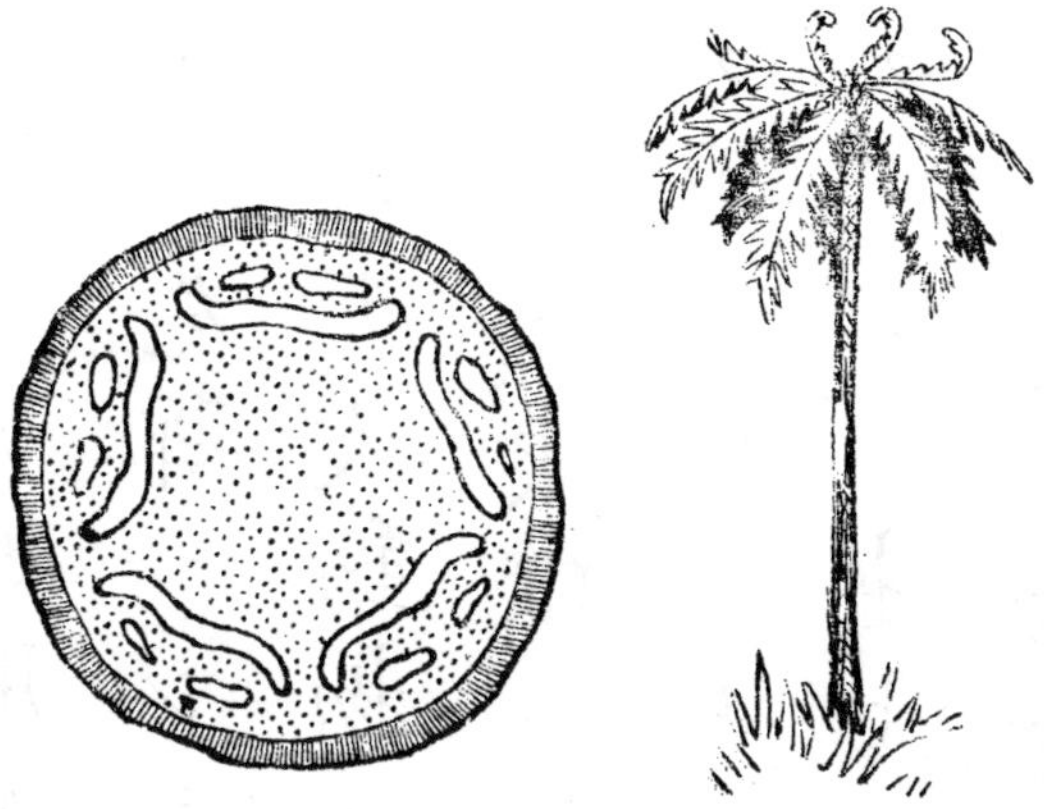

通長莖ノ植物

性ノモノアルナシ、其他ハ總テ根莖ノ如シ、葡萄ノ莖ノ如キ是レナリ、

葉

葉ハ植物ノ最モ重要ナル機關ナリ其面ヲ

空中ニ開キ、植物ノ榮養ニ必要ナルモノヲ取リ、不用ナルモノヲ排泄ス、葉ハ獨リ植物ニ要用ナルノミナラズ、動物ニモ亦甚ダ要用ナリ、何ントナレバ葉ヨリ不用トシテ排泄スルモノハ、酸素ト稱スル瓦斯ニシテ、動物ノ呼吸ニ缺ク可ラザルモノナリ、又動物ノ鼻口ヨリ、不用トシテ排泄スルモノハ、炭酸ト稱スル瓦斯ニシテ、葉ノ榮養トシテ取ル所ナレバナリ、若シ葉ノ此作用アルニアラザレバ、地上ノ空氣、動物ノ呼吸ス可ラザルモノニ變ジ、動物皆其生ヲ失フニ至ルベシ、葉ハ其生長スルノ前、芽中ニ巻絡シテ存ス、而シテ其巻絡スルニ數様アリ、或ハ中軸ヨリ兩半相合セルアリ、或ハ扇ノ如ク巻回セルアリ、或ハ外方ニ巻回セルアリ、又或ハ一緒ニ巻回セルアリ、葉ノ基脚細長ニシテ莖ニ接セル部ヲ葉柄ト名ク、葉ニハ葉柄ナキモノアリ、之ヲ無柄ト名ク、通

葉ノ芽中ニ巻旋セル圖

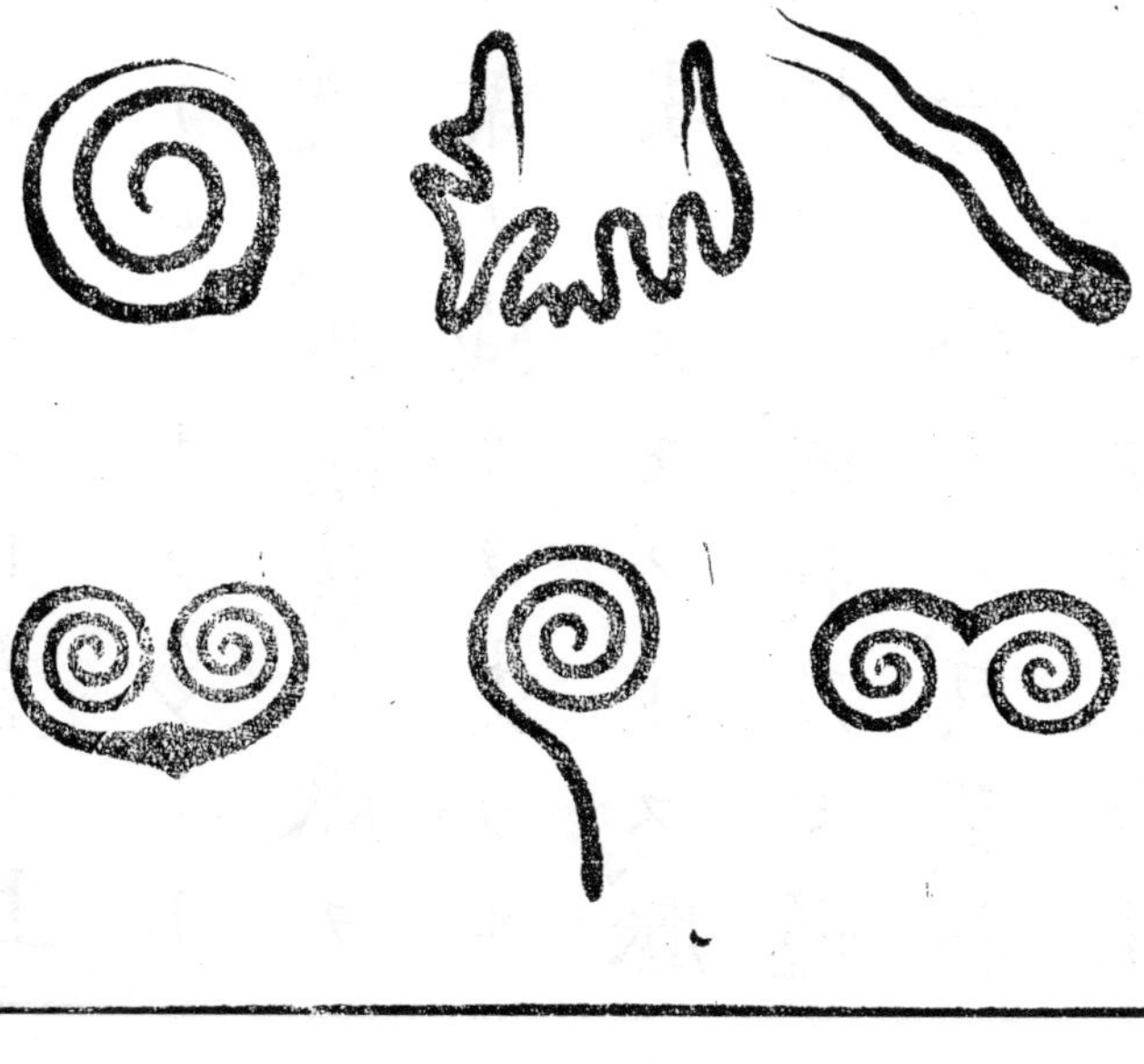

常ノ植物ノ葉ハ、根ノ上ニ生ゼルモノト、茎ノ上端ニ生ゼルモノト、其形状異ナレルモノ多シトス、葉柄ハ其先分レテ葉中ニ達シ、所謂葉ノ脈ヲ、ナス、此脈ハ養分ノ輸送及ビ葉ノ強サヲ支フル

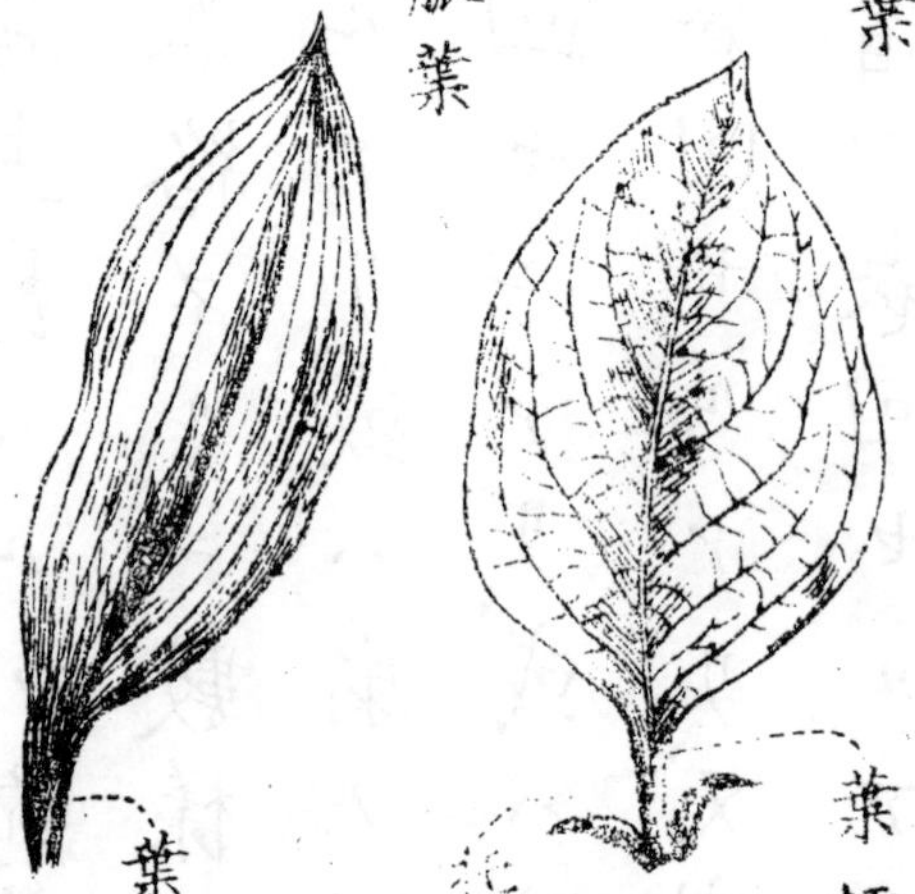

ニ必要ナルモノトス、脈ニ二様アリ、内長及ビ通長植物ニ於テハ、其葉脈概ネ平行シテ支脈ヲ出スコトナシ、通常ノ草類ハ、概ネ是レナリ、之ヲ平

行脈葉ト稱ス、外長植物ニ於テハ、其葉脈支脈ヲ派シ、支脈又分レテ細脈トナリ、恰モ網狀ヲナス、之ヲ網脈ト稱ス、平行脈葉ヲ分テ二種トス、其一ハ葉ノ基始ヨリ派生シテ、葉尖ニ達スルモノナリ、其一ハ葉ノ中央ニ一ノ大脈アリテ、枝脈之ヨリ派生シテ相平行シ、葉縁ニ至ルモノナリ、前者ハ通常在ル所ノモノニシテ、後者ハ芭蕉ノ如キモノナリ、

網脈ニモ亦二樣アリ、其脈中央ハ一大脈ヨリ派出スルモノ、之ヲ羽狀脈葉ト云ヒ、數個ノ脈、葉柄

ヨリ派出シ、各支脈ヲ分ツモノ、之ヲ指狀脈葉ト云フ、

或ル植物ハ、其葉面小ニシテ葉柄ノ端ニ沿ヒ、葉柄却テ大ナルモノアリ、斯ノ如キモノハ、葉柄代リテ葉ノ用ヲナス、「アカシヤ」樹ニ於ケルガ如シ、又或ル葉ハ、厚クシテ肉狀ヲナスモノアリ、葉ノ形狀ハ、種々ニ分裂セルモノ甚ダ多シ、凡ソ葉ノ分裂セルト否トヲ問ハズ、一個ヨリ成ルモノヲ單葉ト稱シ、葉柄ヨリ關節ニ由テ分岐シ、分岐又分岐シ數個トナレルモノ、之ヲ複葉ト稱シ、其各

葉ヲ小葉ト稱ス、斯ノ如キ葉ニシテ、葉柄ノ兩側ニ配列スルトキハ、之ヲ羽狀葉ト稱シ、又其葉柄苜蓿《ウマゴヤシ》ニ於ケルガ如ク、三個ニ分離セルアリ、或ハ又七葉樹《トチ》ニ於ケルガ如ク、葉柄ノ端ヨリ射出狀ニ小葉ヲ出スモノアリ、

呼吸孔　葉ノ表皮ニハ、微小ナル孔ヲ有ス、之ヲ呼吸孔ト稱ス、葉、幼芽及ビ植物ノ綠色ナル部ノ表《ウハ》皮《カハ》ニハ最モ多シ、此孔ハ瓦斯ノ流通ノ爲メニ設ケタルモノナリ、呼吸孔ハ甚ダ微小ニシテ、顯微鏡ヲ假ラザレバ、之ヲ見ル能ハズシテ、一平方寸

ノ面ニ、十六萬以上ノ呼吸孔ヲ有スルモノアリ、最モ少キモノニテモ、一平方寸ニ殆ド二百ノ呼吸孔ヲ有ス、

液ノ循環　植物ニハ動物ノ心臓ニ類スル如キ機關ヲ有セズ、故ニ液ノ循環ハ、血液ノ循環トハ甚ダ異ナレリ、根ニ由テ吸收セル液莖中ノ細胞ヲ通過シ、細胞ヨリ細胞ニ達ス、此作用ハ所謂ヲスモチックアクシヨンニ屬ス、細胞組織ヨリ成レル植物ニ於テハ、植物ノ全部ニ入リ込ムマデハ、一細胞ヨリ、自由ニ他ノ細胞ニ流通セルガ如シ、

纖維細胞ニ於テモ、其特異ノ部ハ、主ニ此方法ニ由レルガ如シ、蓋シ此作用ハ、植物ノ新質ノ部ニ盛ニシテ、舊キ部分ニハ全ク此作用ナキハ明瞭ナリトス、故ニ其舊キ部ハ既ニ死枯シテ特ニ其強サヲ支フルニ必要ナルモノタルニ過ギズ、液、植物ノ諸部ニ至リ、而シテ葉及ビ綠色ノ部ニ達スルトキハ、空氣ト日光トノ作用ニ由リ消化セラレ、皮下ヲ降リテ、再ビ根ニ回ル、其際各部ニ必要ナル養分ヲ給ス、蓋シ植物機器ノ滎養ヲ取ルハ、根ヨリ吸收セルモノニ比スレバ、一旦葉ノ消化ヲ經タルモノヨリ得ル大ナルニ似タリ、春時液ノ莖枝ニ上ル所以ハ、實ニ至妙ニシテ、甚ダ理解シ難シ、或ハ此作用ヲ熱ニ歸スルモノアレドモ、冬期葉ノ存スル植物ハ、沍寒ノ時ト雖ドモ、此作用アルヲ見レバ、亦熱ノミニ依ラザルガ如シ、植物ハ亦動物ノ如ク休憩ヲ要ス、故ニ適度ノ熱及ビ濕氣ヲ與ヘ、故ラニ其生長ヲ速ニセント欲セバ、却テ枯死セシムルコトアリ、故ニ園丁ノ溫室ニ植物ヲ培フヤ、必ラズ此理ニ由リテ適度ノ休憩ヲ與フ、

植物ノ生殖機器　植物ノ生殖機器ハ、其下等ナルモノト高等ナルモノトハ、大ニ差異アリトス、下等ナルモノニ至テハ、單ニ細胞ノ分裂シテ増殖スルノミ、高等ナルモノニ至テハ、花ヲ開キ之ニ由テ種子ヲ生ズ、

花及ビ花序　莖上花ノ配列ヲ、植物ノ花序ト云フ、數種ノ植物ハ、各花各根ヨリ生ジタル柄上ニ開キ、或ハ各莖及ビ枝ヨリ生ジ、又或ハ數花一柄上ニ叢生シ、莖枝ノ上端花梗トナリ其葉變ジテ苞トナリ、各花ノ下ニ附著スルモノアリ、花梗ハ

花ノ柄ニシテ、苞ハ花梗上ニ生ゼル葉ナリ、苞ハ時ニ通常ノ葉ノ如キモノアレドモ、一般ニ葉ヨリ小ニシテ、葉ノ如ク分裂セズ、或ル植物ハ、其苞大ニシテ、花ノ叢生セル花梗ヲ圍ムモノアリ、之ヲ佛燄ト稱ス、青芋ノ花ノ如シ、棕櫚ノ或ル種類ノ花ハ、其例ニシテ、其苞

青芋花

甚ダ大ニシテ厚ク、革狀ヲナシ、佛燄ノ長サハ、時ニ二十尺ニ達シ、二十萬以上ノ花ヲ有スルモノアリ、花小梗ヲ有セズ、花梗ニ密生スルトキハ、之ヲ穗狀花ト云フ、車前《ヲホバコ》ノ花ノ如シ、穗狀花ノ鱗片ヲ具セルモノヲ葇荑花ト云フ、柳ノ如シ、花ニ長キ小梗アルトキハ總狀花ト云フ、

總狀花ノ下部ノ花ノ小梗伸長シテ、各花水平ナルトキハ、之ヲ繖房花ト云フ、山樝《サンザシ》ニ於ケルガ如シ、總狀花ノ各小梗傘骨ノ如ク、一所ヨリ射出スルトキハ、之ヲ繖形花ト云フ、櫻草、胡蘿蔔ノ花ノ

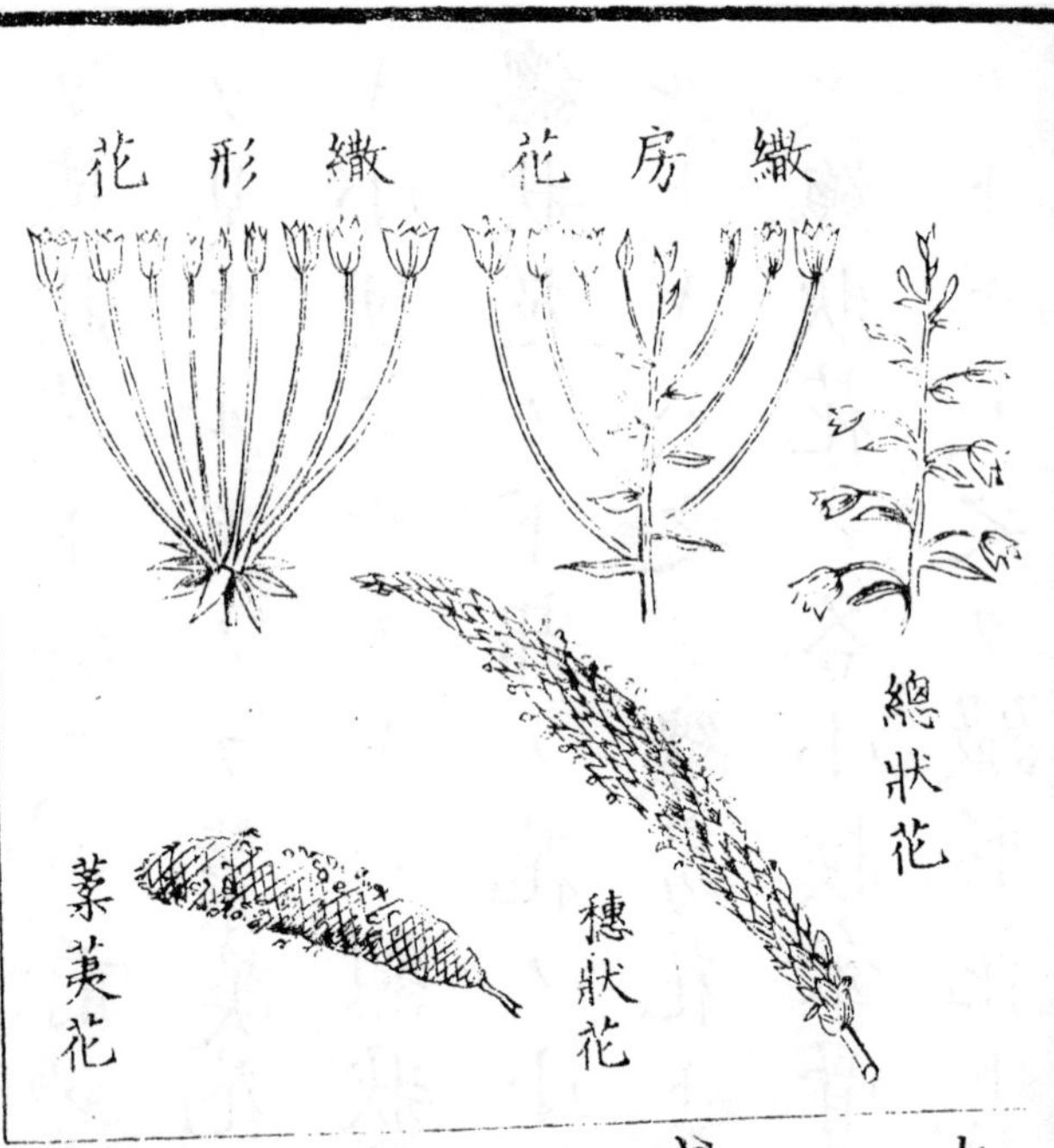

如シ花序ノ以上ノ如キモノハ花ノ開クニ最下或ハ外部ヨリス、然レドモ花ノ中心ニ開キ順次下部或ハ周圍ニ及ブモノアリ、此ノ如キモノハ、聚繖花ヲナス、接骨木ニ於テ見ルガ如シ、

花ノ部分

花ハ其初メ芽ヨリ生ズルコト葉ニ同ジ、實ニ花ノ諸部ハ葉ノ變ゼルモノナリ、其證

ハ耕作ニ由リテ、養分ヲ大ニ給スルトキハ、花ノ部分ノ屢葉ニ變ズルニ由リテ明ナリ、其配列モ亦葉ニ等シクシテ、花梗上ニ出ルハ、莖上ニ葉ノ生ズルガ如シ、花ノ完全ナルモノハ、左ノ諸部ヲ具ス、蕚、花冠、雄蕊、雌蕊、是レナリ、蕚ハ花ノ最外圍ニアリテ、花ノ開カザルトキハ之ヲ包護ス、通例緑色ナリ、其各片ヲ蕚片ト云フ、花冠ハ一般ニ花ノ最モ美麗ナル部ニシテ、其各片ヲ花瓣ト稱ス、蕚ハ通例緑色ナレドモ、又時ニ花冠ニ等シキ色ヲ有シ、殆ンド其區別ナキモノアリ、泊夫藍《サフラン》ニ於ケルガ如シ、此ノ如キモノハ、蕚、花冠ノ名稱ヲ用ヒズ、之ヲ花蓋ト稱ス、花ノ緊要ナル部ヲ掩フガ故ナリ、所謂緊要ナル部トハ何ゾ、雄蕊、雌蕊是レナリ、花中雄蕊ノ位置ハ花冠ノ次ニ在リテ、雌蕊其中心ニ在リ、雌蕊ハ一個ノ葉ヨリ變ゼルアリ、數葉ヨリ變ゼルアリ、其各變葉ヲ心皮ト云ヒ、各心皮ニ各胚珠ヲ有ス、雌蕊ノ下部ハ子房ニシテ、此中ニ胚珠ヲ藏ス、子房ノ上部ハ花柱ニシテ、花柱ノ上ニ柱頭ヲ戴ケリ、柱頭ノ形ハ種々ニシテ、時ニ廣クシテ且ツ大ナルモノアリ、時ニ花柱ノ一端ニ過ギザルモノアリ、雌蕊中緊要ノ部ハ、子房及ビ柱頭ニシテ、花柱ハ必要ノモノニアラズ、故ニ往々花柱ヲ缺キ、柱頭直ニ子房ニ著クモノアリ、雄蕊ハ雌蕊ヲ周リ、其數多少一ナラズト雖ドモ、植物ニ由リ、其數一定セルコト恰モ萼、花冠ノ數ニ、一定ノ數アルガ如シ、之ニ由リテ花ノ定

花冠、花瓣、瓣爪等ノ圖

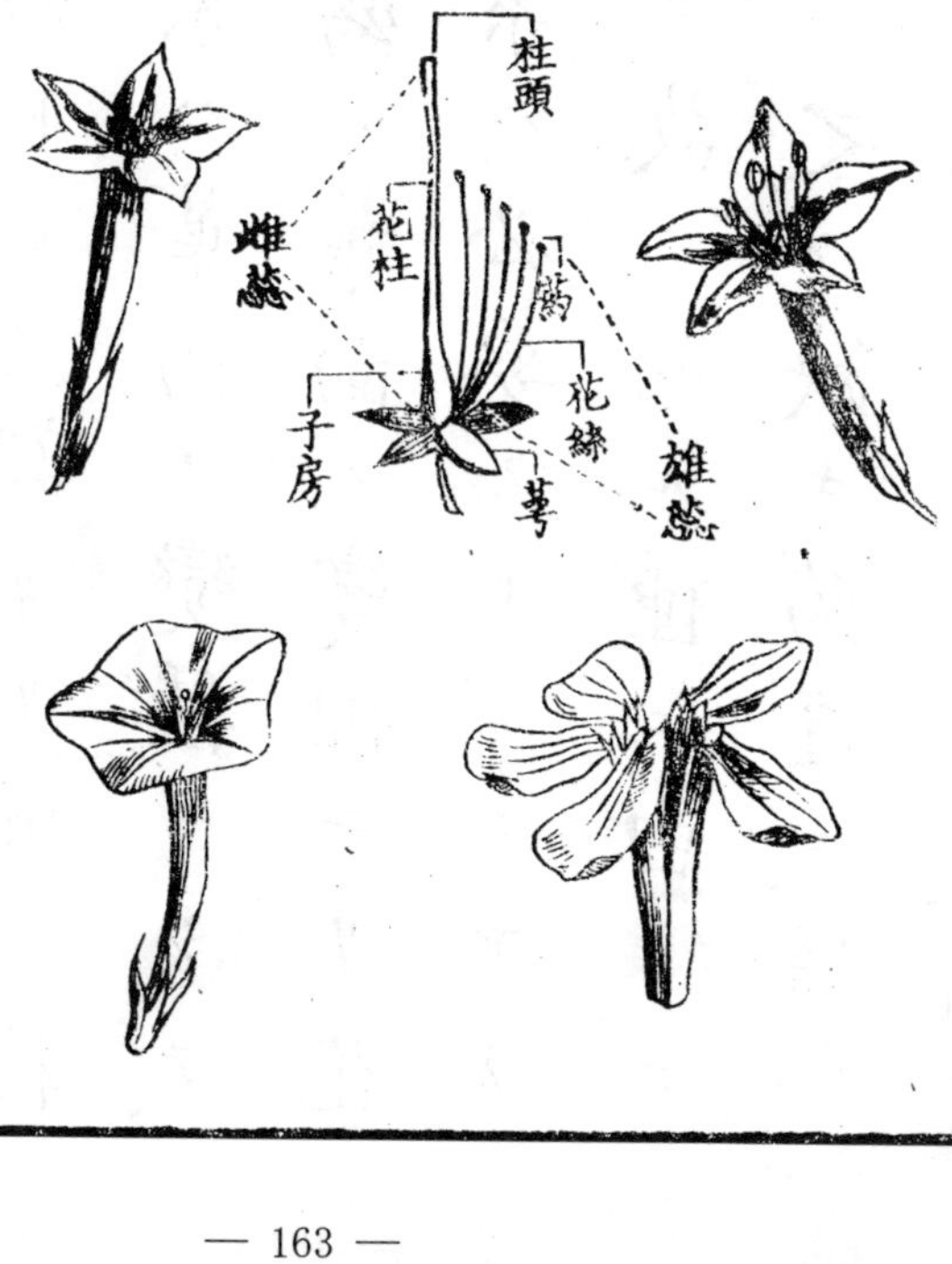

數ヲ生ズ、例ヘバ亞麻、景天ノ定數ハ五ニシテ、其花ノ各部皆五ノ數ヨリ成レリ、又洎夫藍ノ花ハ三個ノ定數ニシテ、櫻草ノ花ハ五個ノ定數ヨリ成レリ、雄蕊ハ花糸ト葯トノ二部ヨリ成ル、花

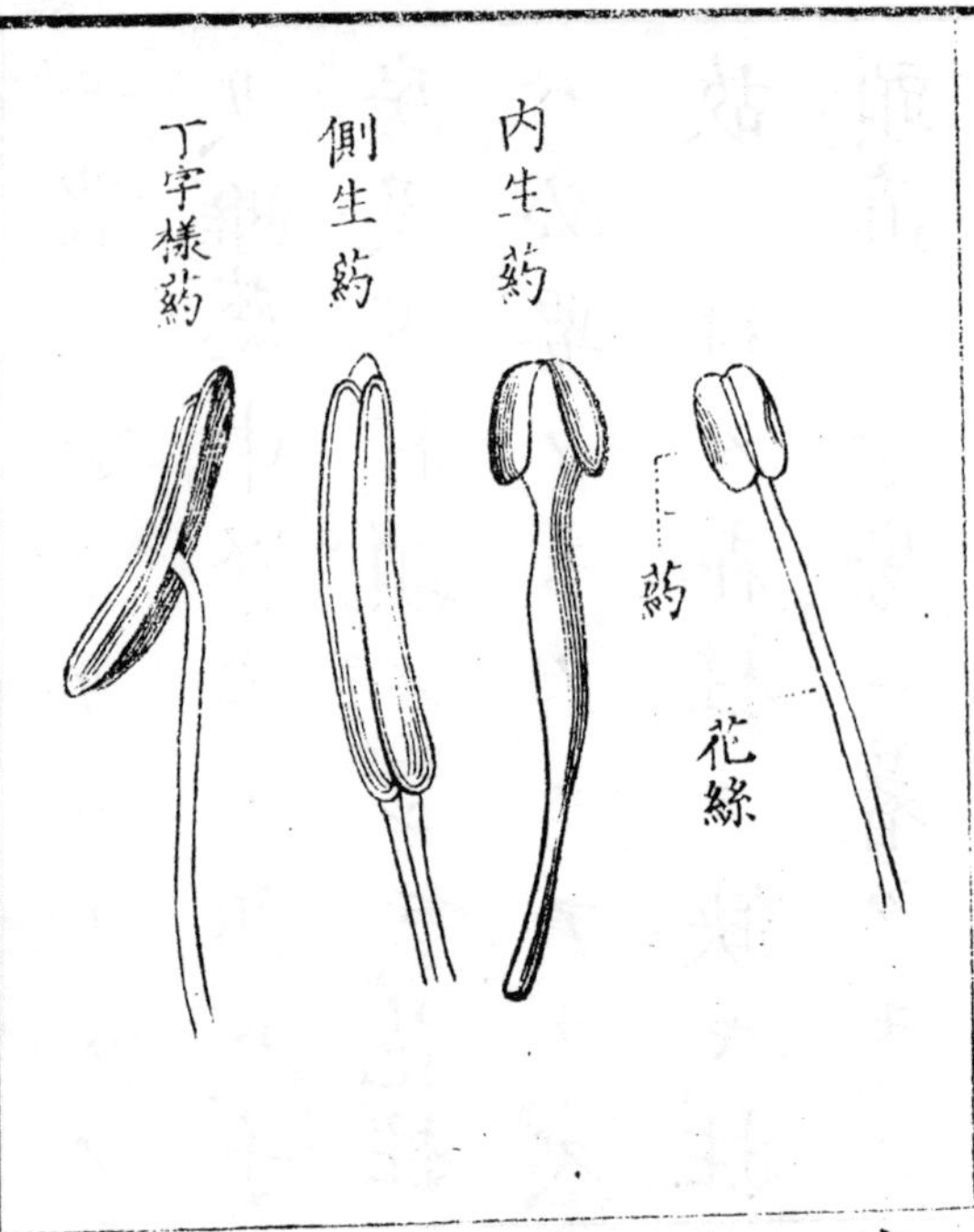

糸ハ葉柄ノ變種ニシテ、葯ハ葉面ノ變種ナリ、花糸ハ必要ノモノニアラズ、故ニ或ル種ニ由リテハ之ヲ鈌キ葯直ニ雌蕊ニ生ズルモノアリ、蘭科

ノ植物ノ如シ、蕊ハ緊要ノ部ナリ、畢竟花糸ノ用ハ、蕊ヲ支フルニ過キザルナリ、蕊ノ花糸ニ附クハ種々ノ方法ニ由ル、或ハ確ト相附著スルモノアリ或ハ僅カニ相附著シテ微風ノ之ヲ揺スモ、昆蟲ノ之ニ觸ル、モ容易ニ分離スルモノアリ、花滿開ニ至リ蕊ノ熟スルトキハ、内ニ花粉ヲ生ス、花粉ハ微末ノ粉粒ニシテ、顯微鏡ニテ之ヲ窺ヘバ、最微ノ細胞ヨリ成レリ、蕊ハ二裂片ヨリ成リ、恰モ葉ノ左右兩片ニ對セリ、兩片共ニ花粉ヲ生ズ、蕊熟スルトキハ破裂シテ、花粉ヲ飛散ス、是レ種子ノ形成ニ甚ダ必要ナリ、何ントナレバ花粉柱頭ニ達スルトキハ、直ニ花柱ヲ通リ、子房中ノ胚珠ニ觸レ、以テ種子ノ形成ヲ惹キ起セバナリ、之ヲ植物ノ孕機ト稱ス、孕機ノ作用ハ、昆蟲ノ助ヲ假ルコト大ナリトス、昆蟲ノ花ニ戯ルヽヤ、其雄蕊ニ觸レ、葯ヲ震搖シテ花粉ヲ飛散シ、或ハ其體ニ附ケ、以テ柱頭ニ

花粉數狀

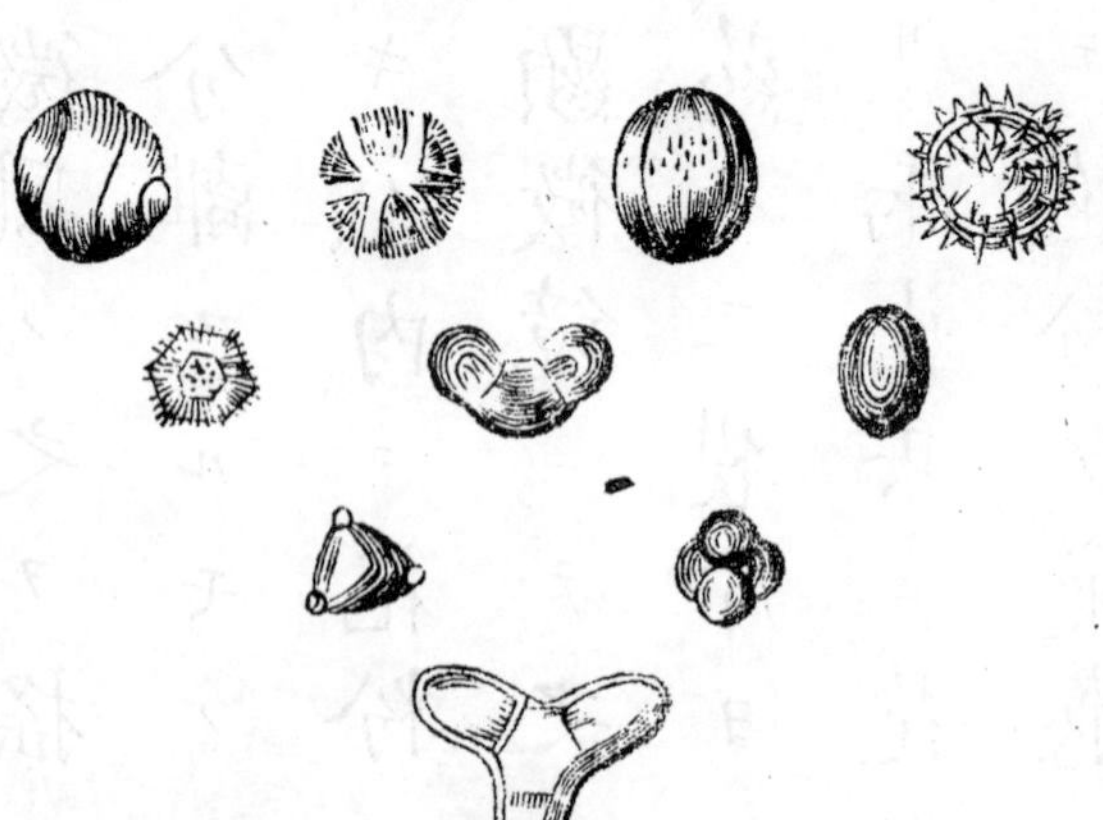

觸レシムレバナリ植物ニヨリ雄蕊ニ特異ノ性アリテ、物其花糸ニ觸ル、トキハ、蹶起シテ雌蕊ニ近ヅキ、其花粉ヲ柱頭ニ觸レシム、伏牛花《トリトマラズ》ノ花ノ如キ、針ノ尖端ヲ以テ、雄蕊ノ下部ニ觸ル、トキハ、忽チ前ニ云ヘルガ如キ作用ヲ起ス、通例雄蕊ト雌蕊トハ一花ノ中ニ存ス、之ヲ雌雄同居ト云フ、亦他ノ植物ニ於テハ、雄蕊ノミヲ有スル花ト雌蕊ノミヲ有スル花トアリ、其一ヲ雄花ト云ヒ、其一ヲ雌花ト云フ、植物ニ雄花ト雌花トアルモノ、之ヲ雌雄同株ト云フ、亦雄花ト雌花ト、其株

ヲ別ニスルモノアリ、大麻ノ如シ、之ヲ雌雄異株
ト云フ一花雌雄兩蕊ヲ有スルモノヲ完全花ト
稱ス、花ノ緊要部ヲ具備スレバナリ、然レドモ雌
雄兩蕊ヲ具スルモノニシテ、萼、花冠ノ中、其一或
ハ其二ヲ缺ケルモノナキニアラズ、此ノ如キモ
ノハ之ヲ裸芽ト稱シ、萼、花冠、雄蕊雌蕊ヲ具セル
モノヲ完備花ト稱ス、

果實。心皮生長スレバ果實トナリ、胚珠生熟ス
レバ種子トナル、果實ハ時ニ一個ノ種子ヲ有セ
ル、單心皮ヨリ成ルモノアリ、數個ノ種子ヲ有セ

ルモノヨリ成ルモノアリ、亦數心皮ヨリ成リテ、各相別レタルモノアリ或ハ一果皮ヲナシ相合セルモノアリ、松、樅ノ果實ノ如キハ一ノ果皮ヲ有セズシテ、種子ハ鱗片ノ中ニアリ、果實ハ亦獨雌蕊ノミナラズ、雌蕊ト合一セル花ノ他部ヨリ成ルモノアリ、例ヘバ某ノ植物ノ萼ハ、開花ノ時或ハ開花ノ後ニ落ツレドモ、他植物ニハ更ニ落チズシテ、果實ニ附著シテ存スルモノアリ、果實熟スレバ乾燥シテ、柔軟ナル部ハ種子ノミノモノアレドモ、他ノ果實ハ某部擴張シテ、多肉液汁ヲ含ム、モノアリ林檎、梨、梅等ノ如シ、又柔軟多肉、ノ物質、果實ノ内部ニ成ルコトアリ、苺《イチゴ》、葡萄、橙ノ如シ、果實熟スルトキハ、種子ヲ散ゼンガ爲メ、種々ノ方法ニ由リテ開裂スルアリ、然レドモ肉果ハ熟スルトキハ地ニ落チ、柔軟ナル部腐敗シテ種子ヲ殘シ、或ハ鳥獸ノ食トナリ、種子消化ヲ受ケズシテ存シ、爲ニ遠地ニ至ルモノアリ、又種子ヲ遠地ニ散ゼンガ爲ニ、羽狀ノモノヲ有シ、容易ニ風ニ舞フモノアリ、薊《アザミ》ノ果實ノ如シ、之ヲ瓣毛ト云フ、瓣毛ニハ種々ノ形狀アリ、蒲公英《タンポポ》ノ果實ノ如キ、瓣毛射出シテ、美麗ナル球狀ヲナセリ、胡麻ノ實ノ如キ、熟スル時ハ種子ヲ射出センガ爲ニ開裂シテ爆聲ヲ發ス、罌子粟ノ殼皮ノ如キ、其上端ニ排列セル數多ノ小孔ヲ有シ、風ニ搖ラルヽトキ、微小ノ種子此孔ヨリ散出ス、椰子ノ果實ノ如キ、波ニ浮ビテ四方ニ散ズ、其殼皮ノ堅牢ナルガ爲ニ、水ノ浸蝕ヲ招クコトナシ、

果實ハ單一ナル花ノ雌蕊ヨリ成ルアリ、然レドモ數花ノ雌蕊相由リテ一果實ヲナスコトアリ、鳳梨、桑實、無花果ノ如シ、

果實ノ種類　果實ノ種類ハ、其數夥多ニシテ茲ニハ枚擧ス可ラズ、特ニ其普通緊要ナルモノヽミヲ記スベシ、

梨果トハ、梨、林檎等、厚キ肉ヲ有セルモノヲ云フ、

核果トハ、桃、李、梅ノ如キモノヲ云フ、外部ハ梨果ノ如ク肉質ニシテ、内部ハ堅硬ナリ、

醬果トハ葡萄、蜜柑ノ如ク、其肉柔軟多液ナルモノヲ云フ、

穎果トハ米、麥、玉蜀黍ノ如ク、其薄皮種子ニ附著シテ、一體ヲナスモノヲ云フ、

堅果トハ栗、槲實ノ如ク、其果皮堅硬ナルモノヲ云フ、

莢トハ、豆類ノ果實ノ如ク、殻ヲ有スルモノヲ云フ、

長角トハ蘿蔔、胡蘿蔔ノ果實ノ殻ノ如ク、殻中ニ膈膜ヲ有シ、殻中ヲ數室ニ分ツモノヲ云フ、

種子、通常種子ハ、皮膜ヲモツテ被ヒタル核ヨリ成レリ、核ハ後來新植物トナルベキ胚ヨリ成ルアリ此ノ如キ場合ニハ、幼稚植物ノ生長ニ必要ナル養分ハ、胚中ニ貯蓄セリ、然レドモ他植物

ニハ此養分、胚外ニ貯蓄セルモノアリ、之ヲ蛋白質ト云フ核ノ一部ヲナス、蛋白質ノ有無ハ、植物ノ種類ノ異ナル著キ徴候ナリトス、時トシテハ蛋白質甚ダ大ニシテ、胚ハ僅カニ種子中ノ一部ヲナスモノアリ、其蛋白質時トシテハ粉ノ如キモノアリ、米、麥其他ノ穀類ニ於ケルガ如シ、又時トシテハ、脂肪ニ富メルモノアリ、胡麻、罌粟ニ於ケルガ如シ、胚ノ構造ハ、蛋白質ノ有無ニハ關セザルナリ、人若シ桃或ハ豆ノ皮膜ヲ破ルトキハ、其蛋白質ヲ有セザルガ故ニ、直チニ胚ヲ認メ得

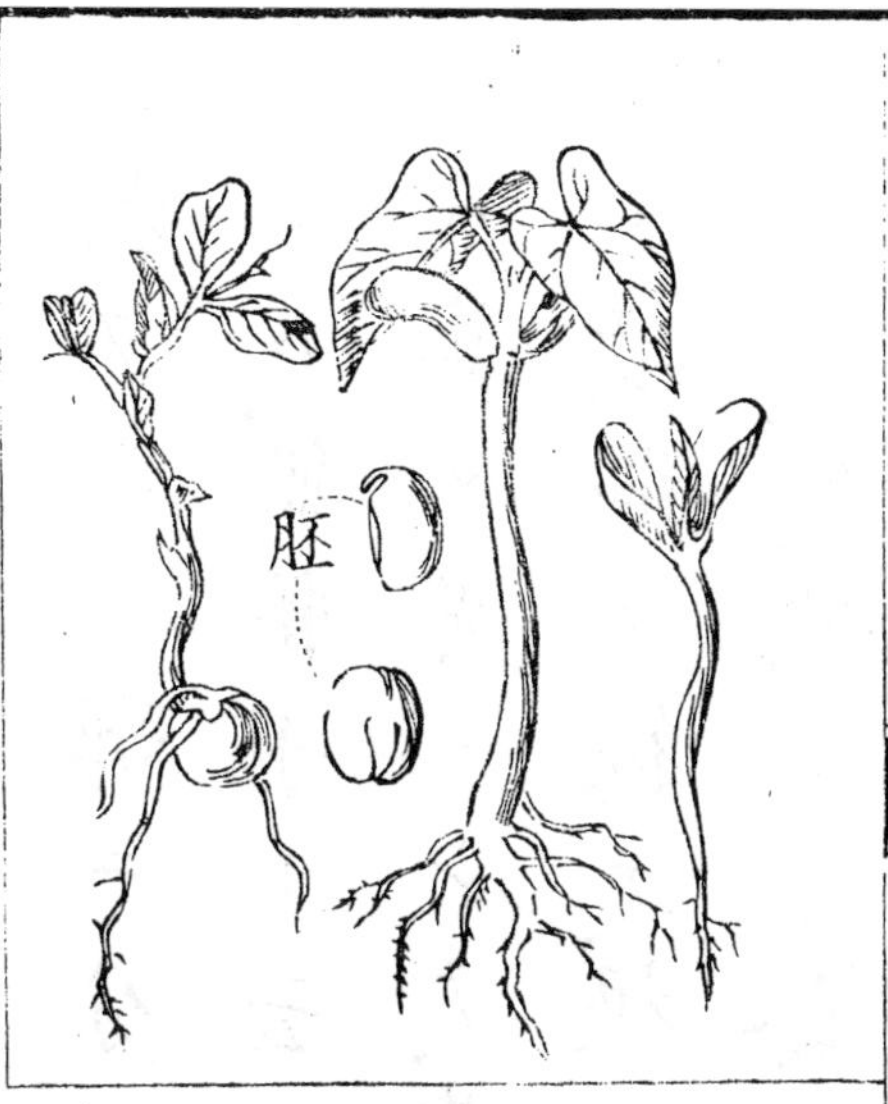

ベシ、其胚一點ニ於テ相連レル二個ノ裂片アリテ、此一點ヨリ小根ト幼芽トヲ出シ且ツ此點ハ種子ノ生長ヲ始ムル點ニシテ、又母植物ニ連續セシ點ナリ、此裂片ヲ子葉ト云フ、槭樹等ノ如キ植物ハ、幼稚植物ノ生長ヲ始ムルトキ、子葉地上ニ出ヅ、豌豆、桃ノ如キモノハ、子葉地下ニ止マル、子葉ハ其形種々ニシテ、皺縮セルモノアリ、勾曲セルモノアリ、襞積ヲナスモノアリ、扭捩セルモノアリ、

馬鈴薯ノ子葉ハ螺旋狀ナレドモ時トシテハ子葉分裂シテ、恰モ二個以上ノ子葉ヲ有セルガ如キモノアリ、樅ノ子葉ノ如シ、植物ノ二個ノ子葉ヲ有セルモノヲ雙子葉植物ト云ヒ、唯一個ノ子葉ヲ具セルモノヲ單子葉植物ト云フ、此區別ハ高等植物ヲ二大部ニ分ツモノナリ、植物ノ下等ナルモノハ、無胚子ト云ヘル胚ヲ有シ、高等植物ノ胚トハ甚ダ異ニシテ、其表面何レノ點ニ關セズ、適宜ノ境遇ニ從テ、根ト莖トヲ出シ、高等植物ノ胚ノ如ク、定點ヨリ發スルコトナシ、此ノ如キ植物ヲ無子葉植物ト云フ、子葉ノ構造ト莖ノ構造トハ、著キ關係ヲ有シ、外長植物ハ、雙子葉植物ニシテ、内長植物ハ、單子葉植物ナリ、而シテ無子葉植物ハ、上長植物ナリ、世界ノ植物ハ、此三大界ニ區別セリ、

植物ノ分類

現今世人知ル所ノ植物ノ類、殆ンド十二萬種ニシテ、本邦ニテ既ニ知リ得タルモノ、殆ンド三千餘種アリ、就中甚ダ微小ニシテ、顯微鏡ノ力ヲ假ラザレバ、見ル能ハザルモノアリ、或ハ甚ダ大ニ

シテ雲ニ聳ユルモノアリ、其分類ノ要ハ能ク植物自然ノ性質ヲ察知スルニ便ナルガ為メナリ、其大別前ニ云ヘルガ如シ、植物構造性質ノ相類似セルモノヲ集メテ之ヲ科トシ、科ノ中更ニ類似ノ密ナルモノヲ集メテ之ヲ屬トス、

上長部植物　上長部植物ハ、植物ノ下等ナルモノヲ包含シ、花ヲ開クコトナシ分テ左ノ數科トス、

海藻科　此科ノモノハ、上長部植物ノ最下等ナルモノニシテ、鹹水淡水ニ論ナク世界ノ各地ニ産ス、海藻ノ種類ニヨリ、長サ林木ノ最高ナルモ

ノニ超エ、著キ大サニ達スルアリ、此ノ如キモノハ根ヲ有セズ、其底脚岩石ニ附著シ、其浮ベル水中ヨリ養分ヲ仰グ、海藻ノ或ル種ハ、人ノ食ニ供ス、昆布、鹿尾菜、海苔ノ如シ、又海藻ノ或ル種ハ、之ヲ燒キテ重要ナル灰ヲ製ス、此灰ハ「ソーダ」ノ大ナル量ヲ含ミ、一時硝子ノ製造ニ使用セリ、

○芝栭科 芝栭科モ亦下等植物ノ一科ナリ、菌類ハ其例ナリ、其生期甚ダ短ク、速ニ生長シテ速ニ敗死ス、能ク陰濕ノ地ニ繁榮ス、菌類ハ形體概子小ニシテ、黴ノ如キハ最小ナルモノナリ、黴ハ腐

敗セル動植物ノ上ニ生ズ、(腐敗セザルモノニモ生ズルガ如クナレドモ實ハ否ラズ、内部ハ腐敗セザルモ、表面腐敗スルトキハ、黴忽チ之ニ生ズルモノナリ、)菌類ノ或ル一種ハ、香氣アリテ甚ダ人ノ口ニ適ス、椎茸、松蕈、青頭菌、玉蕈ノ如シ、然レドモ或ル種ハ、有毒ニシテ、人誤テ之ヲ食ヒ、死ニ至リシモノ往々之アリ、注意セザルベカラズ、

苔科。苔モ亦下等植物ノ他ノ科ナリ、其種類ニ因リ、石或ハ木皮ノ上ニ附著シテ、單ナル皮ヲナス、又或ル種ハ葉ノ如キ形狀ニ擴張ス、他ノ種類

ハ絲狀、房狀ヲナス、苔ノ一種「レーンヂーヤモッス」ト云ヘルモノハ、冬間北方寒帯ノ國ノ雪上ニ生ジ、馴鹿ノ食ニ給ス、

・羊齒科　羊齒科モ亦下等植物中ノ一科ナリ、熱帯ニハ此種ノ甚ダ大ナルモノアリ、蕨薇《ゼンマイ》等此科ニ屬ス、

單子葉植物　單子葉植物ノ最モ重要ナルモノハ、椶櫚及ビ草本ノ類ニシテ、椶櫚ノ類ハ概子熱帯ノ中ニ生ズ、其中「デートパーム」ハ稍北方ニ蔓延スルモノナリ、椶櫚科ノ植物ハ、概子長莖ヲ有

シ、熱帯ニ生ズル、他ノ植物ノ上ニ挺起シ、其偉大ノ葉ヲ空中ニ繖ヘセリ、

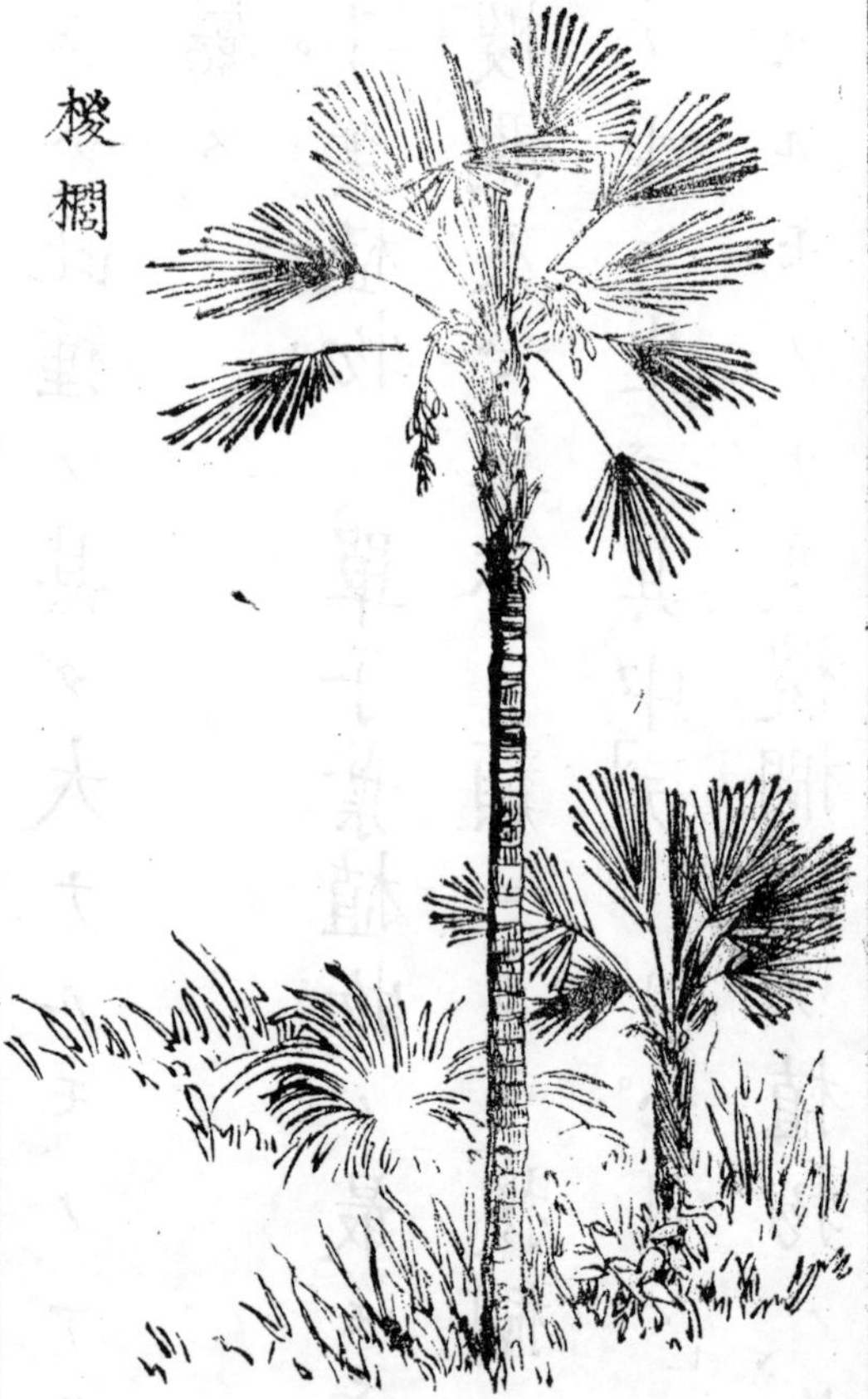

椶櫚

然レドモ其種類ニ因リ、或ハ其莖甚ダ短ク、又或ハ狹長ナル莖ヲ有シ、他樹ニ凭リテ之ヲ支柱トナスモノアリ、東印度ノ地方ニ生ズル所ノ省藤《トウ》ノ如キ、其例ニシテ、其長サ遙ニ喬木ノ最高ナル

モノニ超ユ、省藤ハ椅子ノ腰掛、其他編細工ノ類ニ用フ、椶櫚科ノ植物中或ル種類ノ者ハ、家屋ノ建築、其他ノ用ニ供シ、葉ハ屋根ヲ葺キ、或ハ纖ニ用ヒ、諸部ノ纖維ヲ取リテ、綱及ビ衣服ヲ製ス、又或ル種、ニ於テハ其液ヲ搾リテ飲料ニ供シ「デートパーム」「ココアナットパーム」ハ、重要ナル果實ヲ生ズ、就中「デートパーム」ハ「埃及ノ地方及ビ、其他熱帶ニ住ム人民ノ食物ノ大部ヲ占ム、

禾本科。禾本科ノ植物ハ地球表面ノ大部ヲ領ス、穀類其中ニアリ穀類ノ主要ナルモノハ、米、大

麥、小麥、裸麥、燕麥、玉蜀黍稷等ナリ、此科ノ植物ノ莖ハ、概子中空ナリ、竹ノ如キハ大ニシテ此科ニアラザルガ如ク見ユレド然ラザルナリ竹ハ日本及ビ支那等ニテハ、實ニ重要ナルモノニシテ、其用ノ廣キ、日用常ノ什器ニ、多ク竹ヲ用フルヲ見テ知ルベシ、禾本科ノ植物ハ牛、羊等食草獸ノ重要ナル食物ナリ、穀類ノ種子ハ人ニ須要ノ食物ナリ、

。百合科。　百合科ノ植物ハ草本類ニシテ、百合及ビ其他花ノ美麗ナルモノヲ含ム、百合、萬年青及ビ龍舌《アダン》草、海葱《カイサウ》ノ如キ藥草モ、此科ニ屬ス、

石蒜科《シタマガリ》　此科ノ植物モ亦草本類ニシテ其中ニハ水仙、長壽花《キズイセン》、石蒜等甚ダ美麗ナル花ヲ有スルモノアリ、葱、韮亦此中ナリ、

鳶尾科《イチハツ》　亦草本類ニシテ、鳶尾、泊夫藍《サフラン》等此中ニアリ、美麗ナル花ヲ有ス、

車前科　草本類植物ノ最大ナルモノヲ含ミ、其葉柄ノ莖恰モ木莖ヲナスガ如シ、甘蕉及ビ芭蕉此科ニ屬ス、芭蕉ハ熱帶地方ニ生ジ、熱帶人民ハ主ニ其實ヲ食物トナス、其產甚ダ夥多ナリ、車前科植物ノ纖維ハ、能ク布ヲ織ルベシ、芭蕉布ノ如

キ其例ナリ、

蘭科　亦草本ノ類ニシテ、此科ノモノハ、其花奇形雅趣ヲ帯ビ、芳香馥郁タルヲ以テ、人之ヲ愛翫シ、盆栽ノ魁トス、

雙子葉植物　内長莖ノ植物ハ、其數甚ダ多ク此小冊子ニハ、其重要ナルモノモ略セザルヲ得ザルガ故ニ、特ニ其最モ緊要ナルモノヽミヲ記スベシ、

松柏科　松、樅、落葉松、杉、檜等、皆此科ニ屬ス、松柏科ノ植物ハ、最モ高キ樹木ニシテ、直幹數十尺ニ

達ン、全長ノ半部ハ枝ヲ生ゼス、材木中最モ重要ニシテ、棟梁ノ材ト云ヘル語モ、此科ノ植物ヨリ來レルナリ、此科ノ植物ハ、概子樹脂ヲ帯ブルヲ以テ、「タルペンチン」「タール」「チヤン」等ヲ製ス、

葇荑科 此科ノ植物ハ柳、樺木《シラカシ》、赤楊《ハンノキ》、榛《ハシバミ》、槲《カシハ》、山毛欅《ブナ》、栗、胡桃ノ如キ、貴重美麗ナル枝ヲ有セル樹木ヲ含ム、其或ルモノハ好味ノ果實ヲ産ス、此科ノモノハ多ク暖帯ニ産ス松柏科及ビ此科ノモノハ、其花、花冠ヲ有スルコトナシ、

蕁麻科 此科ノモノハ多ク刺毛ヲ有ス、蕁麻《イラクサ》ハ

其例ナリ、大麻亦此中ニアリ、大麻ノ纖維ハ織リテ衣トナシ、甚ダ重要ノモノナリ、

桑科。無花果、桑、此科ニ屬ス、主ニ暖地ニ産ス、前章記セル榕樹ハ無花果ノ類ナリ、此科ノ或ル植物ヨリ膠《ゴム》ヲ製ス、

楡科。楡其中ナリ、此科ニハ喬木アリ灌木アリ、其或ル種ハ材質、裝飾及ビ建築ニ用フベシ、

胡椒科。花、花冠ヲ有セズ、胡椒ハ其例ナリ、此科ノモノハ概子小灌木或ハ關節莖ヲ有セル草本ナリ、

以上記スル所ノ植物ハ、其花或ハ花冠ヲ缺キ或ハ萼ヲ缺キ、又或ハ二者缺ケルモノアリ、後ニ記スルモノハ、二者ヲ具有スルモノナリ、

毛莨科《キンパウゲ》　主ニ草類植物ニシテ、雄蕊ノ數甚ダ多シ、寒帶及ビ濕地ニ産ス、毛莨、白頭翁《ヲキナグサ》、附子《トリカブト》、側金盞《フクジユサウ》花、芍藥、牡丹等、美麗ナル花ヲ有スルモノ此科ニ屬ス、

睡蓮科　此科ノモノハ、葉大ニシテ水ニ浮ベリ、蓮、蓴《ジユンサイ》等之ニ屬ス、睡蓮科ノ植物ノ花ハ其美麗ト芳香ヲ有スルニ由リテ著名ナリ、

罌粟科。此科ノモノハ、其花ノ美シキノミナラズ、其種子ヨリ要用ナル油類ヲ製ス、罌粟《ケシ》、虞美人《ビジンサウ》草等之ニ屬ス、

十字花科。此科ノ包含スル植物ハ、其數甚ダ多シ、多クハ草類植物ニシテ、暖帶及ビ寒帶ニ産ス、山葵《ワサビ》、蕓薹《アブラナ》、蕪菁《カブラ》、辣辛《カラシ》、蘿蔔等之ニ屬ス、此科ニ屬スルモノハ、多ク刺激性ノ臭ヲ有ス、只蕓薹蕪菁等ニハ此臭ナシ、辣辛ノ種子ノ如キ、其著キ例ナリ、

菫菜《スミレ》科。此科ニ屬スルモノハ、概子美麗ナル花

ヲ有シ、園庭ニ植テ之ヲ賞ス、又多ク藥品トナル」、

石竹科　此科ノ含ム所ノ植物亦甚ダ多シ、草莖ニシテ關節ヲ有ス、瞿麥、石竹ノ如キ其一例ナリ」、

錦葵科《ゼニアフヒ》　此科ノモノハ、其葉掌狀ニ鈌裂シ、且ツ柔軟ナル諸部粘性ヲ有ス、錦葵、蜀葵《タチアフヒ》ノ如キ其例ナリ、綿モ此科ニ屬ス、綿花ハ重要ナル植物ニシテ、其種子ヨリ綿ヲ得、糸ヲ紡ギ布ヲ織リ、其用甚ダ大ナリ、

山茶科《ツバキ》　此科ノ植物ハ、山茶、茶梅《サザンクワ》及ビ茗ニシテ、茗ハ其葉ヲ摘ミテ茶ヲ製ス、本邦ノ製茶ハ、年々

盛ンニシテ我國貿易品ノ主要ナルモノトス、

芸香科　橙、蜜柑、柚、橘《コウジ》、佛手柑等之ニ屬ス、喬木アリ灌木アリ、元來亞細亞ノ本産ナリ、果實香氣ヲ帶ビ甚ダ味アリ、或ル種ハ酸味強クシテ、其液ハ熱病ノ豫防ニ効アリ、

無患《ムクロジ》樹科　七葉《トチ》樹、槭樹等此科ニ屬ス、一種糖槭樹ト稱スルモノアリ、亞米利加ニ産シ、之ヨリ砂糖ヲ製ス、

葡萄科　此植物ハ、其莖葡萄狀ヲナシ、他物ニ攀縁ス、葡萄ハ其一種ナリ、其果實ハ精良ノ味ヲ有

ス、

大麻科。　此科ノ植物中、緊要ナルモノヲ大麻トス、雌雄其株ヲ異ニス、其莖皮ヲ取リテ、絲ヲ撚リ布ニ織リ、種々ノ用ニ供ス、

荳科。　此科ニ包含スル所ノ植物ハ、其數最モ多クシテ、其種類ニ因リ或ハ長大ナル喬木アリ、或ハ甚ダ小ナル草莖ヲ有スルモノアリ、果實ハ概子莢ヲ有シ、花ハ概子蛾形ヲナス、此科ニ屬スル植物ハ、其要用ナルモノ甚ダ多シ、或ハ材木トシテ之ヲ貴ブアリ或ハ染料トシテコレヲ貴ブアリ、

又或ハ葉ヲ貴ブモノアリ、「ヲランダゲンゲ」ノ如キ、或ハ其種子ヲ貴ブモノアリ、豌豆、蠶豆、大豆、小豆、鵲豆《インゲンマメ》、豇豆《サヽゲ》等ノ如シ、又根ノ重要ナルモノアリ、葛ノ如シ、

薔薇科　薔薇ハ此科ノ表兆ニシテ、此科ノモノハ其花凡テ薔薇ニ似タリ、喬木莖、灌木莖及ビ草莖アリテ、熱帶、暖帶、寒帶處トシテアラザルナシ、其果實ノ最モ貴重ナル種ハ、林檎、梨、木瓜《ボケ》、梅、李、杏、桃、枇杷、巴旦杏、懸鉤子《キイチゴ》等ナリ、

葫蘆《ヘウタン》科　葫蘆、冬瓜、南瓜、西瓜、胡瓜、越瓜《シロウリ》、甜瓜等ハ

此科ニ屬ス、此科ノ植物ハ其莖葡萄莖ニシテ或ハ地上ヲ匍匐シ、或ハ蔓ニ依リテ他物ニ攀縁ス、主ニ暖帯ニ生ジ、甚ダ粗造ナル葉ヲ有ス、苦味ヲ有スルハ、此科ノ特性ナレドモ、熟スルトキハ苦味ヲ有セズ、其果類ニハ人ノ賞味スル所ノモノ多クシテ、葫蘆及ビ南瓜ハ、著キ大サニ達スルモノアリ、

仙人掌科　其種類甚ダ多ク、多液ノ植物ニシテ、凡テ亞米利加ヲ本産トス、此科ノモノハ、概子葉ヲ有セズ、莖枝ノ面綠色ニシテ、葉ノ用ヲナス、其

莖甚ダ奇異ノ狀ヲ呈ス、多クハ刺ヲ有スルヲ以テ之ヲ生牆《イケガキ》トシ、以テ盜ニ備ルノ國アリト云フ、此科ノ植物ハ、其莖ノ奇異ナルノミナラズ、花ノ美麗ナルヲ以テ、之ヲ優賞ス、此科ノ植物ニ「コチニール」ト云ヘル虫ノ繁殖スルモノアリ、此虫ヨリ紅色ノ染料及ビ封蠟ヲ得ルガ故、盛ニ此植物ヲ培養スル所アリ、

繖形科。此科ノモノハ主ニ草莖ニシテ、其或ル種ハ著キ大サニ達シ、形狀甚ダ粗野ナルモノアリ、數花相集リテ繖形ヲナシ、中ニハ甚ダ大ナル

モノアリ、然レドモ其各花概ネ小ナリトス、花ハ二個ノ心皮ヨリ成リ、各心皮ニ一個ノ種子ヲ生ズ、此類ノ數種ハ、藥品ニ用ヰルモノアリ、又胡蘿蔔「アメリカボウフウ」等ハ、之ヲ培養シテ多肉ナラシメ、以テ食用ニ供ス、

「ジンコナ」科　此科ノモノハ暖地ニ多シ、概ネ美麗ナル葉ヲ有シ、又美麗ナル花ヲ有スルモノアリ、珈琲樹ハ此科ニ屬シ、其種子ヨリ珈琲ヲ製ス、此科中「ジンコナ」樹ハ重要ナル植物ニシテ、其皮ヨリ幾那ト云ヘル、甚ダ貴重ナル藥劑ヲ製ス、

菊科。此科ノモノハ、其花相集合シテ、恰モ一花ノ如キ觀ヲナス、此科ニハ花ノ美ナルモノ甚ダ多ク就中菊ヲ其最トス欵冬、艾、牛蒡、紅花「シンギク」ノ類之ニ屬ス、

石南《シャクナンゲ》科。此科ノ植物ハ灌木莖ニシテ、其葉常ニ綠色ヲ帶ビ、花非常ニ美麗ナリ、石南花ノ如キ其例ナリ、

茄科。茄、馬鈴薯、酸醬、烟草、蕃椒等之ニ屬ス、馬鈴薯ハ重要ナル植物ナリ、烟草ハ有毒ノモノナリ、此科ニハ有毒ノモノ多シ、

玄參科　桐此科ニ屬ス、桐ハ良材ニシテ、其用甚ダ廣シ、「ジキタリス」ハ此科ノ植物ニシテ、重要ナル藥品ナリ、

唇形科　此科ノ植物ハ、花冠兩分シテ、唇ニ似タルヲ以テ此名アリ、草莖或ハ半灌木莖ニシテ、香氣ヲ有スルモノ多シ、紫蘇、荏《エゴマ》ノ如キ其例ナリ、

櫻草科　草莖ニシテ花概子小ナリ、櫻草、九輪草等之ニ屬ス、

漆樹科　櫨《ハゼ》、漆樹等此科ニ屬ス、櫨實ヨリ液汁ヲ搾リ蠟ヲ製ス、漆樹ハ其樹皮ヲ傷ケ、液汁ヲ搾リ

テ漆ヲ製ス、櫨ハ唯暖地ニ多ケレドモ、漆樹ハ寒地ニ適ス、我國漆器ハ、海外ニ最モ有名ニシテ、輸出品ノ一トス、

小學校用理科植物篇終

校用理科

七十八

普及舍

明治二十一年三月六日
文部省檢定濟

明治二十年七月五日版權免許
同　年八月出版
同二十一年二月十一日訂正再版印刷
同　年二月廿八日訂正再版出版

定價金拾五錢

明治十五年以後
普及舍藏版證
製本以此印紙為証

愛知縣名古屋杉之町五十五番地寄留
編述者　朝夷六郎

東京下谷區練塀町十四番地
發行者　辻敬之

東京神田區泉町壹番地
印刷者　沼尻爲作

東京下谷區練塀町十四番地
發兌　普及舍

3・4　小学校理科　動物篇　浅夷六郎編述

小学校用理科　動物篇　浅夷六郎編述も存在している筈であるとの思いから、青戸家蔵書をいろいろ探したが見つからなかった。そこで各地の公立図書館、大学図書館などを調べた結果、近い所では島根県立図書館に存在していることが分かり、閲覧するとともに表紙と後付のコピーをとらせてもらった。図6はその表紙と後付である。

本書にも目次はなく　総論　と　動物の分類　原生動物　関節動物　軟体動物　有脊椎動物　などの項目からなっており多数の図入りでとても親しみやすく分かりやすい記述である。

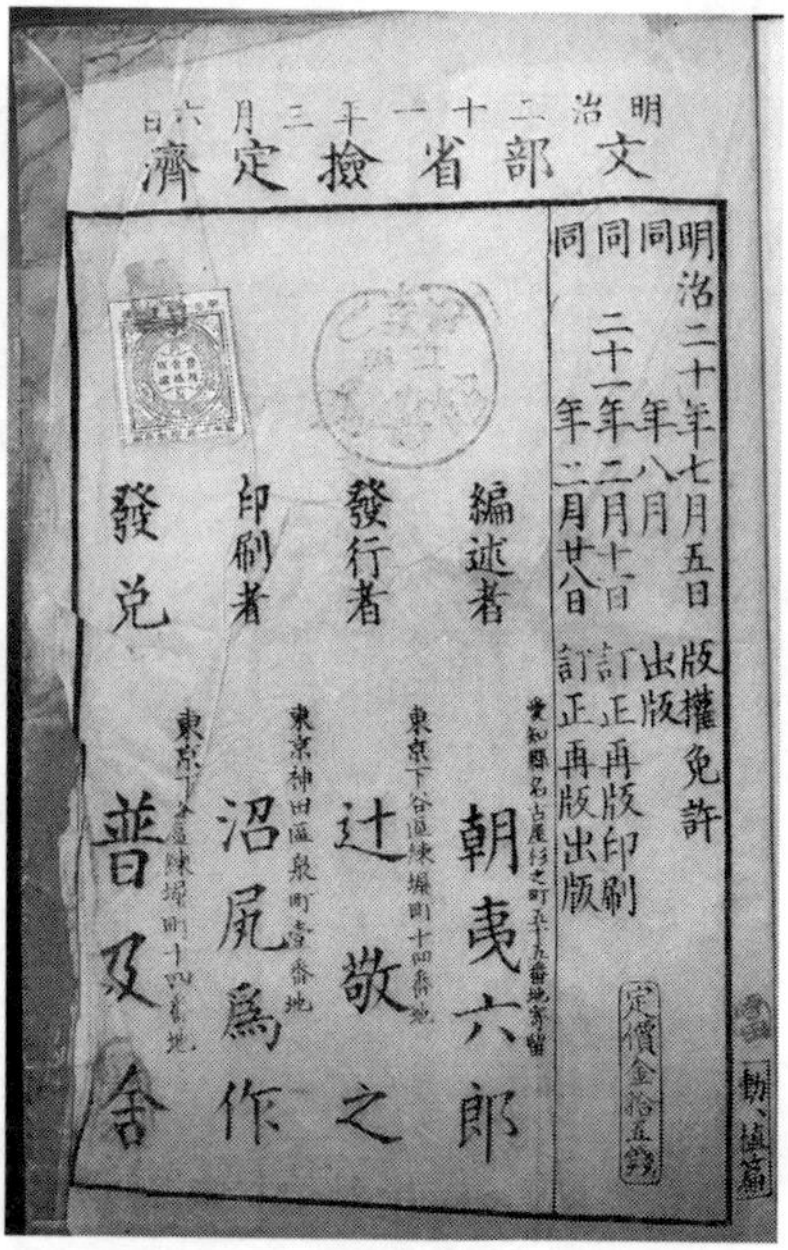

図6

3・5　小学算術書　安食好敬編輯

本書は　小学算術書一と小学算術書二及び小学算術書答式の三冊構成である。

図7はこの三冊の表紙と小学算術書一の裏表紙、及び小学算術書答式の奥付である。

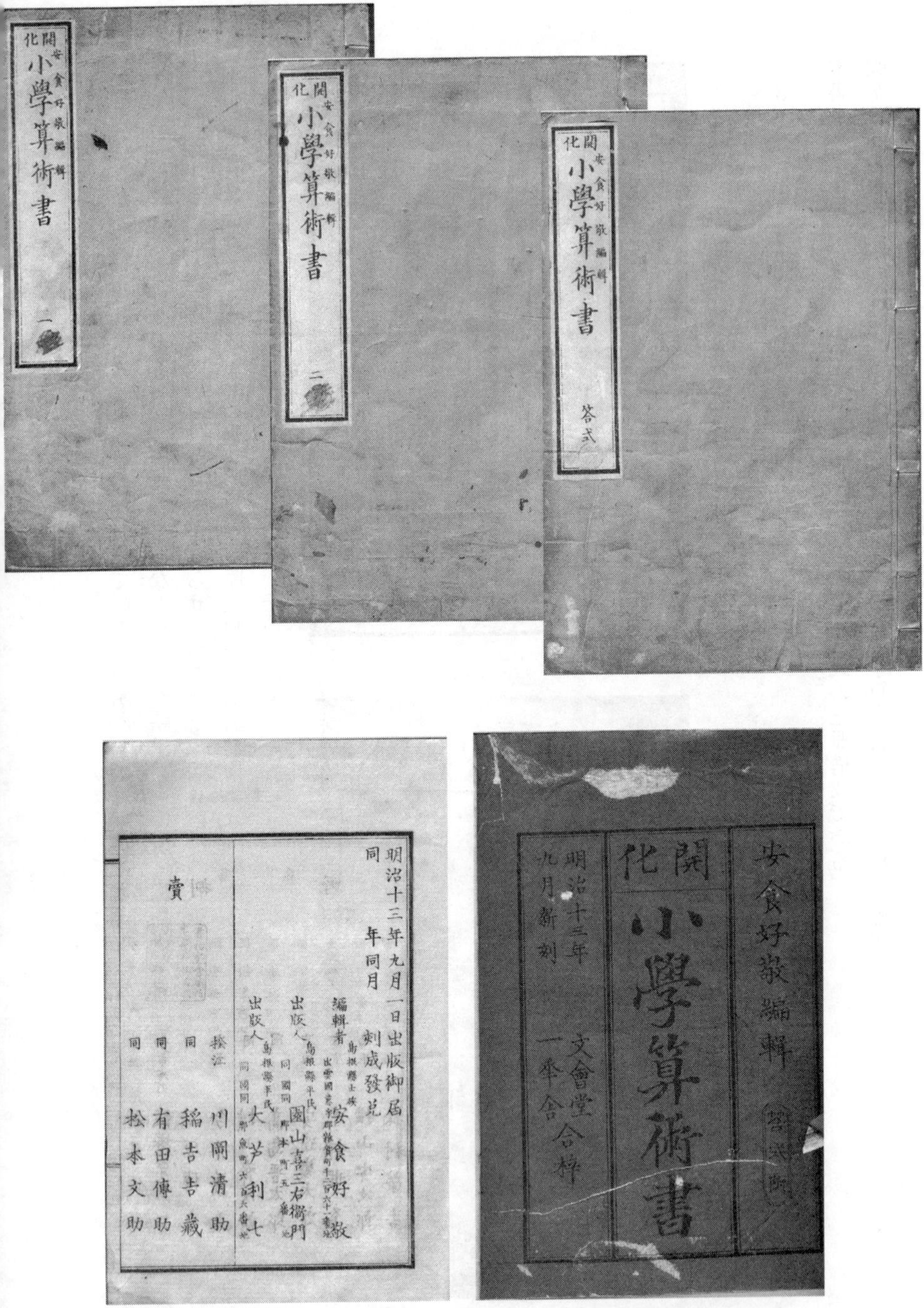
開化
安食好敬編輯
小學算術書
一
開化
安食好敬編輯
小學算術書
二
開化
安食好敬編輯
小學算術書
答式
明治十三年九月一日出版御届
同年同月刻成發兌
編輯者
安食好敬
出版人
園山喜三右衛門
出版人
大芦利七
賣
川岡清助
稲吉吉藏
有田傳助
松本文助
安食好敬編輯
開化
小學算術書
明治十三年九月新刻
文會堂
一乗舍
合梓

図7

小学算術書巻之一は、まず緒言に始まり（図8）、続いて加減乗除九々表が記載されている。（図9）

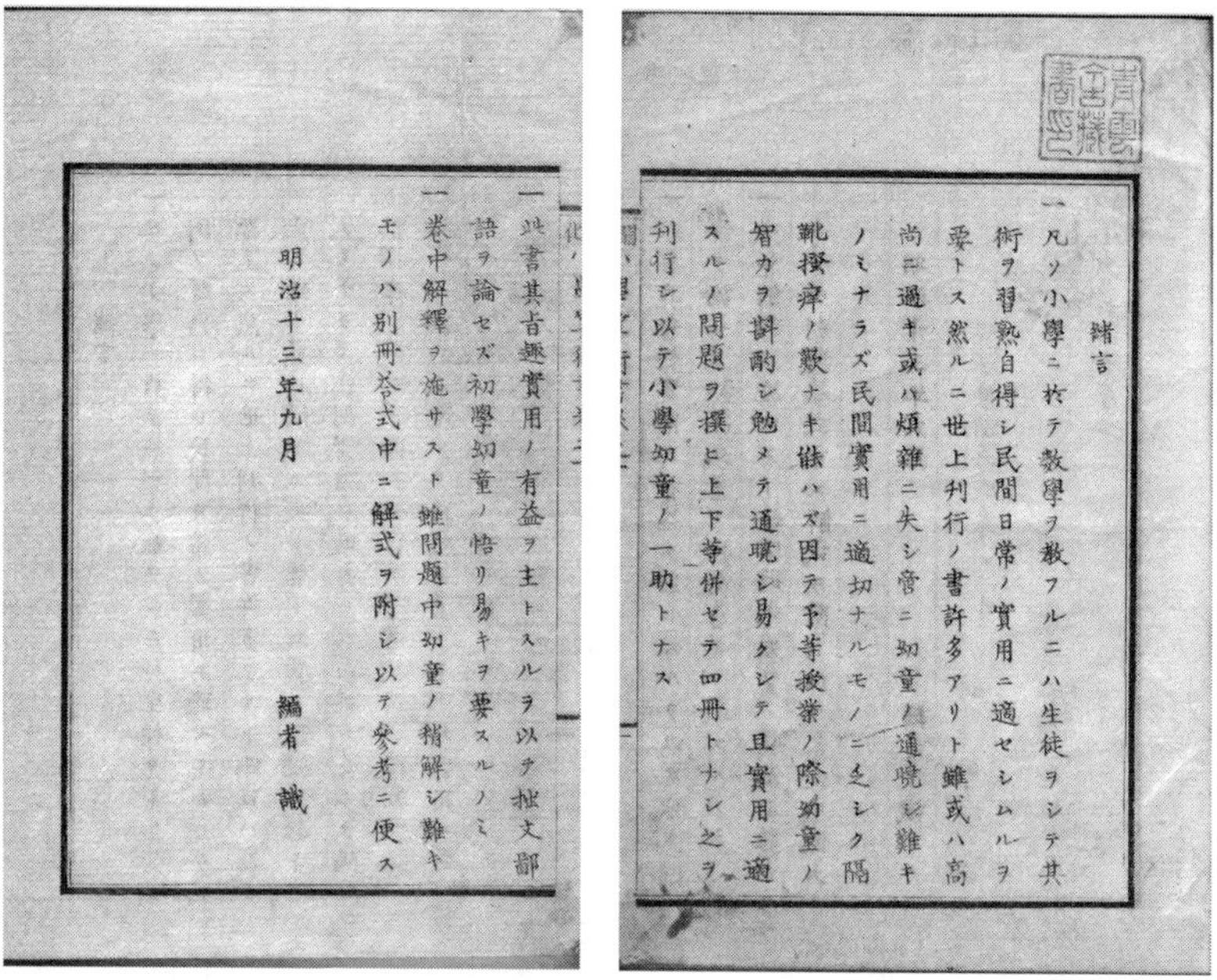

緒言

一凡ソ小學ニ於テ數學ヲ教フルニハ生徒ヲシテ其術ヲ習熟自得シ民間日常ノ實用ニ適セシムルヲ要トス然ルニ世上刊行ノ書許多アリト雖或ハ高尚ニ過キ或ハ煩雜ニ失シ啻ニ幼童ノ通曉シ難キノミナラズ民間實用ニ適切ナルモノニ乏シク隔靴掻痒ノ歎ナキ能ハズ因テ予等授業ノ際幼童ノ智力ヲ斟酌シ勉メテ通曉シ易ク且實用ニ適スルノ問題ヲ撰ヒ上下等併セテ四冊トナシ之ヲ刊行シ以テ小學幼童ノ一助トナス

一此書其旨趣實用ノ有益ヲ主トスルヲ以テ拙文鄙語ヲ論セズ初學幼童ノ悟リ易キヲ要スルノミ

一巻中解釋ヲ施サスト雖問題中幼童ノ稍解シ難キモノハ別冊答式中ニ解式ヲ附シ以テ參考ニ便ス

明治十三年九月

編者 識

図8

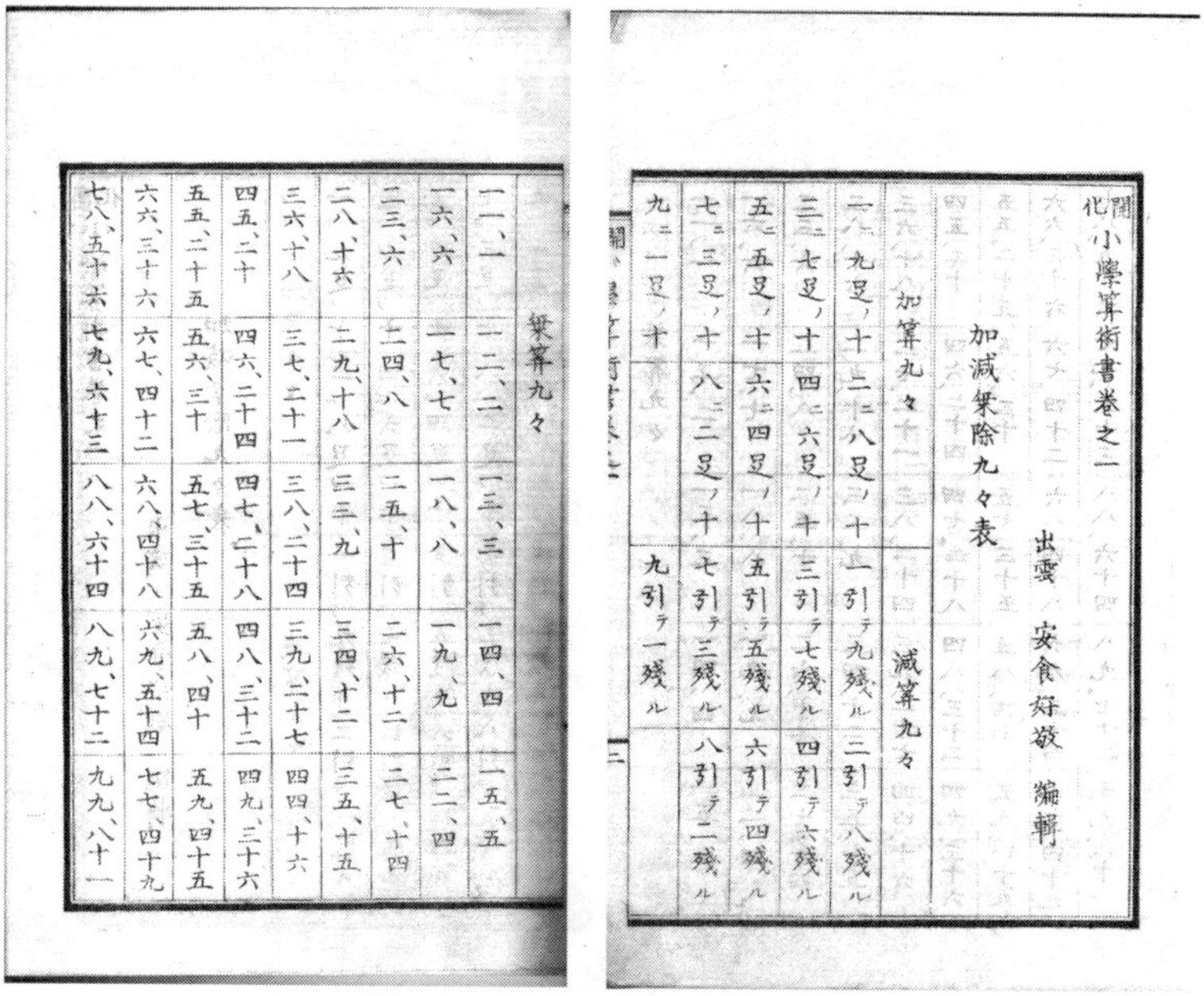

開化小學算術書巻之一

出雲ノ安食好敬 編輯

加減乘除九々表

加算九々	減算九々
一ニ九足ノ十	一引テ九殘ル
二ニ八足ノ十	二引テ八殘ル
三ニ七足ノ十	三引テ七殘ル
四ニ六足ノ十	四引テ六殘ル
五ニ五足ノ十	五引テ五殘ル
六ニ四足ノ十	六引テ四殘ル
七ニ三足ノ十	七引テ三殘ル
八ニ二足ノ十	八引テ二殘ル
九ニ一足ノ十	九引テ一殘ル

乘算九々

一一、一	一二、二	一三、三	一四、四	一五、五
一六、六	一七、七	一八、八	一九、九	二二、四
二三、六	二四、八	二五、十	二六、十二	二七、十四
二八、十六	二九、十八	三三、九	三四、十二	三五、十五
三六、十八	三七、二十一	三八、二十四	三九、二十七	四四、十六
四五、二十	四六、二十四	四七、二十八	四八、三十二	四九、三十六
五五、二十五	五六、三十	五七、三十五	五八、四十	五九、四十五
六六、三十六	六七、四十二	六八、四十八	六九、五十四	七七、四十九
七八、五十六	七九、六十三	八八、六十四	八九、七十二	九九、八十一

図9-1

加算九々、減算九々は自明であり、乗算九々も現代の子供たちも小学校で習っているが、除算九々は現代では教えられていない。しかし、筆者は子供の頃父親、母親から、〝二一添作の五〟などと聞かされていたので、これがこの除算九々に含まれていることからすると除算九々が大正の頃までは使われていた可能性が高い。

小学算術書巻之一は、いくつかの項に分けて問題が記述されている。

加法の例、米金加算、加法問題（これは文章題である）、減法の例、米金減算、減法問題、乗算一位、乗算二位、乗算三位、乗算四位、乗算五位、乗法問題（文章題である）、除法一位、以下乗除すべし、除法二位、除法三位並びに四位、除法五位、除法問題（文章題である）などなどである。

同書の中に記載されている問題文の例を図10に示す。

小学算術書巻之二

小学算術書巻之一に続いて、小学算術書巻之二には多数の問題が記されている。

四則雑題

諸等数表（図11）　度数、時日、里程、田数、衡量、旧貨幣

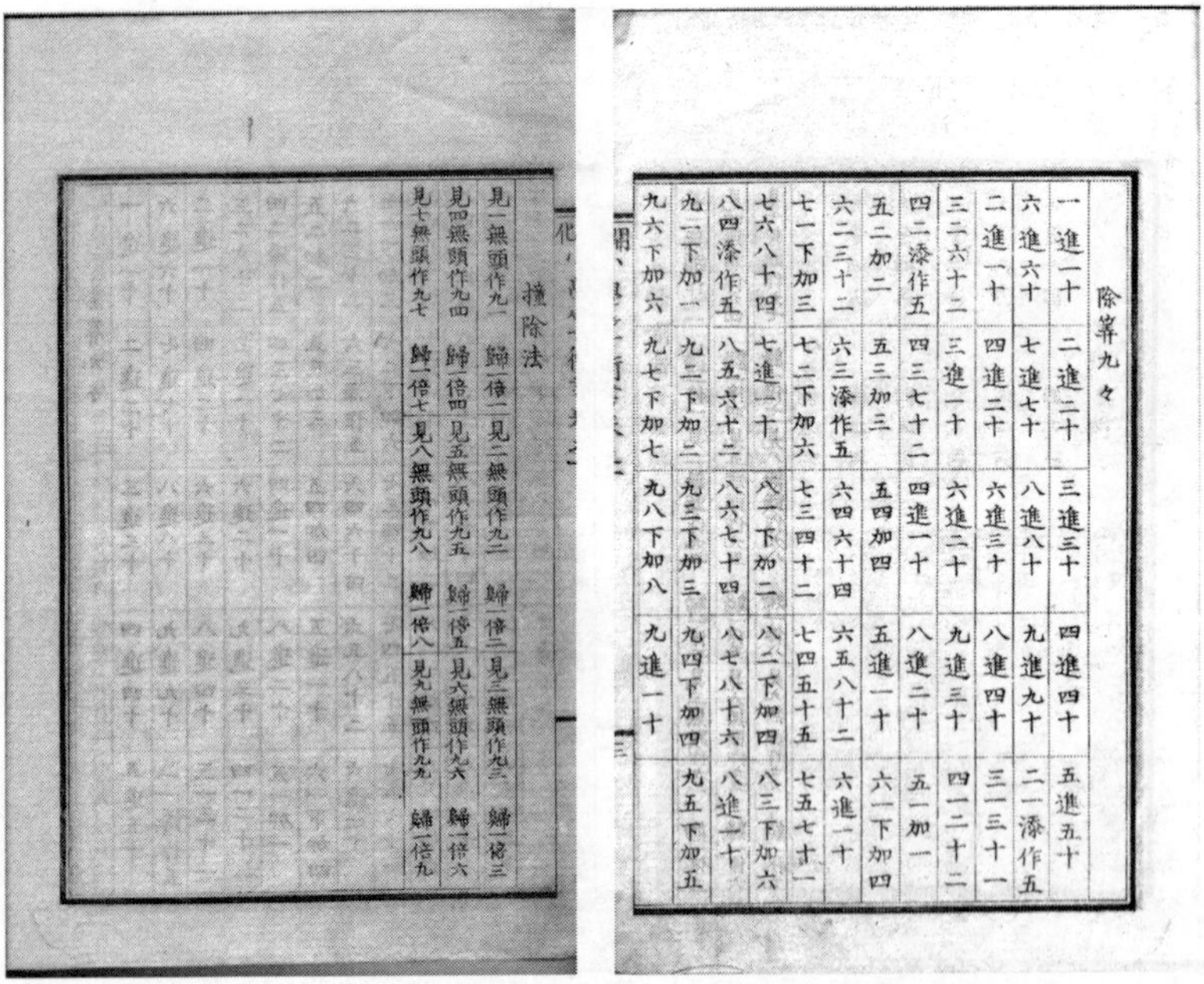

除算九々

一進一十	二進二十	三進三十	四進四十	五進五十
六進六十	七進七十	八進八十	九進九十	二一添作五
二進一十	四進二十	六進三十	八進四十	三一三十一
三二六十二	三進一十	六進二十	九進三十	四一二十二
四二添作五	四三七十二	四進一十	八進二十	五一加一
五二加二	五三加三	五四加四	五進一十	六一下加四
六二三十二	六三添作五	六四六十四	六五八十二	六進一十
七一下加三	七二下加六	七三四十二	七四五十五	七五七十一
七六八十四	七進一十	八一下加二	八二下加四	八三下加六
八四添作五	八五六十二	八六七十四	八七八十六	八進一十
九一下加一	九二下加二	九三下加三	九四下加四	九五下加五
九六下加六	九七下加七	九八下加八	九進一十	

撞除法

見一無頭作九一	帰一倍一	見二無頭作九二	帰一倍二	見三無頭作九三	帰一倍三
見四無頭作九四	帰一倍四	見五無頭作九五	帰一倍五	見六無頭作九六	帰一倍六
見七無頭作九七	帰一倍七	見八無頭作九八	帰一倍八	見九無頭作九九	帰一倍九

図9-2

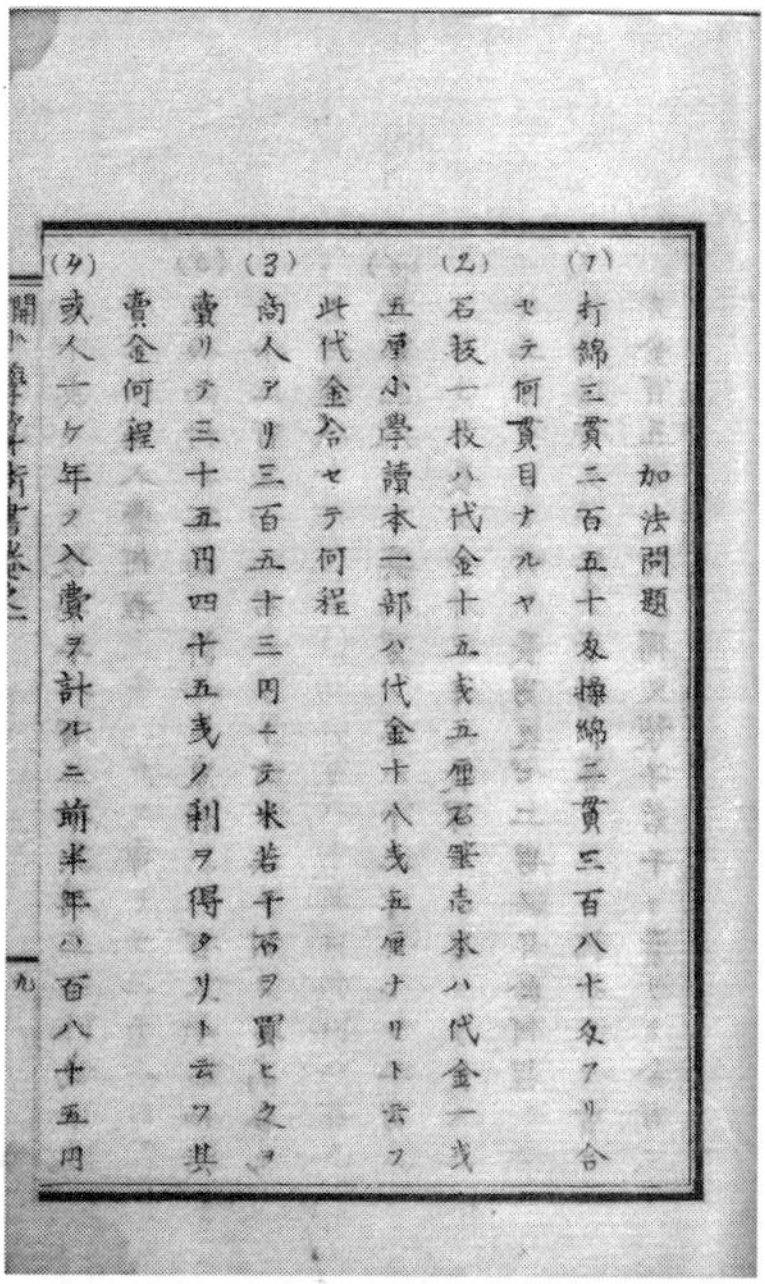
加法問題
(1) 打綿三貫二百五十匁操綿二貫三百八十匁アリ合セテ何貫目ナルヤ
(2) 石板一枚ハ代金十五戔五厘石筆壱本ハ代金一戔五厘小學讀本一部ハ代金十八戔五厘ナリト云フ此代金合セテ何程
(3) 商人アリ三百五十三円ニテ米若干石ヲ買ヒ之ヲ賣リテ三十五円四十五戔ノ利ヲ得タリト云フ其賣金何程
(4) 或人一ケ年ノ入費ヲ計ルニ前半年ハ百八十五円
九

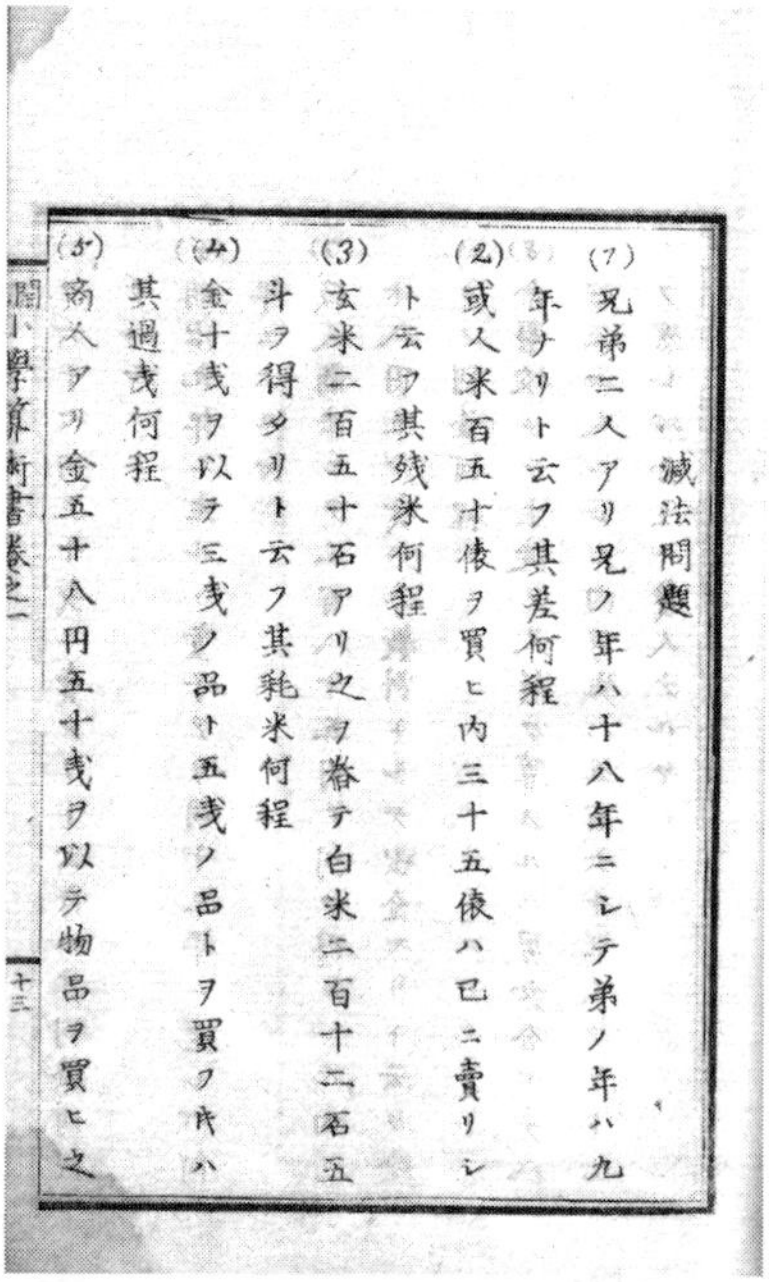
減法問題
(1) 兄弟二人アリ兄ノ年八十八年ニシテ弟ノ年ハ九年ナリト云フ其差何程
(2) 或人米百五十俵ヲ買ヒ内三十五俵ハ已ニ賣リシト云フ其残米何程
(3) 玄米二百五十石アリ之ヲ舂テ白米二百十二石五斗ヲ得タリト云フ其耗米何程
(4) 金十戔ヲ以テ三戔ノ品ト五戔ノ品トヲ買フ片ハ其過戔何程
(5) 商人アリ金五十八円五十戔ヲ以テ物品ヲ買ヒ之
十三

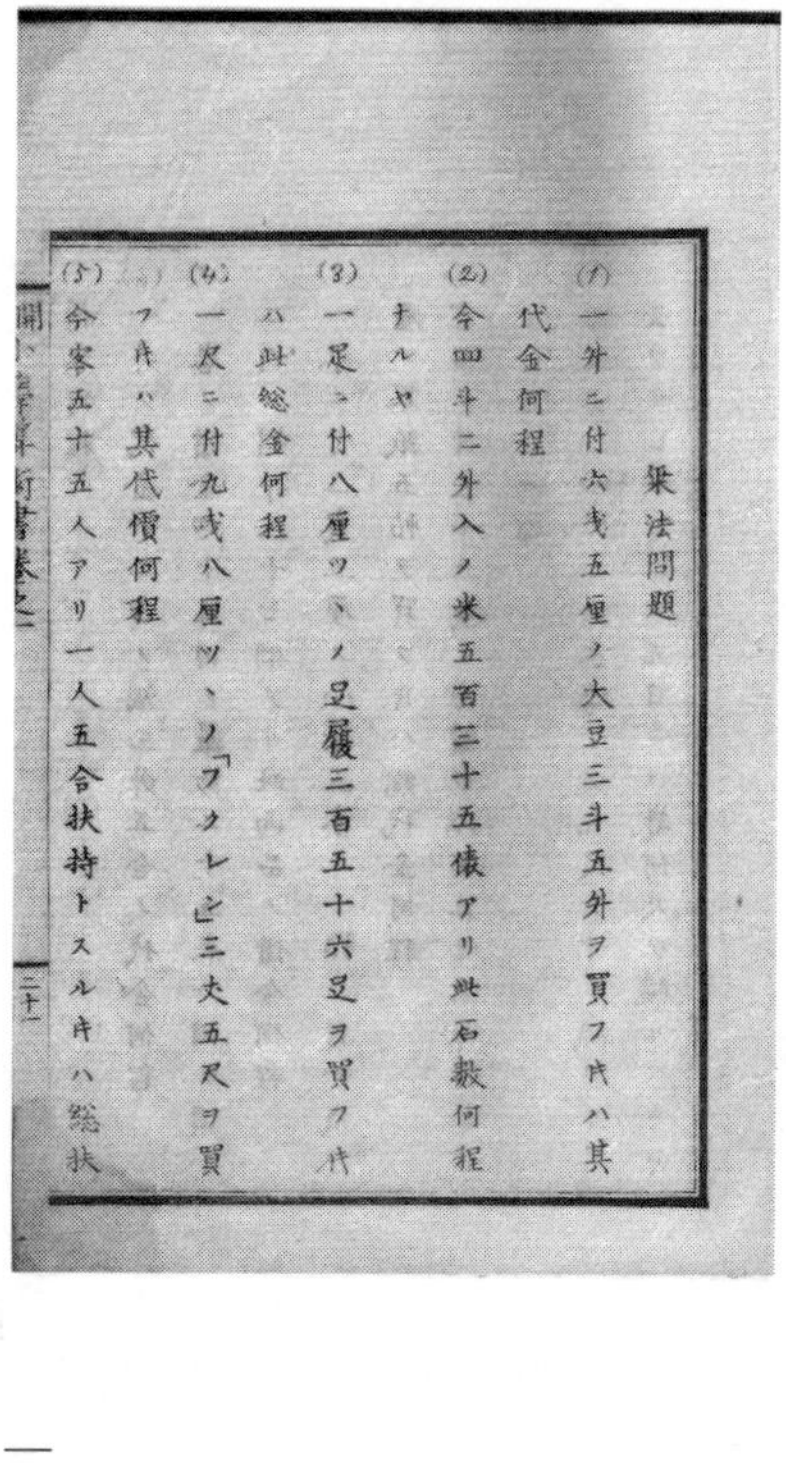
乗法問題
(1) 一升ニ付六戔五厘ノ大豆三斗五升ヲ買フ片ハ其代金何程
(2) 今四斗二升入ノ米五百三十五俵アリ此石数何程ナルヤ
(3) 一足ニ付八厘ツヽノ足履三百五十六足ヲ買フ片ハ此総金何程
(4) 一尺ニ付九戔八厘ツヽノ「フラネル」三丈五尺ヲ買フ片ハ其代價何程
(5) 今家五十五人アリ一人五合扶持トスル片ハ総扶
二十一

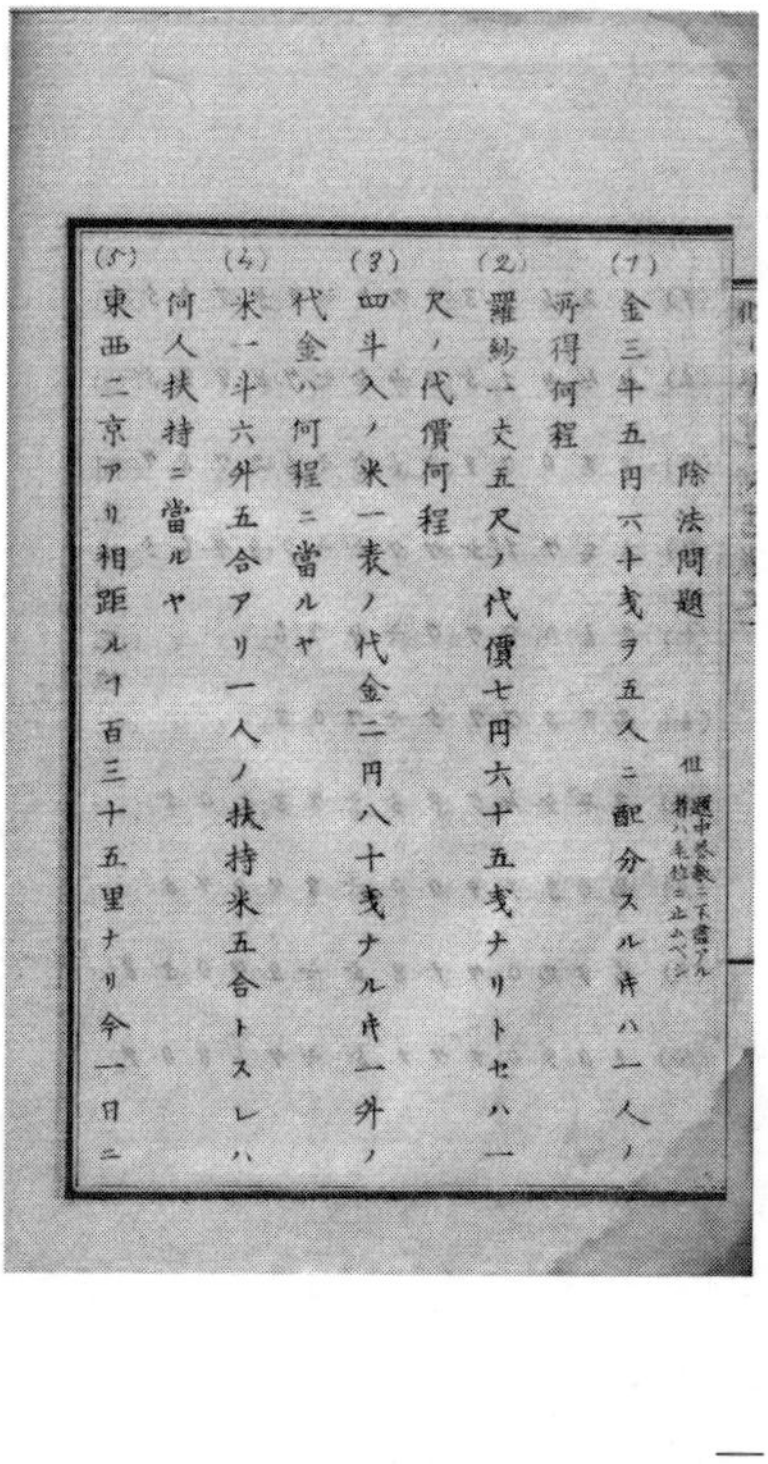
除法問題
但題中数ニ下畫アル者ハ毛位ニ止ムベシ
(1) 金三十五円六十戔ヲ五人ニ配分スル片ハ一人ノ所得何程
(2) 羅紗二丈五尺ノ代價七円六十五戔ナリトセハ一尺ノ代價何程
(3) 四斗入ノ米一表ノ代金二円八十戔ナル片一升ノ代金ハ何程ニ當ルヤ
(4) 米一斗六升五合アリ一人ノ扶持米五合トスレハ何人扶持ニ當ルヤ
(5) 東西二京アリ相距ルヿ百三十五里ナリ今一日ニ

図10

諸等加法、諸等減法、諸等化法、諸等乗法、諸等除法、

容易利息算

問題の例を図12に示す。

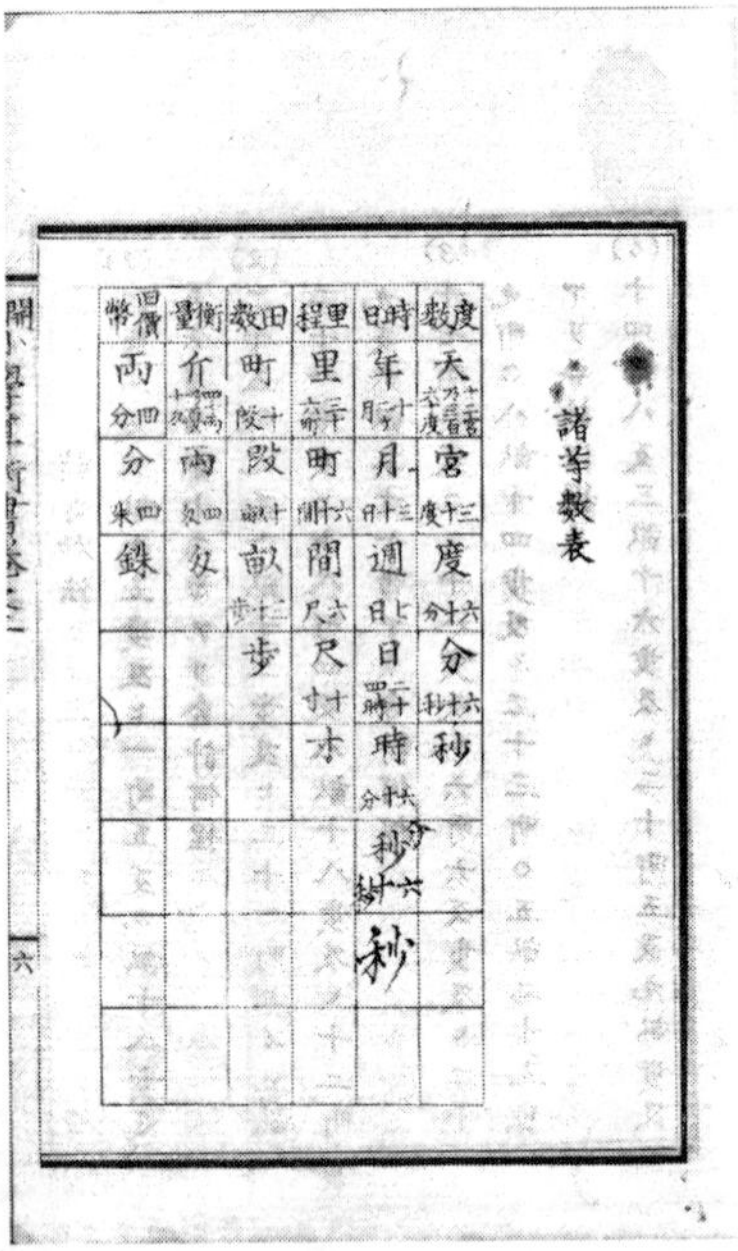

諸等数表

度数	時日	里程	田数	衡量	旧價幣
天	年	里	町	斤	両
宮	月	町	段	両	分
度	週	間	畝	匁	銖
分	日	尺	歩		
秒	時	寸			
	分				
	秒				

図11

小学算術書　答式

本書では小学算術書巻之一、小学算術書巻之二で出題された問題の答えが記されている。

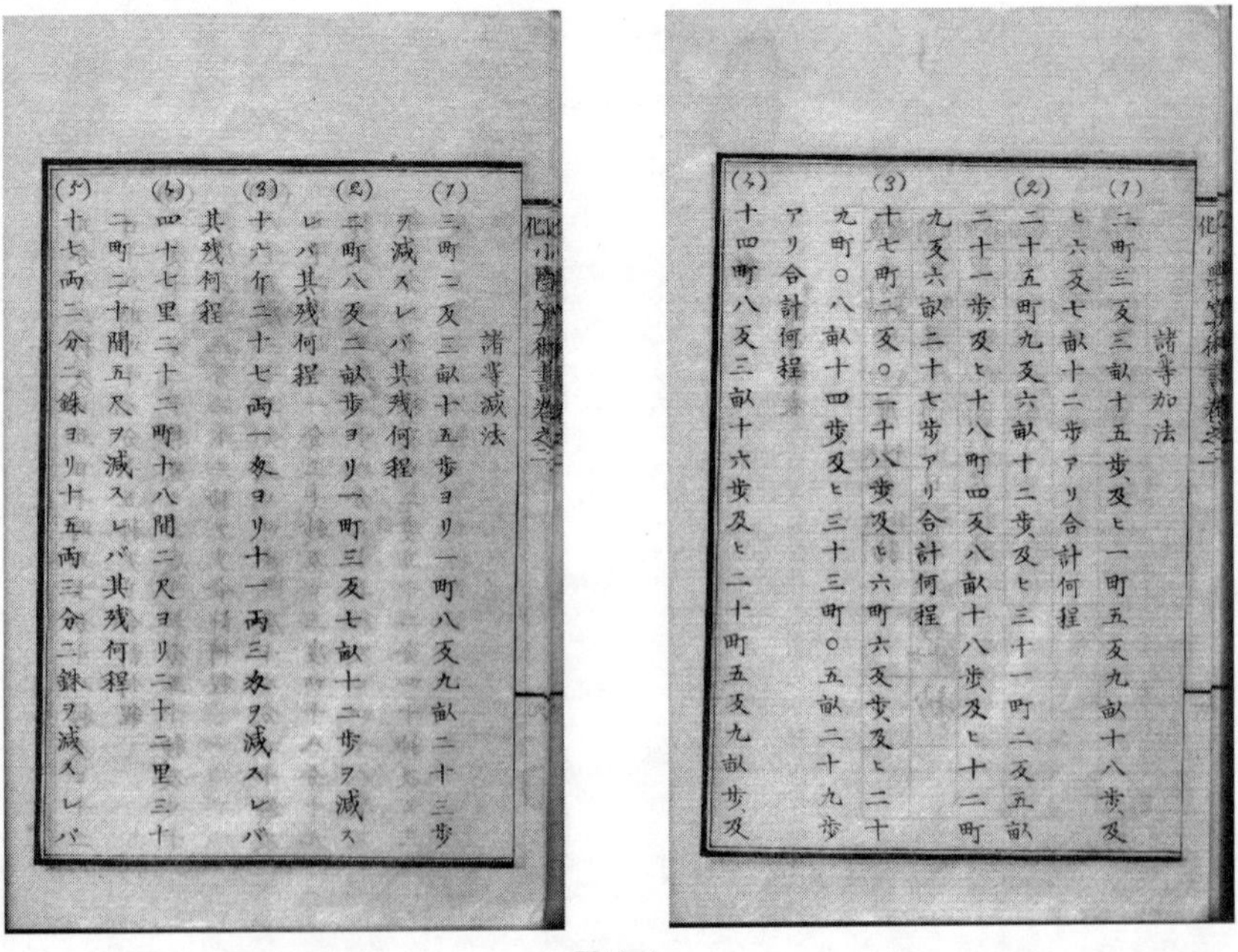

諸等加法

(1) 二町三反三畝十五歩、及ヒ一町五反九畝十八歩、及ヒ六反七畝十二歩アリ合計何程

(2) 二十五町九反六畝十二歩、及ヒ三十一町二反五畝二十一歩、及ヒ十八町四反八畝十八歩、及ヒ十二町九反六畝二十七歩アリ合計何程

(3) 十七町二反〇二十八歩、及ヒ六町六反歩、及ヒ二十九町〇八畝十四歩、及ヒ三十三町〇五畝二十九歩アリ合計何程

(4) 十四町八反三畝十六歩、及ヒ二十町五反九畝歩、及

諸等減法

(1) 三町二反三畝十五歩ヨリ一町八反九畝二十三歩ヲ減スレバ其残何程

(2) 三町八反二畝歩ヨリ一町三反七畝十二歩ヲ減スレバ其残何程

(3) 十六斤二十七両一匁ヨリ十一両三匁ヲ減スレバ其残何程

(4) 四十七里二十二町十八間二尺ヨリ二十二里三十二町二十間五尺ヲ減スレバ其残何程

(5) 十七両二分二銖ヨリ十五両三分二銖ヲ減スレバ

図12-1

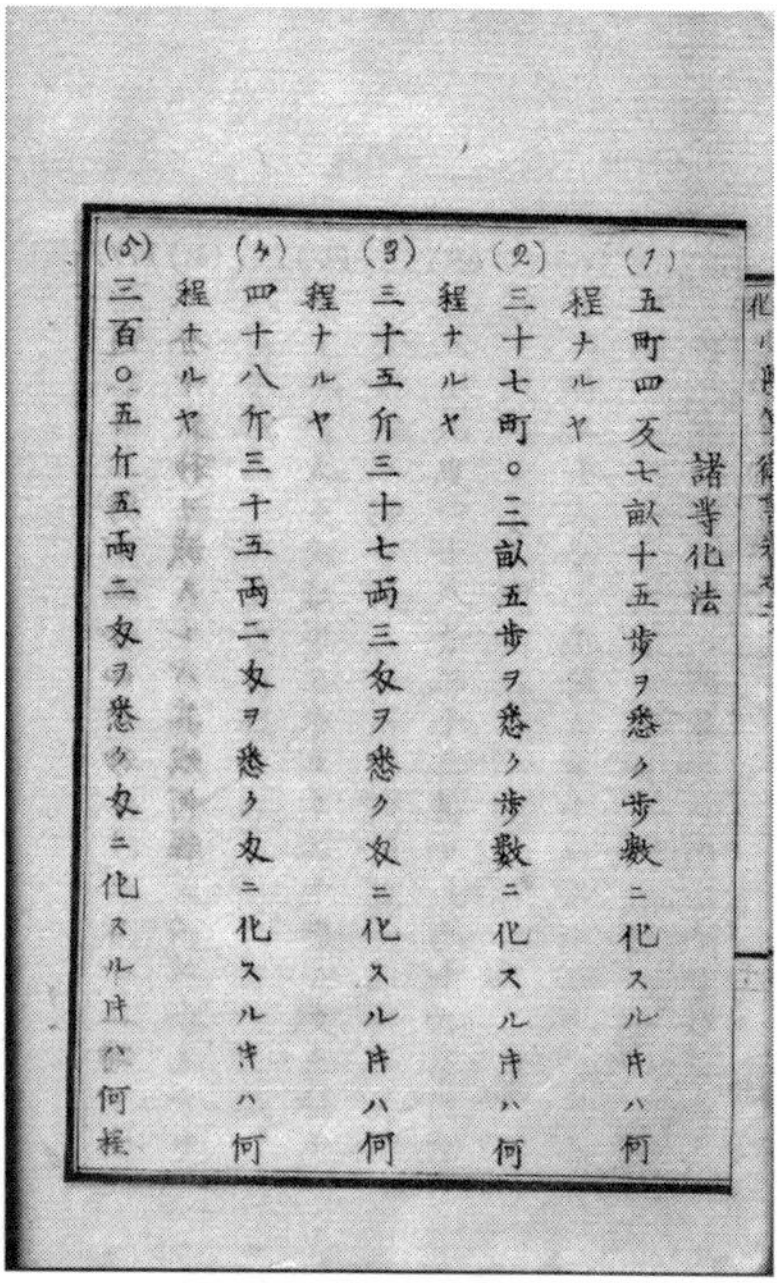
諸等化法
(1) 五町四反七畝十五歩ヲ悉ク歩數ニ化スル𪜈ハ何程ナルヤ
(2) 三十七町〇三畝五歩ヲ悉ク歩數ニ化スル𪜈ハ何程ナルヤ
(3) 三十五斤三十七両三匁ヲ悉ク匁ニ化スル𪜈ハ何程ナルヤ
(4) 四十八斤三十五両二匁ヲ悉ク匁ニ化スル𪜈ハ何程ナルヤ
(5) 三百〇五斤五両二匁ヲ悉ク匁ニ化スル𪜈ハ何程

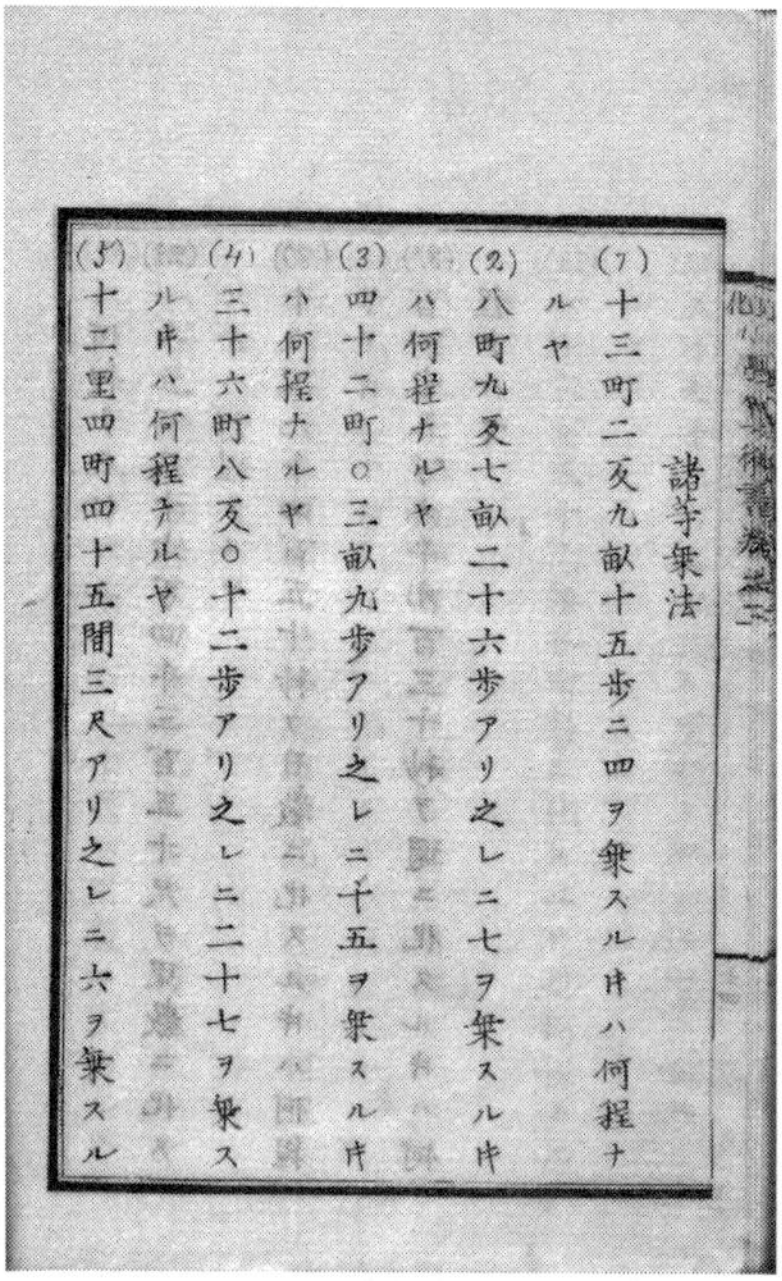
諸等乗法
(1) 十三町二反九畝十五歩ニ四ヲ乗スル𪜈ハ何程ナルヤ
(2) 八町九反七畝二十六歩アリ之レニ七ヲ乗スル𪜈ハ何程ナルヤ
(3) 四十二町〇三畝九歩アリ之レニ十五ヲ乗スル𪜈ハ何程ナルヤ
(4) 三十六町八反〇十二歩アリ之レニ二十七ヲ乗スル𪜈ハ何程ナルヤ
(5) 十二里四町四十五間三尺アリ之レニ六ヲ乗スル

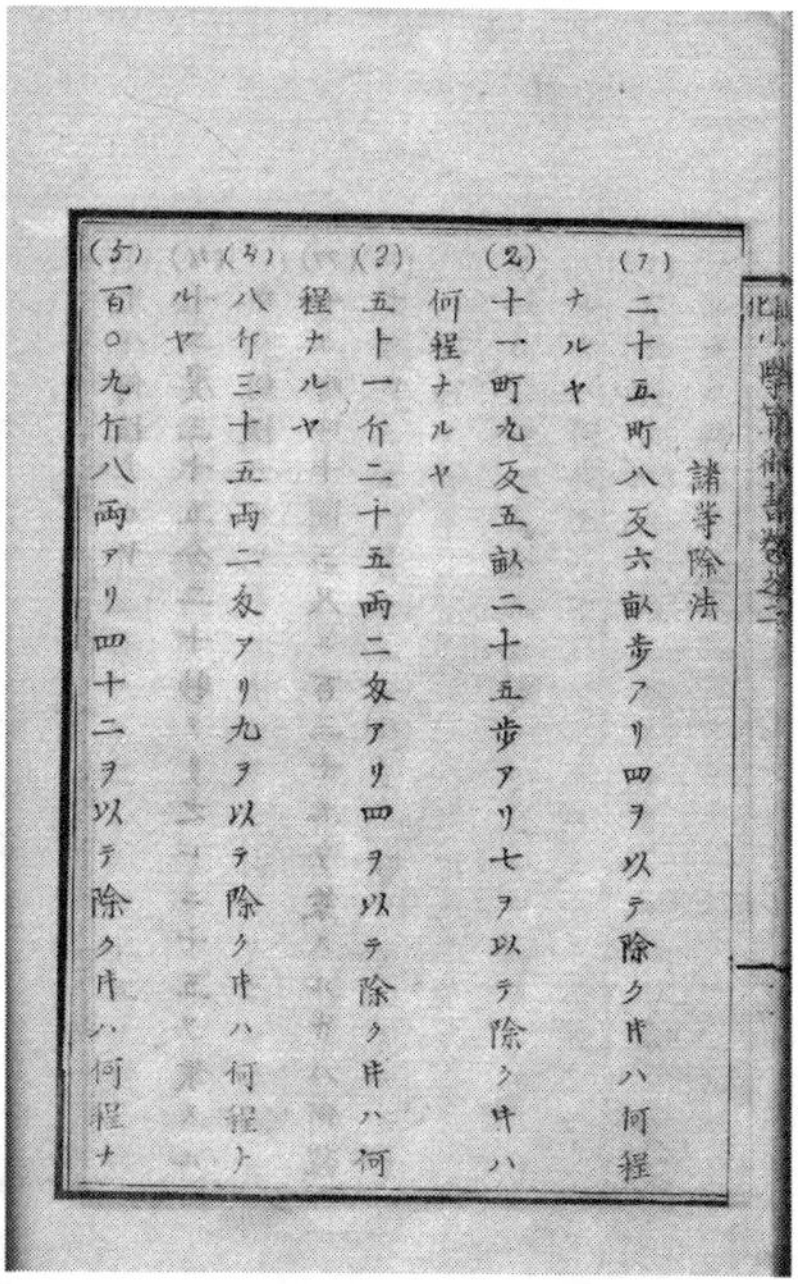
諸等除法
(1) 二十五町八反六畝歩アリ四ヲ以テ除ク𪜈ハ何程ナルヤ
(2) 十一町九反五畝二十五歩アリ七ヲ以テ除ク𪜈ハ何程ナルヤ
(2) 五ト一斤二十五両二匁アリ四ヲ以テ除ク𪜈ハ何程ナルヤ
(4) 八斤三十五両二匁アリ九ヲ以テ除ク𪜈ハ何程ナルヤ
(5) 百〇九斤八両アリ四十二ヲ以テ除ク𪜈ハ何程ナ

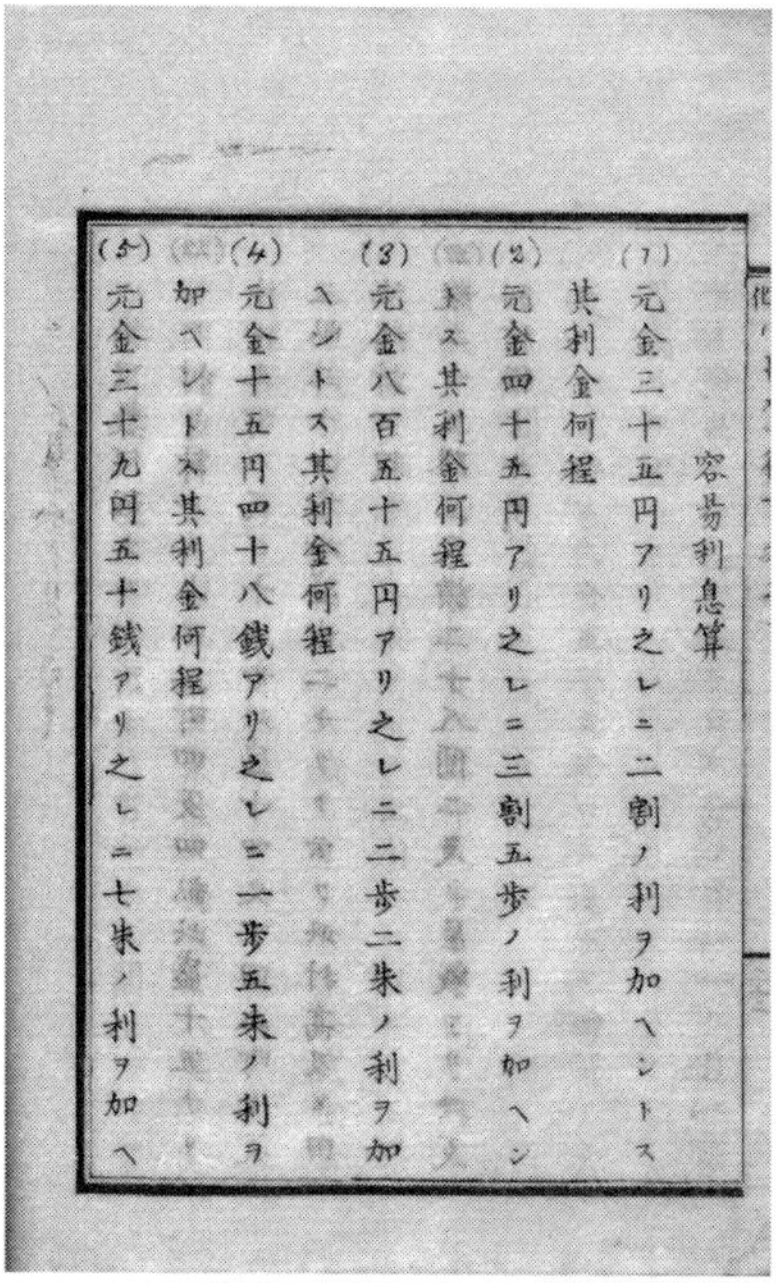
容易利息算
(1) 元金三十五円アリ之レニ二割ノ利ヲ加ヘントス其利金何程
(2) 元金四十五円アリ之レニ三割五歩ノ利ヲ加ヘントス其利金何程
(3) 元金八百五十五円アリ之レニ二歩二朱ノ利ヲ加ヘントス其利金何程
(4) 元金十五円四十八銭アリ之レニ一歩五朱ノ利ヲ加ヘントス其利金何程
(5) 元金三十九円五十銭アリ之レニ七朱ノ利ヲ加ヘ

図12-2

3・6　尋常小学読本　辻敬之、西村正三郎合著

普及舎発行の尋常小学読本巻五の表紙と後付を図13に示す。

これを見ると尋常小学読本として五巻あるいはそれ以上のものが教えられていたものと判断できる。と云うことはこの書は一年生ではなくもう少し上の学年の子供たちが使用したものと思われる。漢字交じりのひらがな文である。

同書の最初の数ページをコピーしたものを図14に示すが、非常に興味深い内容を説明しながら読本を進めていることが分かる。

図13

尋常小學讀本巻五

第一

此の圖は船の航海するところなり、帆舩は帆を揚げて走り蒸氣舩は烟を噴きて走る。

蒸氣舩は、何故に能く走るや、これは湯を沸し蒸氣の力にて機關を動し、車輪にて波をかきて進むなり。

蒸氣の力にて、車輪を動すことを發明せしは、英國のワツトといふ人なり。

蒸氣舩にて焚く所の石炭は、上古の世に茂りたる大木の化したるものにて、山を穿ちて掘り出すなり。

圖　噴きて　湯　沸　波　發明
英國　焚く　所　石炭　茂り　穿ちて　掘り

第二

汝は、暗夜能く途を行くことを得べきや、暗夜にても、けして怖しきものなし、愚なる人は、怪物、又は幽靈などの、出るを疑ふものあれども、怪物幽靈等は、全く無きものなり、唯心にて疑ひ怖るゝときは他物も誤りて、怪しきものと見ゆるなり。

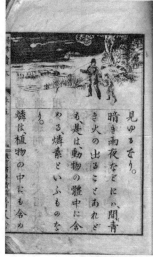

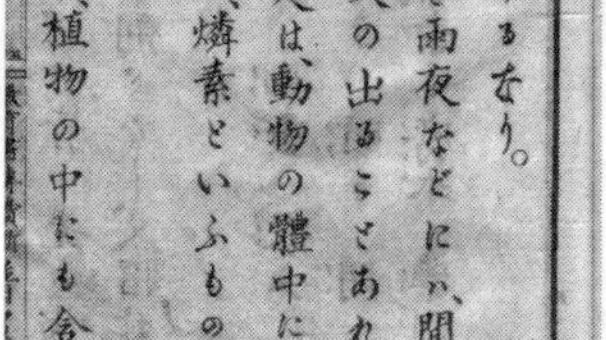

暗き雨夜などには、間青き火の出ることあれども、是は、動物の體中に含める、燐素といふものなり。

燐は、植物の中にも含めるものにて、腐木などの青く光るは、即此の燐なり、燐は、藥劑となし、又摺付木を造るにも用ふ。

途　怖し　怪物　幽靈　疑ふ　全く　誤り　怪しき　暗き　間　青き　含める　燐素　腐木　藥劑　摺付木

図14

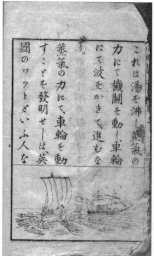

3・7　高等小学読本六　辻敬之、西村正三郎合著

読本に関連するものとして　高等小学読本六　も青戸家蔵書の中に残っていた。これも一から六以上多くのものがあったことを物語っている。

図15は表紙、表紙裏のコピーである。この表紙裏を見ると小学校教科用書　高等小学読本が正式名であり、文部省編輯局によるものであることが分かる。

図16に目録、続いて図17に最初の第一課　家僕の忠愛　を例として記載しておく。面白いことにこの高等小学校読本は漢字混じりカタカナ文である。

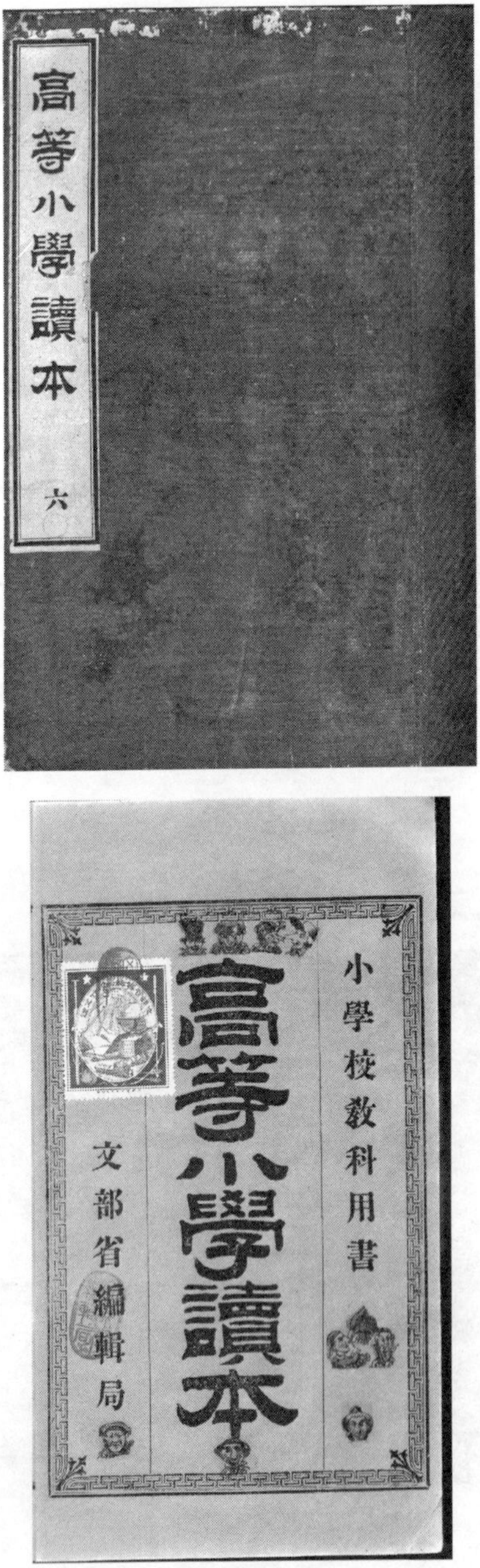

図15

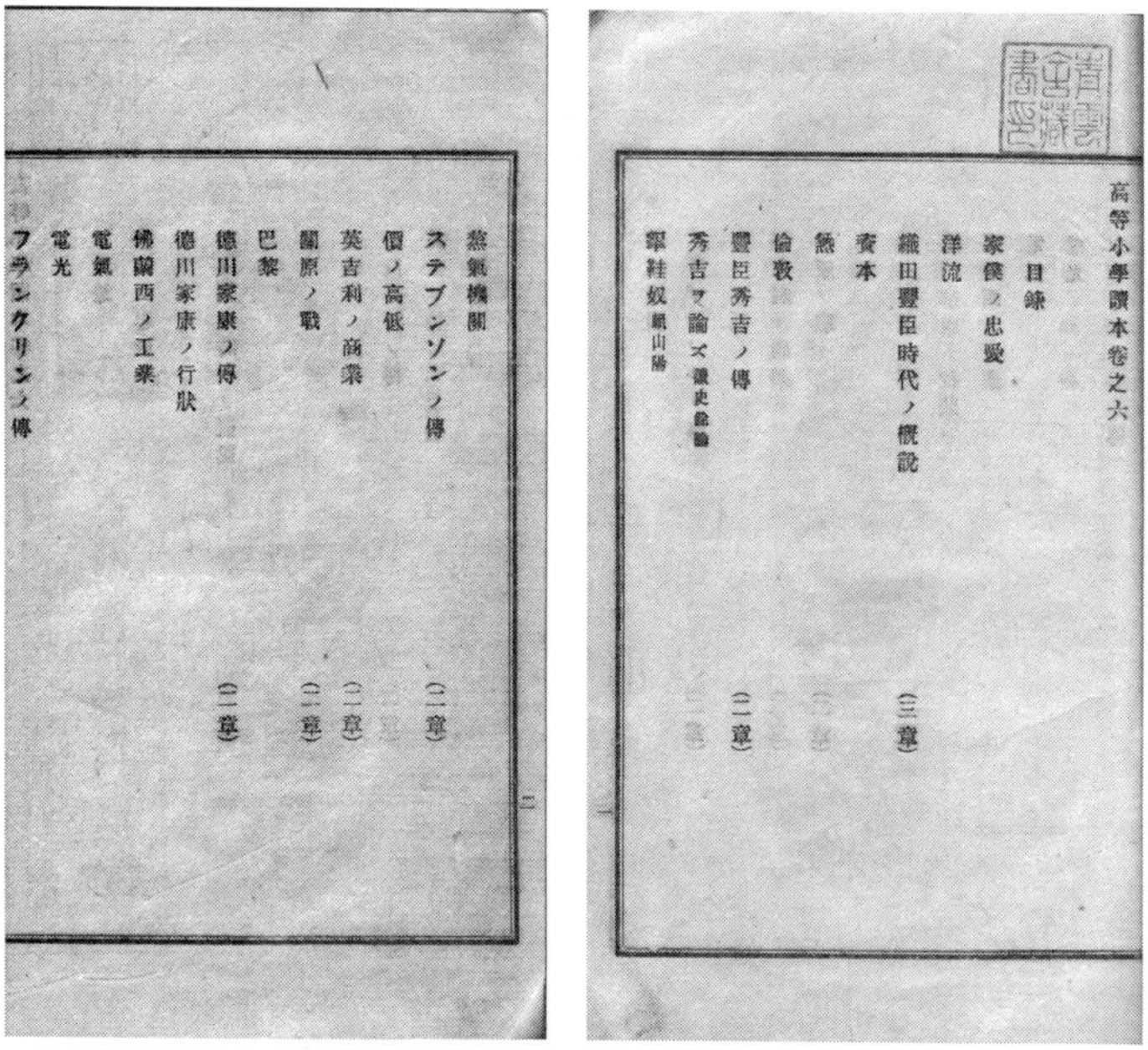
高等小學讀本卷之六

目錄

図16

高等小學讀本卷之六

第一課　家僕ノ忠愛

寒キ冬ノ日ニ、露西亞ヲ旅行スル人アリテ、四匹立ノ橇ニテ、打チ出デタリ。同勢ハ主人ト家僕トノ外ニ、一人ノ同行者アリシガ、其行ク先キハ、雪深ク積リ、飢ニ凍エタル狼ノ群ヲ爲セルモ、夥シキ事ニテ、人畜ノ、是ガ爲ニ害セラレタルモ少カラズト、兼テ聞キ及ベリ。

サレド其同勢ハ、更ニ恐ルヽ氣色モナクテ、打チ連レ立チシガ、ヤガテ山道ニ差掛リシ頃ニハ、雪劇シク降リ來リ、寒風、枯木ノ枝ヲ搖カスサヘ、殊ニ物スゴシ。暫クシテ、狼ノ遠吠スルヲ聞キシガ、其聲次第ニ近クナリ、其足音サヘ、聞ユル程ニゾナリニケル。

家僕ハ、其橇ノ御者ナリシガ、狼ノ聲ヲ聞クヤ否ヤ、一鞭アテ、急ギ

シニ狼ハ猶モ橇ヲ目掛ケテ、追ヒ來リケレバ、今ハカナハジト思ヒ、一頭ノ馬ヲ放チ遣リ、狼ノ餌食トナシタリ。是ニテ狼ハ最早追ヒ來ルマジトテ急ギテ馳セ去リシガ、再ビ狼ノ遠吠ヲ聞キケレバ、狼ハ尚飽キ足ラデ、追ヒ來ルナラント思ヒ、又々一頭ノ馬ヲ放チタリ。

三度メニ又狼ノ恐ロシキ聲聞エケレバ、今ハ如何ニセン

涙ニ咽ビケリ。

斯クテアルベキ事ナラネバ、急ギ二人ハ吾家ニ歸リテ其家僕ノ葬式ヲモ丁寧ニ執リ行ヒ、石碑ヲ建テ、事ノ荒マシヲ述べ、其下ニ凡ソ人ハ、友侶ノ爲ニ己ノ身ヲ棄ツルヨリ、大ナル忠愛ナカル可シト記シテ、此忠僕ガ美名ヲ永ク後世ニ傳ヘシトゾ。

第二課　洋流

洋流ハ、大洋中ニ於ケル、一種ノ流動ニシテ、恰モ血液ノ、人身ヲ循環スルニ異ナラズ、此洋流ハ、沿岸諸地方ノ氣候ヲ調和シ、且航海ノ爲ニ、便利ヲ與フルコトモ、亦甚ダ多シ。

凡ソ大洋ノ水其重量ノ平均ヲ失ヒ、是ガ爲ニ流動ヲ起スノ原因ハ、地球ヲ照ラス所ノ太陽ノ熱、各地相同ジカラザルヲ以テ、主要ナル

図17

3・8　小学校用島根縣地誌　坪井仙次郎校閲、渡部寛一郎編輯

図18に表紙、表紙裏、奥付を示す。

表紙裏を見ると　坪井仙次郎校閲、渡部寛一郎篇輯　積慶堂蔵版となっており、奥付を見ると発行者兼印刷者川岡清助となっており松江市の人である。と云うことはこれは島根県で作られた島根県の小学校生徒向けの教科書と云うことになる。

中には島根県の位置、出雲、石見、隠岐の各郡など地域の詳細、山、川などさらに各地の産物などについて詳細が記述されており、さながら簡易な明治版島根県風土記と云う感がする。明治二十三年に書かれており、当時の地名、町村合併が勿論進んでいない時代の地名がよく分かる。筆者の生まれた村は湯町として明記されており、当時はまだ意宇郡であったようである。尚、この書にはないが湯町と云う地名より以前は林、湯町、布志名の三つの地域があり、これが合併して湯町村となったと聞いている。また現在の玉湯村、最近では玉湯町なる名称は玉造村と湯町村が合併した結果生まれたものである。

膨大な情報が記されているが、興味深いページを取り上げてそのコピーを図19に記す。

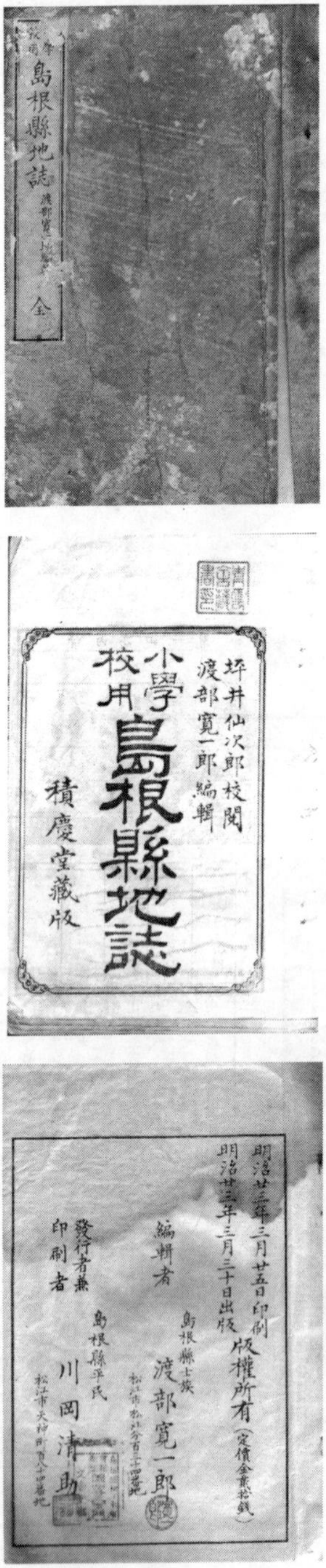

図18

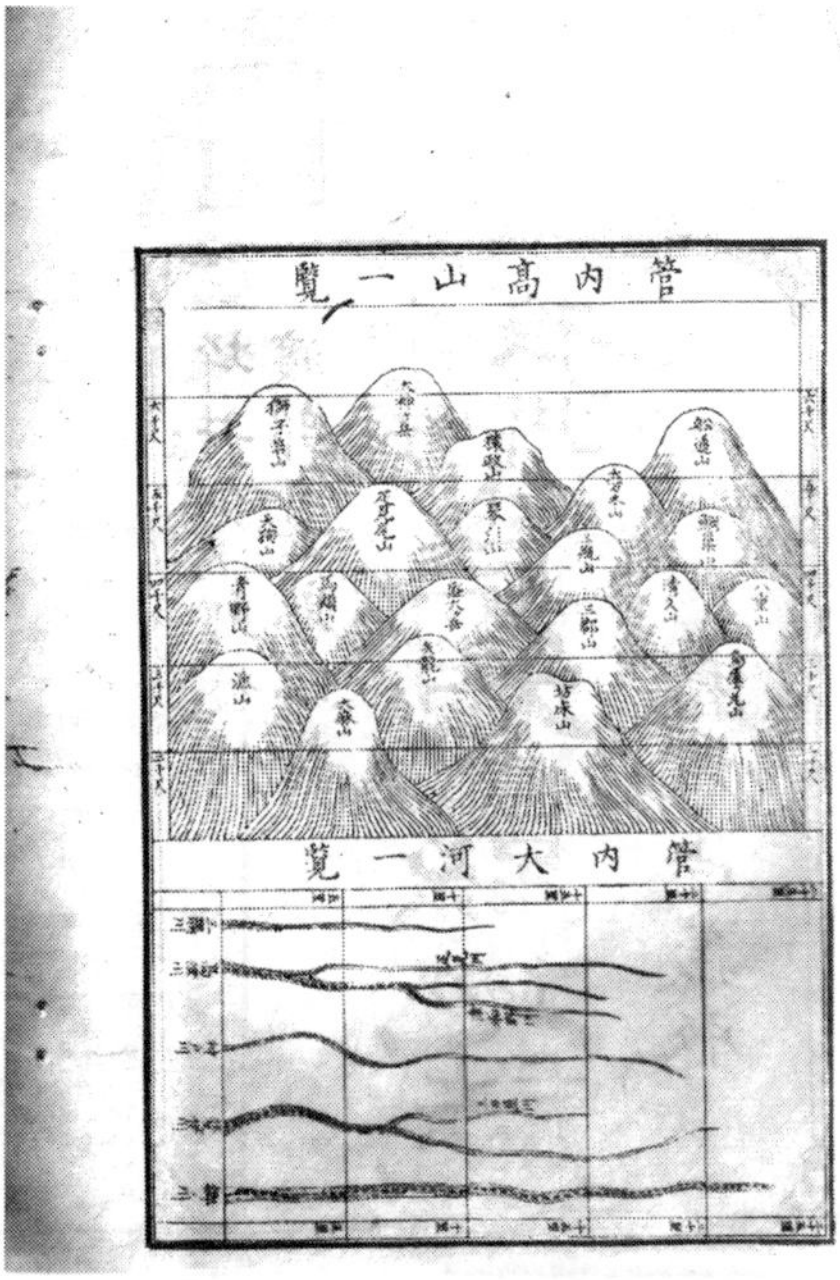

小學校用 島根縣地誌。

坪井仙次郎校閲。 渡部寛一郎編輯。

島根縣。

一、位置。島根縣ハ山陰道ノ西部ニ位シ、出雲、石見、隱岐ノ三國ヲ占ム。

二、縣廳。島根縣廳ハ出雲ノ國松江ニアリ。

三、分劃。縣地ノ分劃左ノ如シ。

一、出雲ノ國。

島根郡。 秋鹿郡。

意宇郡。 能義郡。

仁多郡。 大原郡。

飯石郡。 神門郡。

出雲郡。 楯縫郡。

二、石見ノ國。

安濃郡。 邇摩郡。

邑智郡。 那賀郡。

美濃郡。 鹿足郡。

三、隱岐ノ國。

周吉郡。 穏地郡。

海士郡。 知夫郡。

図19-1

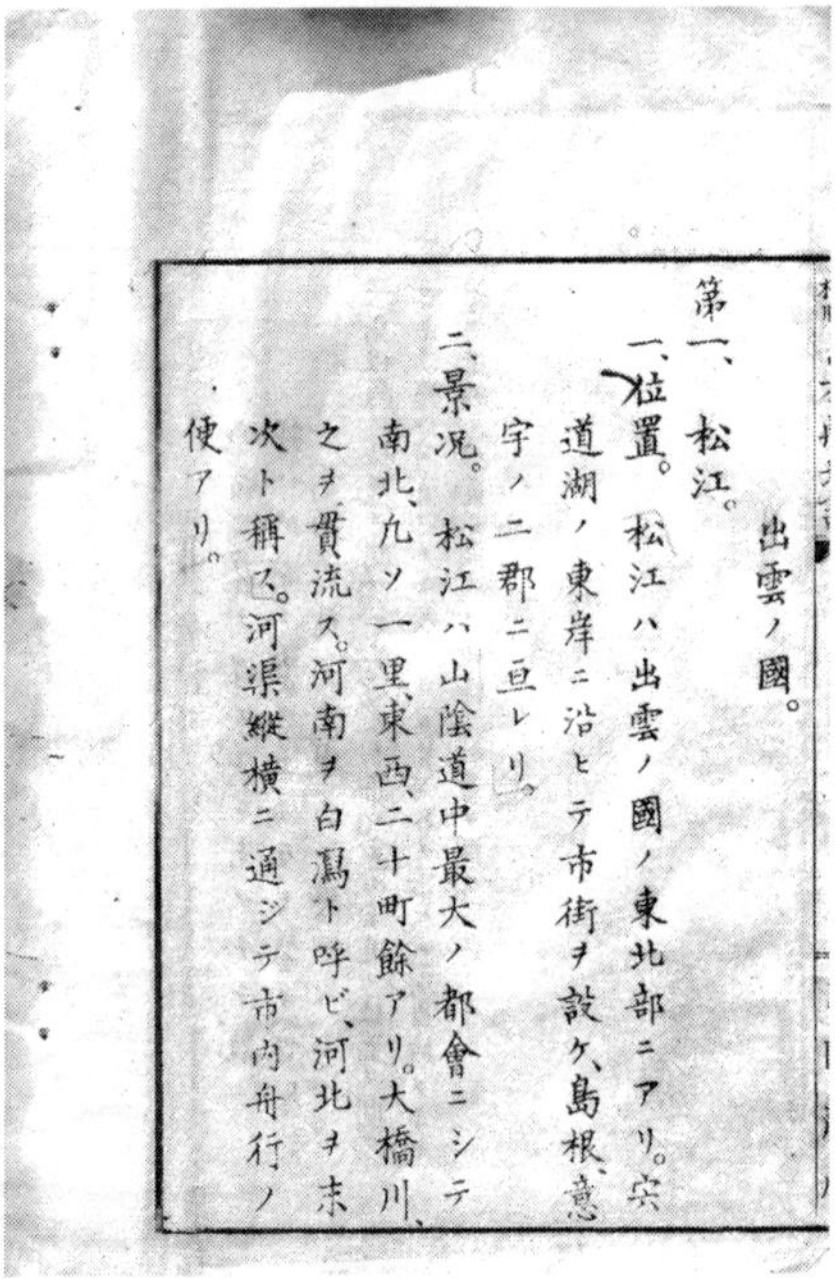

出雲ノ國。

第一、松江。

一、位置。松江ハ出雲ノ國ノ東北部ニアリ。宍道湖ノ東岸ニ沿ヒテ市街ヲ設ケ、島根、意宇ノ二郡ニ亘レリ。

二、景况。松江ハ山陰道中最大ノ都會ニシテ南北、凡ソ一里、東西、二十町餘アリ。大橋川、之ヲ貫流ス。河南ヲ白潟ト呼ビ、河北ヲ末次ト稱ス。河渠縱横ニ通ジテ市内舟行ノ便アリ。

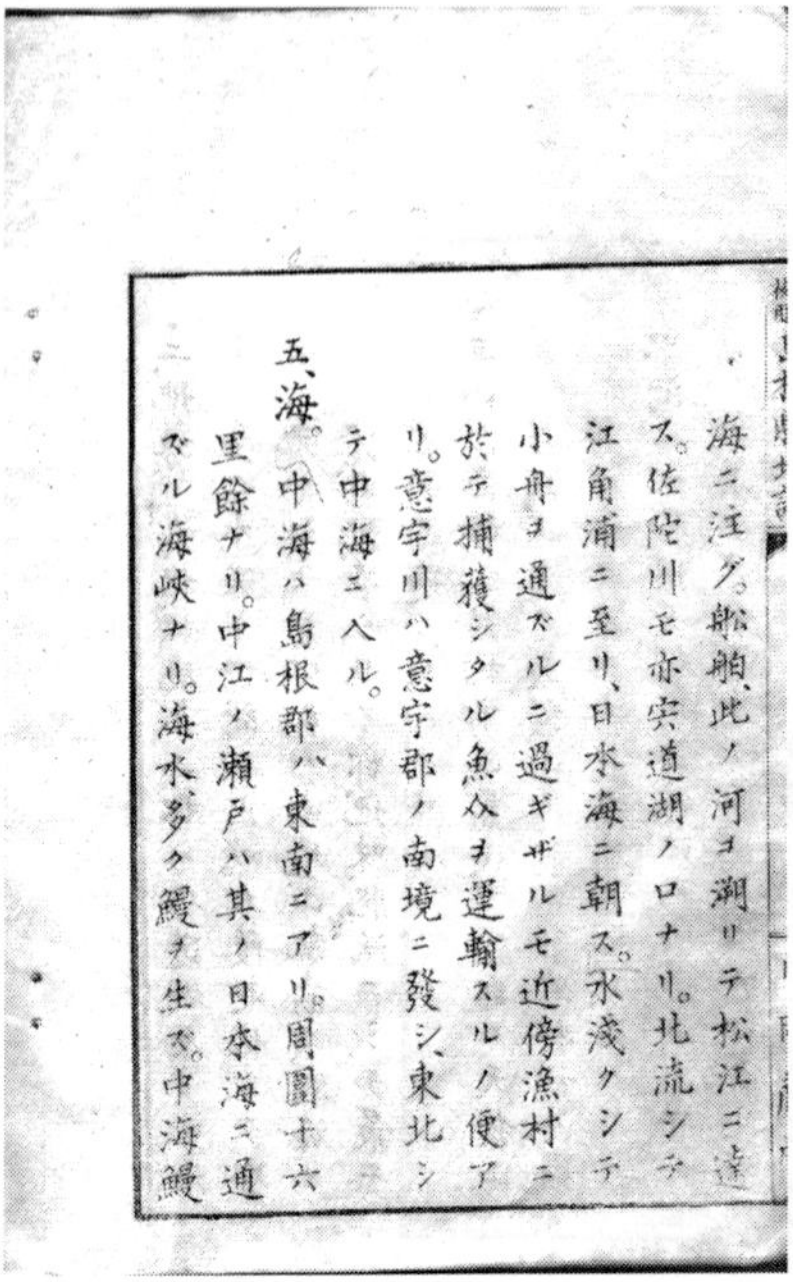

海ニ注グ。船舶、此ノ河ヲ溯リテ松江ニ達ス。佐陀川モ亦宍道湖ノ口ナリ。北流シテ江角浦ニ至リ、日本海ニ朝ス。水淺クシテ小舟ヲ通ズルニ過ギザルモ近傍漁村ニ於テ捕獲シタル魚介ヲ運輸スルノ便アリ。意宇川ハ意宇郡ノ南境ニ發シ、東北シテ中海ニ入ル。

五、海。中海ハ島根郡ハ東南ニアリ。周圍十六里餘ナリ。中江ノ瀬戸ハ其ノ日本海ニ通ズル海峡ナリ。海水、多ク鰻ヲ生ズ。中海鰻

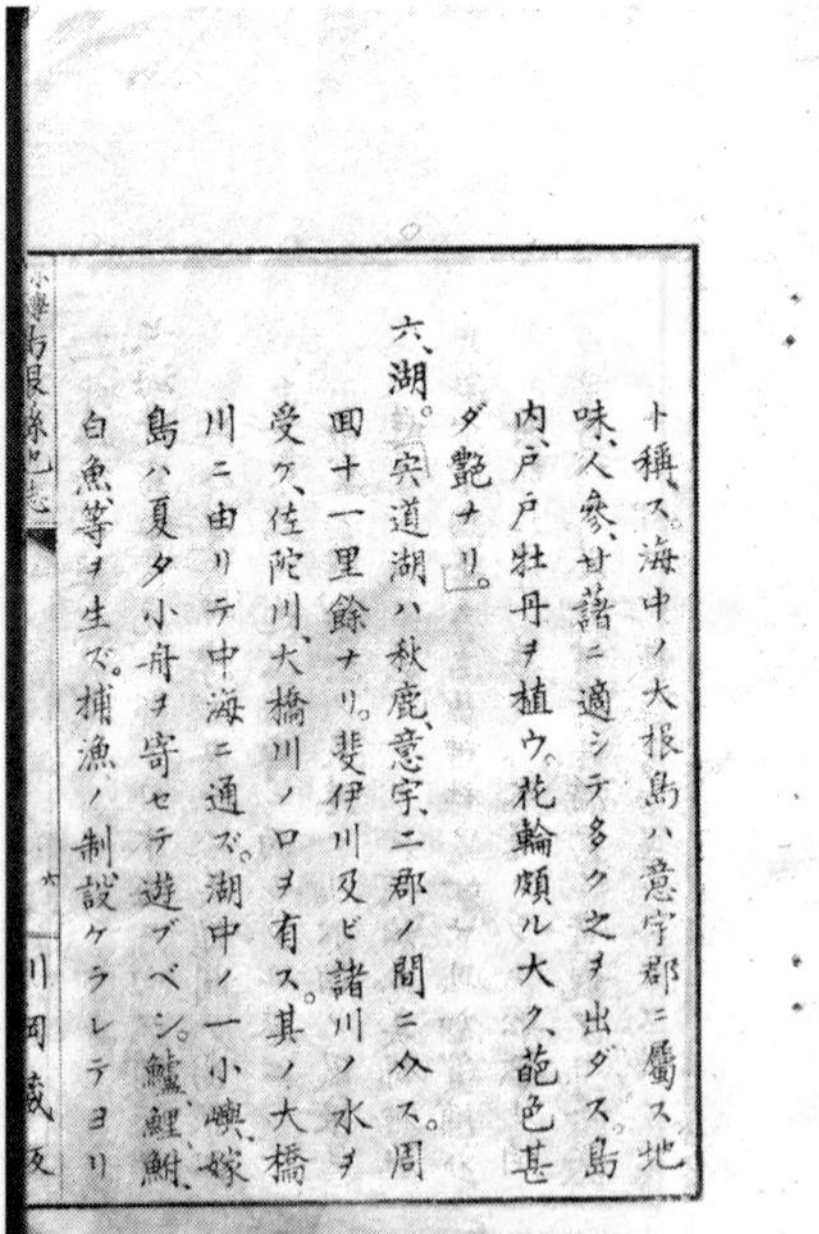

ト稱ス。海中ノ大根島ハ意宇郡ニ屬ス地味、人參、甘藷ニ適シテ多ク之ヲ出ダス。島内、戸戸牡丹ヲ植ウ。花輪頗ル大ク、葩色甚ダ艶ナリ。

六、湖。宍道湖ハ秋鹿、意宇二郡ノ間ニ介ス。周囲十一里餘ナリ。斐伊川及ビ諸川ノ水ヲ受ケ、佐陀川、大橋川ノ口ヲ有ス。其ノ大橋川ニ由リテ中海ニ通ズ。湖中ノ一小嶼、嫁島ハ夏夕小舟ヲ寄セテ遊ブベシ。鱸、鯉、鮒、白魚等ヲ生ズ。捕漁ノ制設ケラレテヨリ

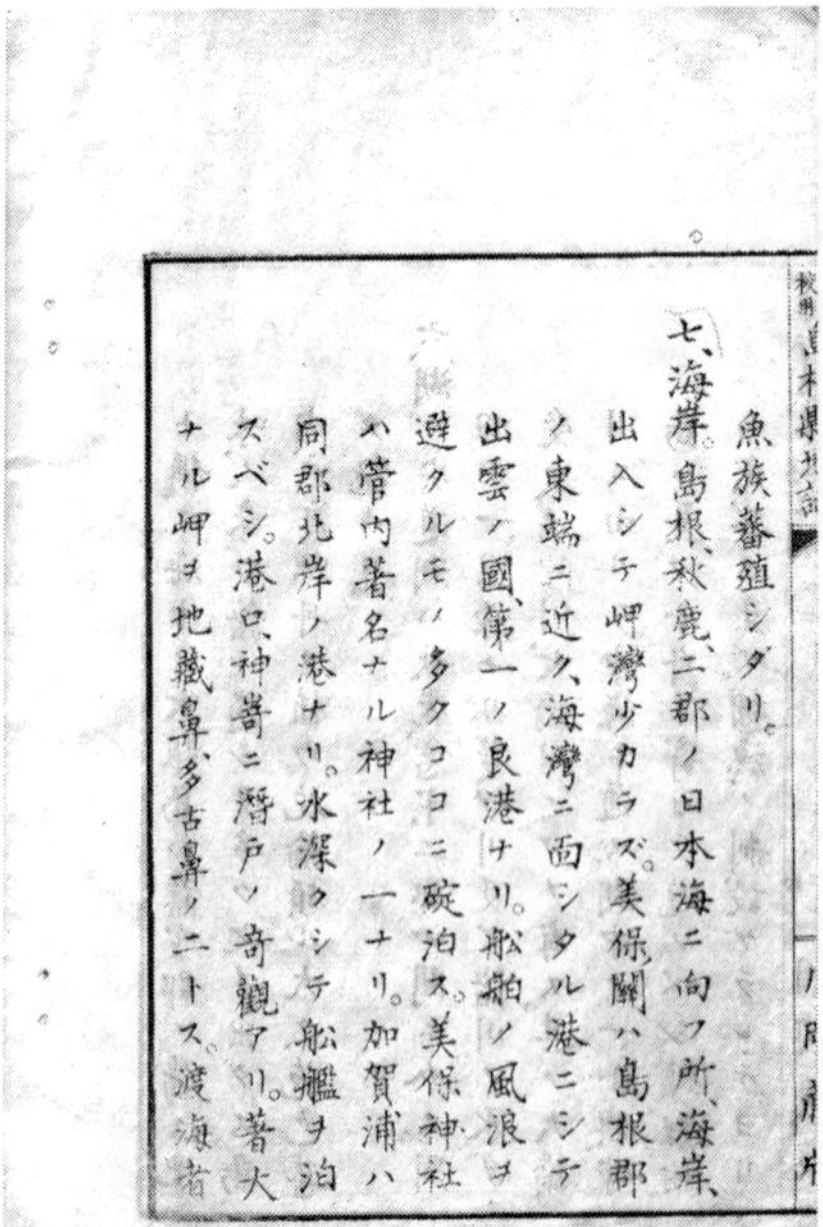

魚族蕃殖シタリ。

七、海岸。島根、秋鹿二郡ノ日本海ニ向フ所、海岸、出入シテ岬灣少カラズ。美保關ハ島根郡ノ東端ニ近ク、海灣ニ面シタル港ニシテ出雲ノ國、第一ノ良港ナリ。船舶ノ風浪ヲ避クルモノ多クココニ碇泊ス。美保神社ハ管内著名ナル神社ノ一ナリ。加賀浦ハ同郡北岸ノ港ナリ。水深クシテ船艦ヲ泊スベシ。港口、神嵜ニ潛戸ノ奇觀アリ。著大ナル岬ヲ地藏鼻、多古鼻ノ二トス。渡海者

図19-2

ノ目標トスル所ナリ。

八、都邑。美保關、宍道村、楫屋村ハ著名ノ村落ナリ。

九、温泉。意宇郡玉造村ニ温泉アリ。松江ニ近ク且道路平坦ニシテ往來便ナルヲ以テ市人常ニ來浴ス。

十、生業。乢部、沿海ノ民ハ漁業ヲ營ミ、内地ノ民ハ耕作ヲカム。獲ル所ノ魚ハ之ヲ松江ニ輸シテ販賣ス。

十一、物產。米、繭、鰤、鯛、烏賊、人參、疊表、生蠟ヲ首要

七、生業。沿海ノ民ハ漁業ヲ營ミ、内地ノ民ハ礦業、耕作ヲ勤ム。

八、物產。鐵、繭、鑄物、木綿、生蠟ヲ產ス。

第五、仁多郡。大原郡。

一、位置。意宇、能義二郡ノ西南ニ在リテ伯耆、備後ノ二國ト境ヲ交ユ。

二、地勢。土地、高峻ニシテ山脈、縱橫シ、耕地、極メテ少ナシ。

三、山。船通山、阿圖馬山、猿政山、鯛巢山、姬ヶ九山、清久山、諸所ニ聳起ス。船通山ハ出雲ノ

松江ヨリ隠岐國間航海（航海便毎月十二回以上）

港名／種目	乗客賃金 上等	乗客賃金 中等	乗客賃金 下等	米俵一付	鰯一付	白砂糖一挺	一斗樽一付	打綿入一ツ	雑貨一付	海上距離
隠岐 知夫里	五十戋	四十戋	二十戋	三戋五厘	十一戋	七戋	四戋	四戋	一戋七厘	三十六浬
仝 浦郷	五十戋	四十戋	二十戋	三戋五厘	十一戋	七戋	四戋	四戋	一戋七厘	四十浬五
仝 菱	五十戋	四十戋	二十戋	三戋五厘	十一戋	七戋	四戋	四戋	一戋七厘	四十六浬五
仝 西郷	五十戋	四十戋	二十戋	四戋	十二戋	七戋	四戋五厘	四戋	一戋七厘	六十浬

著名礦泉

地名	攝氏温度	泉質	主治
意宇郡玉造温泉	六十五度	硫黄泉	慢性僂麻質斯・痛風・黴毒・腺病・痲痺・神經痛・慢性咽喉加荅兒・慢性氣管支加荅兒・下腹充血・婦人生殖器・慢性諸炎・月經不調・痔疾・諸種皮膚病
仁多郡湯村温泉	四十二度	含鹽硫黄泉	
大原郡中湯石温泉	二十八度	仝	
飯石郡頓原令泉	十度五十分	炭酸泉	慢性咽喉加荅兒・慢性氣管支加荅兒・慢性肺炎・肝臓充血・泌尿器加荅兒・腎臓結石・婦人生殖器加荅兒・月經閉止・痛風・肋膜炎腹膜炎后ノ滲出物・慢性腸胃加荅兒
邇摩郡温泉津温泉	四十六度廿五分	含鹽炭酸泉	
安濃郡小屋原温泉	三十九度十六分	炭酸泉	
仝 郡志學温泉	四十二度五十分	仝	

図19-3

また、かなりの資料が表、図をまじえて詳しく載っており、特に図20に示す最後の県下重要物産各郡一覧が面白い。

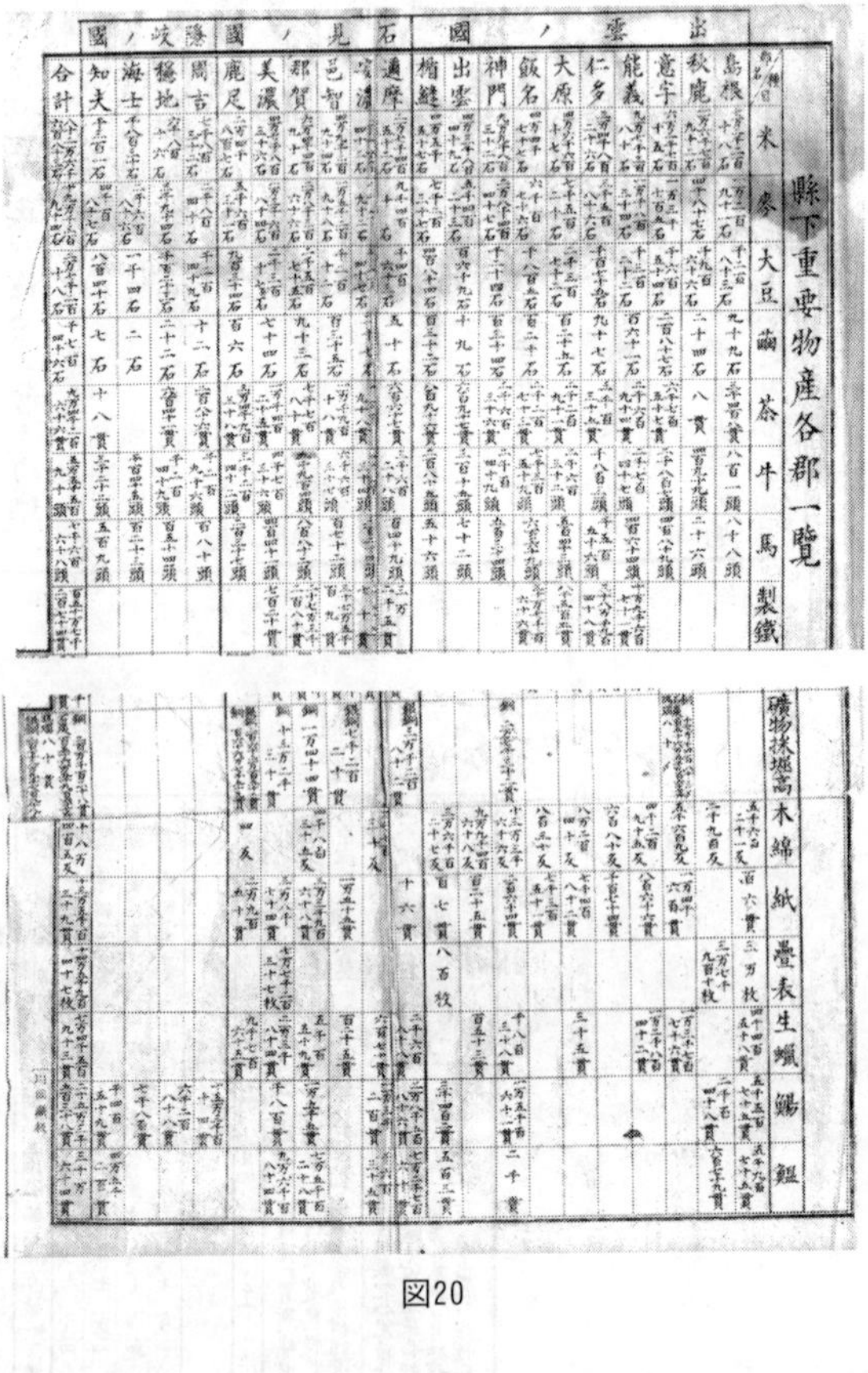

図20

勿論米が筆頭に上げられているが、続いて麦、大豆、繭、茶、牛、馬、製鉄、鉱物採掘高、木綿、紙、畳表、生蝋、錫、鰮などが郡別に挙げられている。いずれも非常に興味深いが気の付くところのみ一部を挙げてみる。

島根郡から立縫郡までの出雲地域でのお米の生産高は約58万石くらいである。江戸時代と明治では大分生産量が増えた可能性は勿論あるが、新たな開墾などもあるだろうけれど、どう見ても江戸時代松江藩18万石と云うのは小さすぎると思われる。表向き少量としていたのかもしれない。島根全体で82万石である。麦の生産量が島根全体で19万石である。現在はほとんどなくなったが、当時はお米の裏作で麦が生産されていたことが分かる。

続いて、繭、茶の生産量が記載されている。茶は平成の現在も規模は縮小されているが生産が続いている。しかし、繭の生産はほとんど行われていない。繭は桑の葉を食べた蚕が作り、その仕事に携わる人が養蚕業と云われていて、筆者が子供の頃である昭和20年代までは村の結構多くの家で行われていた。それに応じて近くの畑にはたくさんの桑の木が植えられており、子供達は紫色に熟れた桑の実を食べたものである。結構美味であった。そんな関係もあるのであろう、島根には錦織とか、その由来に関係している可能性がある秦と云う名字が結構今でもあるのである。平成の現在では桑は養蚕のためと云うより、機能性食品とくに桑の葉から作った桑茶が糖尿病などに有効であると云われていることから全く目的を異にしてあらためて生産されている。

牛、馬が農耕用に多数使われていることが分かるが、現在は牛はほとんど使われることなく、むしろ食用となっている。また、馬も農耕用に盛んに活用されていることも分かる。筆者の父が子供の頃にもまだ農耕馬が結構いたと云っていたし、各村に大抵競馬場跡と云うのがあったが、父によるとこれはもともと競走馬ではなく、農耕馬を農繁期に競争させて楽しんだことによると云うことであった。

また、生蝋がある。筆者が子供の頃は例えば桜並木で美しい玉湯川の堤防にはまだ櫨の木がたくさんあったが、これは生蝋をとるためのものだったとやはり父から聞いていたことと一致する。木綿、紙、畳表なども大きな産業であったことが分かる。

水産業関係としては代表的なものとして鯣と鰮があげられている。鯣はウナギとかスルメを意味するが、ここでは恐らくスルメか干物類ではないだろうか。鰮はイワシである。現在はイワシは鰯と書くことが多いが、これはイワシが弱い魚だからと云うことで日本で作られた漢字、和製漢字と云える。

また、当時は海運が盛んに利用されており、同書にはたとえば松江より東京、横浜、大阪、神戸などの方面、或いは敦賀、新潟、酒田、函館、小樽など北海地方への船賃が記載されている。

以上、島根県の地誌が詳細に説明されているが、勿論小学校教育の中で日本国内全域にわたって、さらに世界全体の地誌が教えられている。

その一つとして青戸家蔵書の中に次の教科書が見いだされた。

3・9　小学校用地誌　第四　辻敬之、岡村増太郎編輯　普及舎

小学校用地誌が普及舎から発行されている。青戸家に残っていたのはそのシリーズの第四であり、表紙と後付けは図21の通りである。

まず第一ページは図22に示すようにアフリカから始まっており、現在でも重要な国名が主としてあるが、現在頻繁に語られることの少ない国名もある。

また、図23に示すように最後のページには日本条約国一覧が載せられており、国名、面積、人口、国体、政治、首府、首府の人口が記載されている。

ロシアが帝国であり、首府がペートルスブルグ。朝鮮が王国、首府が漢城。国名が布哇とあるのは帝国で首府がホノルルとなっているので現在のハワイのことのようである。ともかくこの教科書が使われた時代から百数十年で国名、国体などが現在と大きく異なっているのが非常に興味深い。

機会を見て小学校用地誌　第一～四、もしそれ以上もあれば全て一度目を通してみたいと思っている。

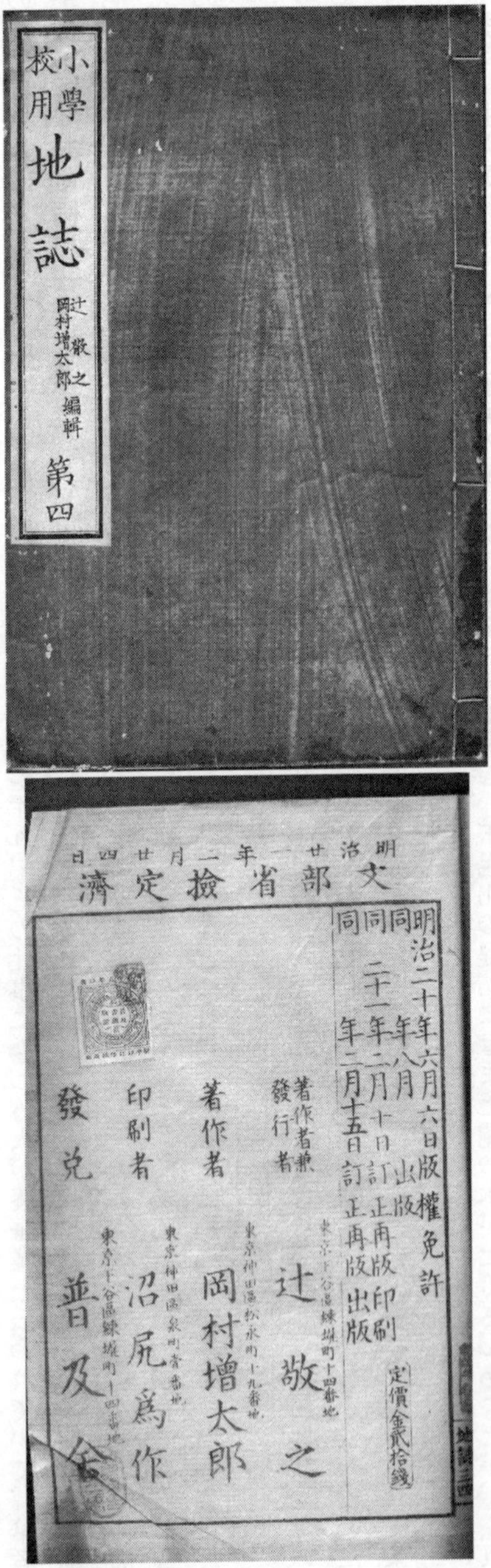

図21

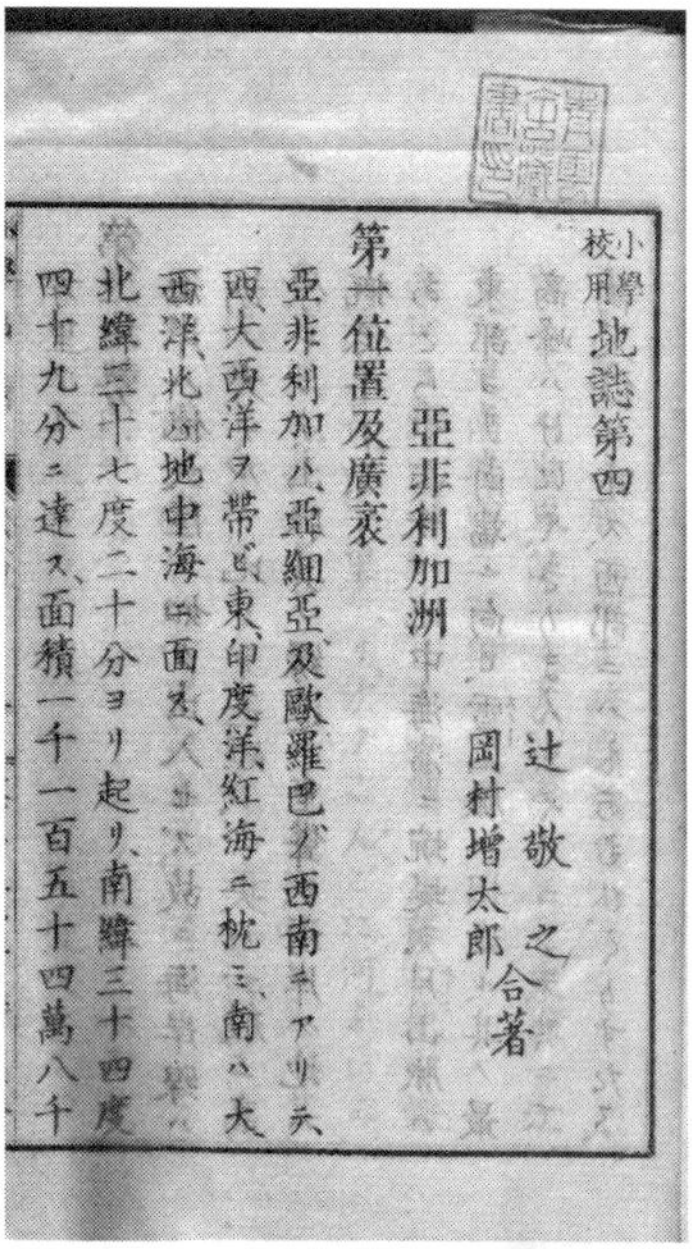

小學校用地誌第四　辻敬之 岡村増太郎 合著

亞非利加洲

第一 位置及廣袤

亞非利加ハ亞細亞及歐羅巴ノ西南ニアリテ、西ハ大西洋ヲ帯ビ、東ハ印度洋紅海ニ枕ミ、南ハ大西洋、北ハ地中海ニ面ス。北緯三十七度二十分ヨリ起リ、南緯三十四度四十九分ニ達ス。面積一千一百五十四萬八千

図22

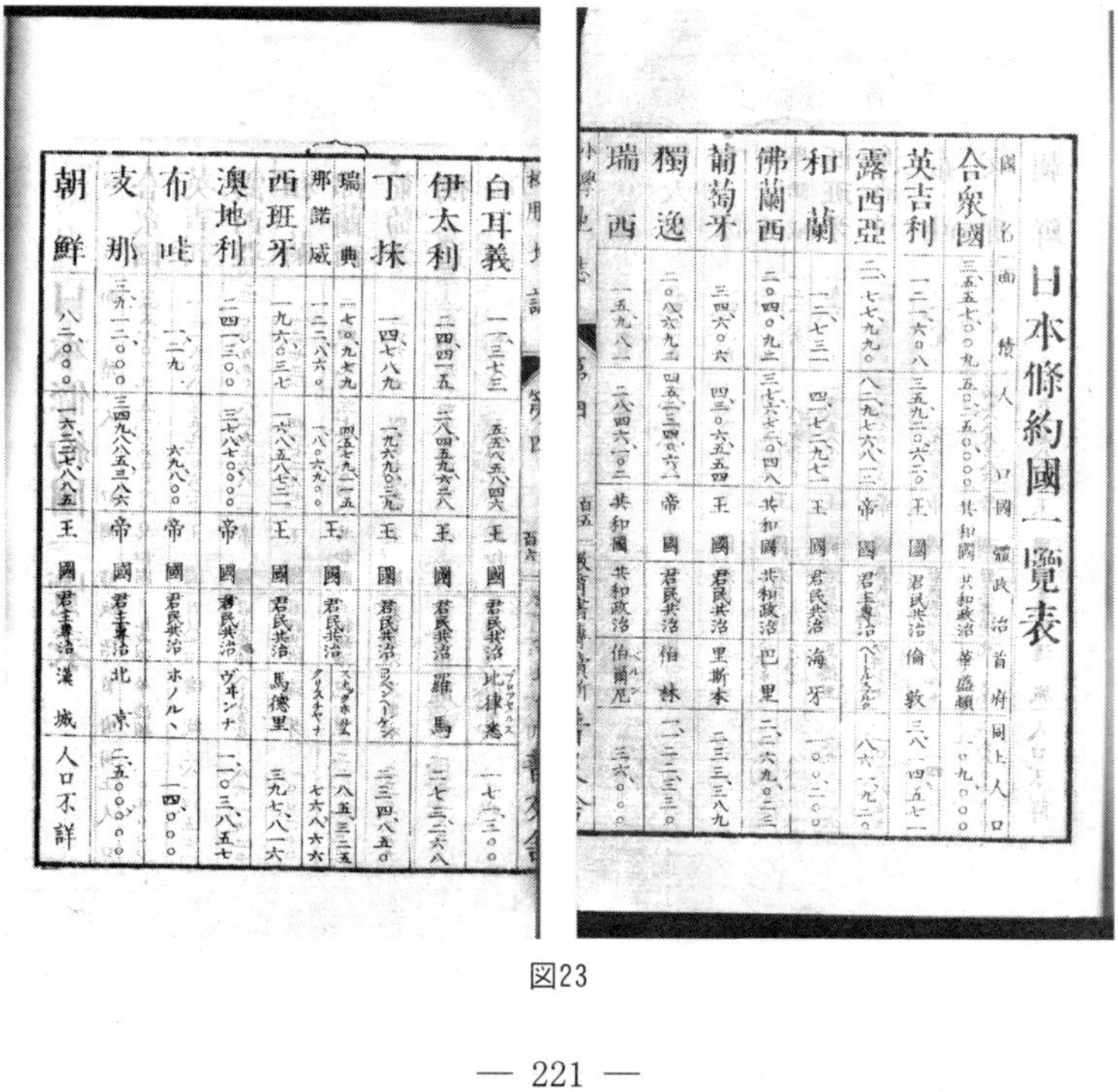

日本條約國一覽表

國名	面積	人口	國體	政治	首府	同上人口
合衆國	三、五五七、〇〇九	五〇、一五五、〇〇〇	共和國	共和政治	華盛頓	一〇九、〇〇〇
英吉利	一二一、六〇八	三五、九二〇、六二〇	王國	君民共治	倫敦	三、八一四、五七一
露西亞	二、七七九、九九〇	八二、九七六、八〇三	帝國	君主專治	ペートルスブルグ	八六一、九二〇
和蘭	一二、七三一	四、一七二、九七二	王國	君民共治	海牙	一〇〇、二〇〇
佛蘭西	二〇四、〇九二	三七、六七二、〇四八	共和國	共和政治	巴里	二、二六九、〇二三
葡萄牙	三四、六〇六	四、三〇六、五五四	王國	君民共治	里斯本	二三三、三八九
獨逸	二〇八、六九二	四五、二三四、〇六一	帝國	君民共治	伯林	一、一二二、三三〇
瑞西	一五、九八一	二、八四六、一〇二	共和國	共和政治	伯爾尼《ベルン》	三六、〇〇〇
白耳義	一一、三七三	五、五八八、五八四	王國	君民共治	比律悉《ブリュッセルス》	一七一、三〇〇
伊太利	一一四、四一五	二八、四五九、六二八	王國	君民共治	羅馬	二七三、二六八
丁抹	一四、七八九	一、九六九、〇三九	王國	君民共治	コペンハーゲン	二三四、八五〇
瑞典	一七〇、九七九	四、五七九、一一五	王國	君民共治	ストックホルム	一八五、三二五
那諾威	一二二、八六〇	一、八〇六、九〇〇	王國	君民共治	クリスチャナ	七六、八六六
西班牙	一九六、〇三七	一六、八五八、七二二	王國	君民共治	馬德里	三九七、八一六
澳地利	二四一、三〇〇	三七、八七〇、〇〇〇	帝國	君民共治	ヴイヨンナ	一、一〇三、八五七
布哇	六、一二九	六九、八〇〇	帝國	君民共治	ホノルヽ	一四、〇〇〇
支那	三、九一二、〇〇〇	三四九、八八五、三八六	帝國	君主專治	北京	二、五〇〇、〇〇〇
朝鮮	八二、〇〇〇	一六、二二七、八八五	王國	君主專治	漢城	人口不詳

図23

3・10　青戸家所蔵その他の小学校用教科書

その他、青戸家蔵書には興味深い教科書がいくつも残っていた。多くのシリーズものとみられるものは全てが揃っているわけでなく、そのうちの幾つを見つけることができた。それを以下に紹介しておく。青戸家に代々所蔵されている多くの教科書のうちいくつかの表紙と奥付および関心のある面白い内容を少しだけ見てみる。

小学日本畫帖　明治二十六年文部省検定済みである。残っていたのはシリーズものの第十、第十一及び第十二である。図24はそれらの表紙である。これらには図25に例を示すように美しい、絵、デッサンが多数描かれている。

また帝国毛筆新画帖　東京美術学校長岡倉覚三賛助、東京美術学校教授川端玉章編画もある。残っていたのが後編第二巻及び第五巻であり、いずれも三省堂発行である。図26はその表紙であるが、中には図27に示すように稲に鎌、斧に楓、柳に蛙など非常に趣のある毛筆絵が描かれている。

また、てにをは　教科書も何冊か存在していた。いずれも帝国文科大学教授物集孝美著となっており、東京書肆　十一堂発行である。

図28は表紙、表紙裏、奥付である。

これを見ると図29の例のように日本語の言葉遣いが丁寧に説明されている。

小学習字本　が森小三郎編、巻菱潭書　版権免許聚成堂蔵として明治17年出版されている。図30は表紙、表紙裏、奥付である。

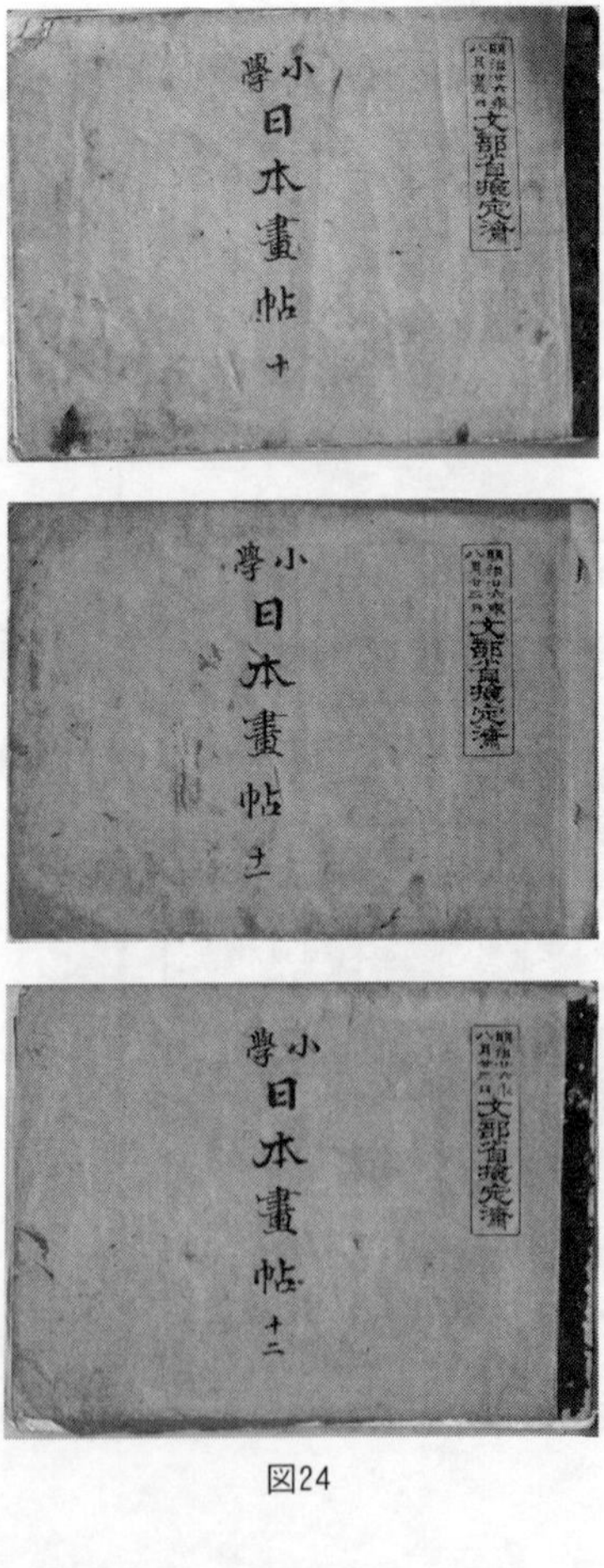

図24

図25

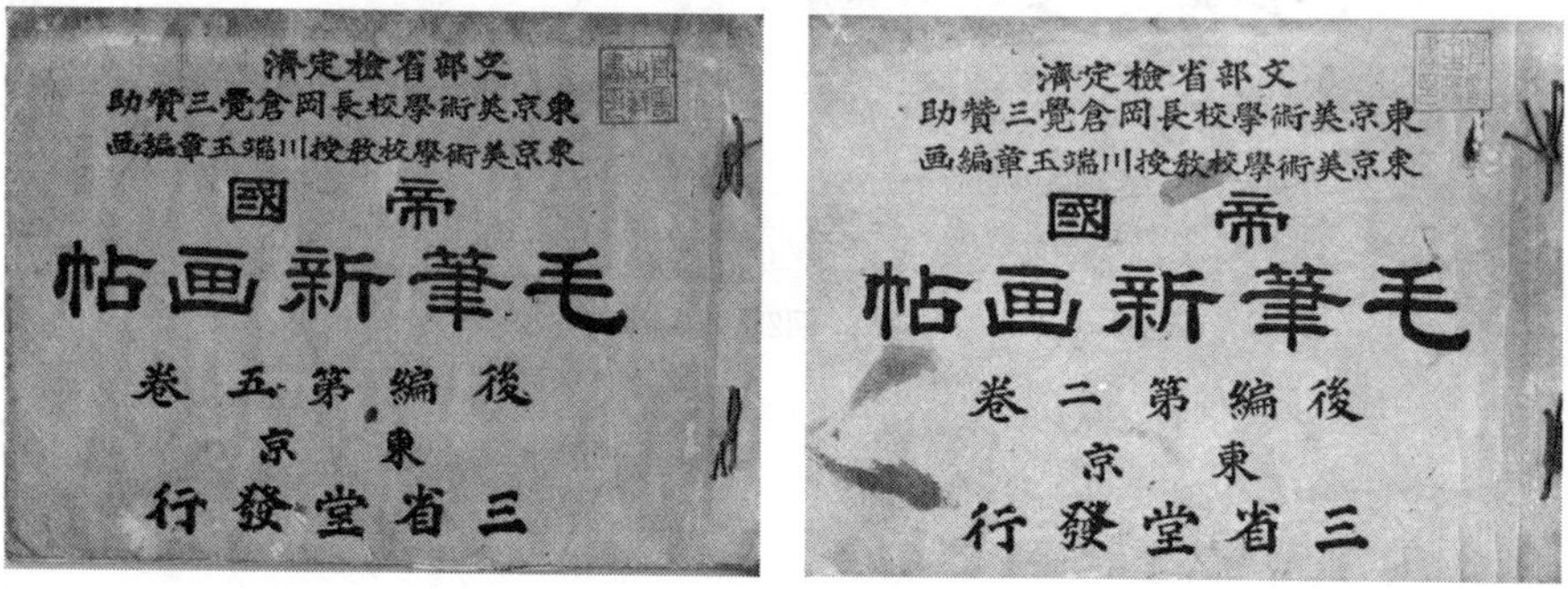

文部省檢定濟
東京美術學校長岡倉覺三賛助
東京美術學校教授川端玉章編画
帝國
毛筆新画帖
後編第五巻
東京
三省堂發行
文部省檢定濟
東京美術學校長岡倉覺三賛助
東京美術學校教授川端玉章編画
帝國
毛筆新画帖
後編第二巻
東京
三省堂發行

図26

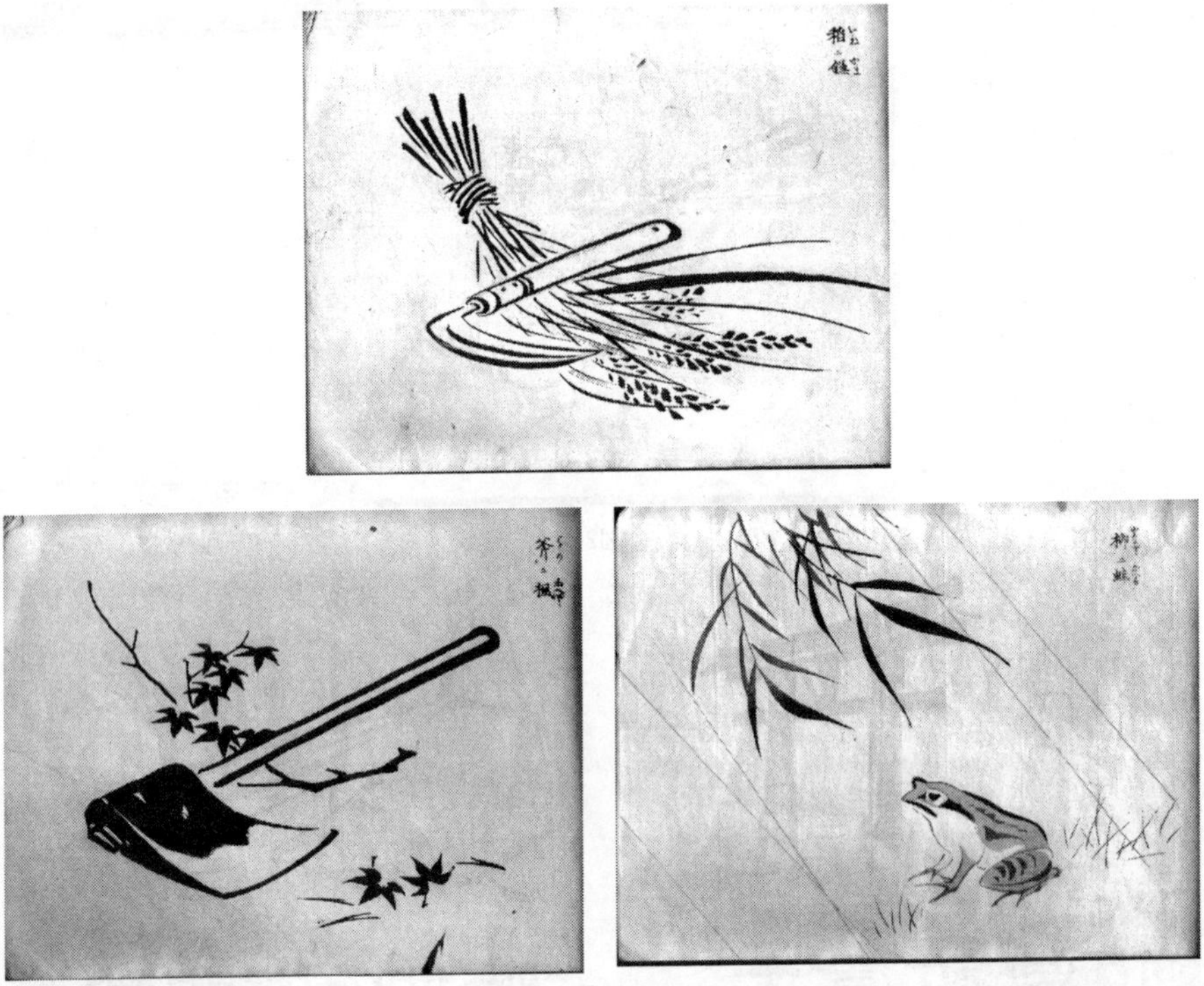

図27

帝國文科大學教授物集高見先生著

てにをは教科書 全

東京書肆 十一堂發兌

てにをは教科書

物集高見著 全

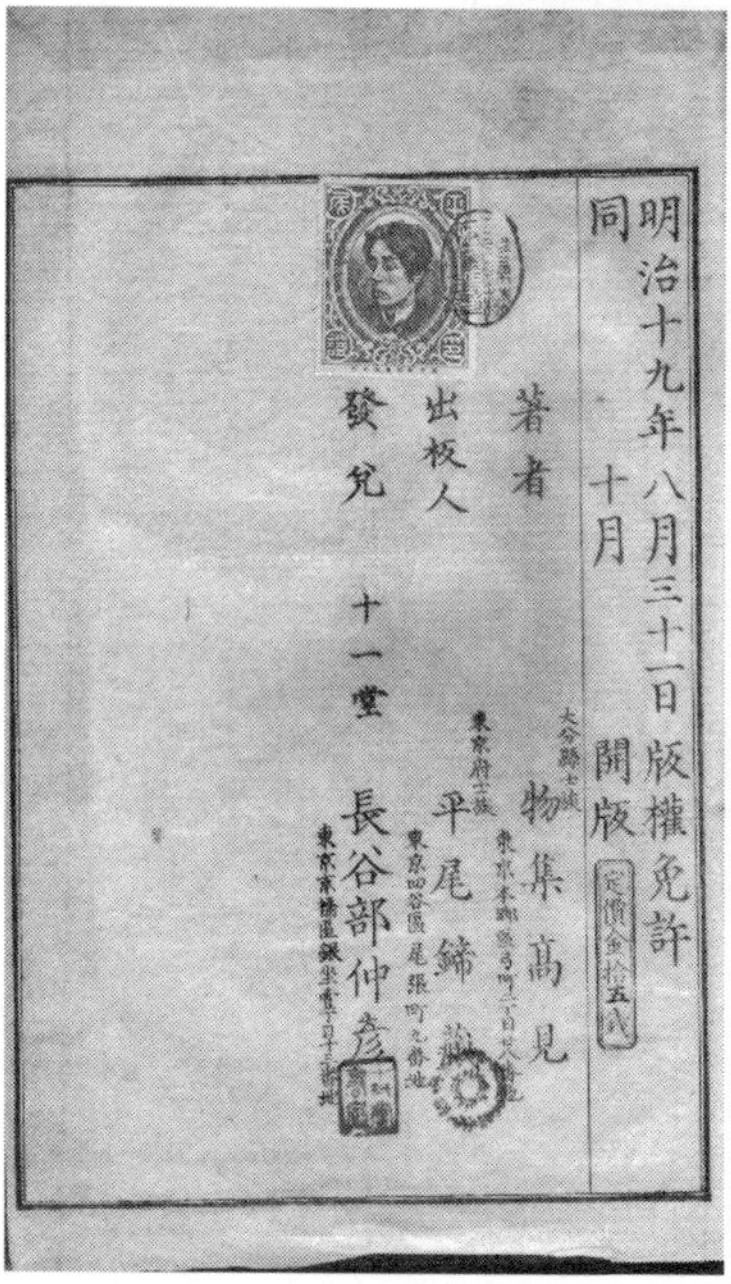
明治十九年八月三十一日版權免許

同 十月 開版

定價金拾五錢

著者 大分縣士族 物集高見

出板人 東京府士族 平尾鍗

發兌 十一堂 長谷部仲彦

図28

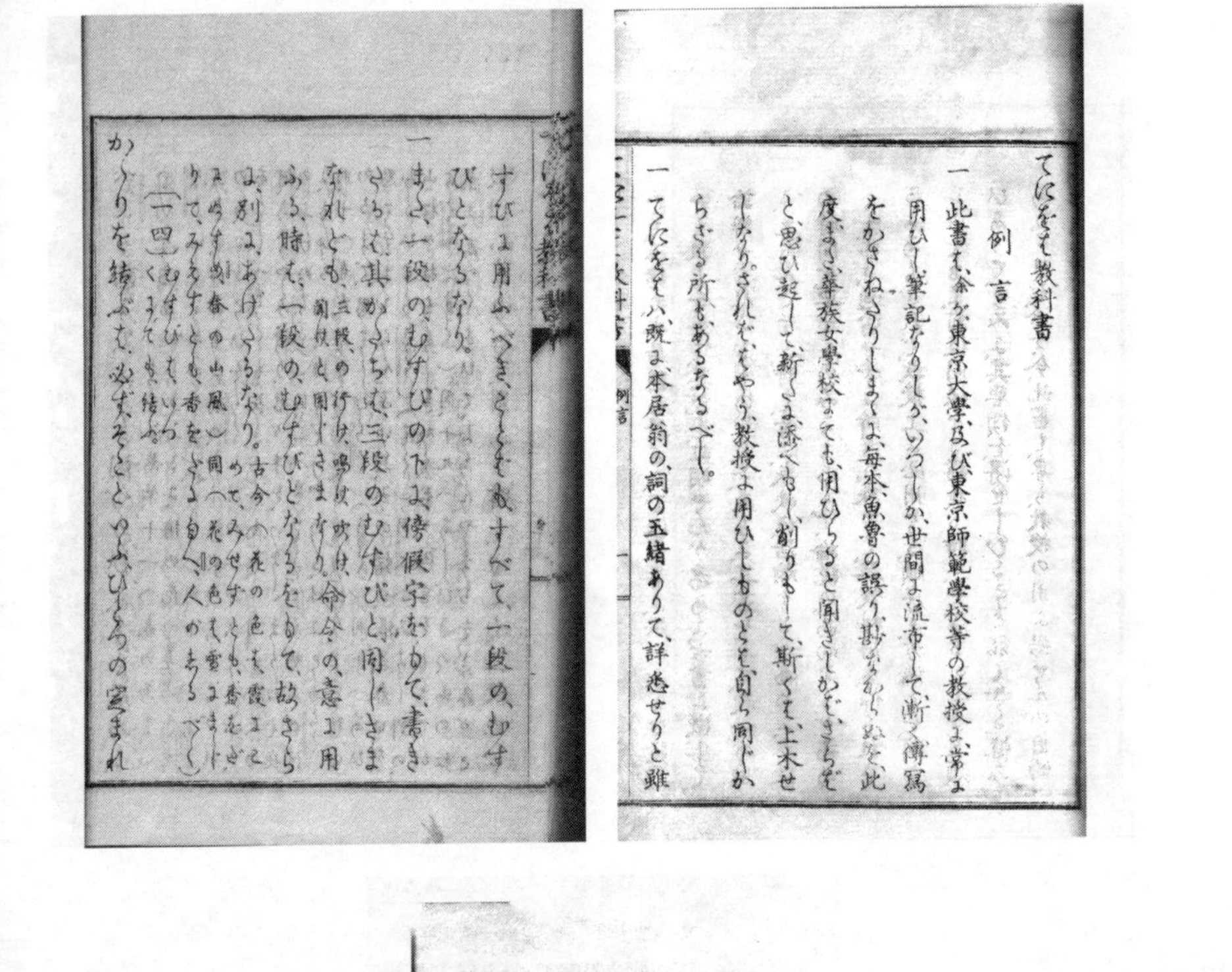

てにをは教科書

例言

一 此書は、余が東京大學及び東京師範學校等の教授に常に用ひし筆記なりしが、いつしか世間に流布して、漸く傳寫をかさねしうちには、毎本魚魯の誤り尠なからぬを、此度また華族女學校にても用ひらると聞きしかば、さらばと思ひ起して新たに添へもし、削りもして、斯くは上木せしなり。されどなほやう教授に用ひしものとは自ら同じからざる所もあるなるべし。

一 てにをはハ既に本居翁の詞の玉緒ありて、詳悉せりと雖

すびに用ふべきところをいふ、すべて、一段の、むすびとなるなり。

一 まへに、一段のむすびの下に傍假字をかきて、書きしは其むすびは三段のむすびと同じさまなれども、三段のけりけれけれ、命令の、意に用ふる時は、一段の、むすびとなるをもて、故さらに別にあげたるなり。古今の花の色は霞にこめてみせずとも香をだにぬすめ春の山風の同（花の色は雪にまじりてみえずとも香をだににほへ人のしるべく）

（一四）くさぐさに結ぶ

かかりを結ぶは、必ずそこといふひとつの定まれ

てにをは教科書

標目

（一）てにをは

（二）てにをはの、さだめ。

（三）断きし語續く語。

（四）かかりとなり、むすびとなる辞。

（五）なにといふ、かかり。

（六）ぞものがといふ、かかり。

（七）のがぞなん（なも）かやといふ、かかり。

（八）こそといふ、かかり。

（九）なにといふ、こころぞ。

（一〇）なにの下におく、かと、やとの、けぢめ。

（一一）かかりの、三つの定め。

（一二）三つのかかりを、結ぶべきこころぞ。

（一三）かかりと、むすびとの、表。

（一四）むすびは、いづくにても、結ぶ。

（一五）かかりの、一つの詞は、複さなりてかかる例。

（一六）かかりのいくつもあらそひたる例。

（一七）むすびとして、結ぶべきこころぞ。

（一八）むすびをうしなふ例。

（一九）結ばぬ、かかり。

（二〇）むすびを接續詞につづくる、もの。

（二一）言外に、餘情をふくめて、むすぶもの。

（二二）つねに結びに、かそれるもの。

（二三）二段三段の、むすびの意。

（二四）むすびのところを知る。

（二五）復習また、復習に用ふるもあるし。

（二六）試驗

図29

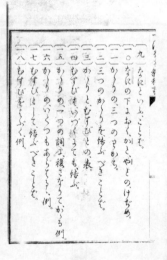

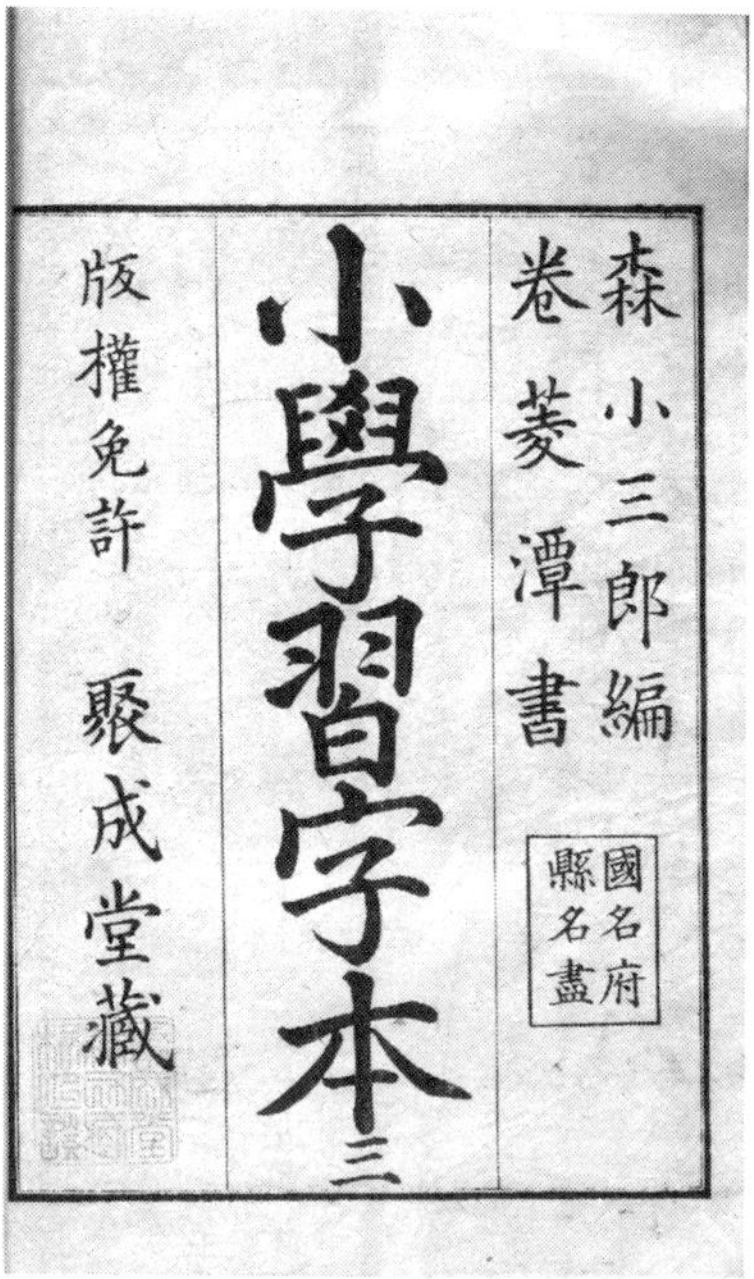

森小三郎編
巻菱潭書
小學習字本
國名府縣名畫
三
版權免許　聚成堂藏

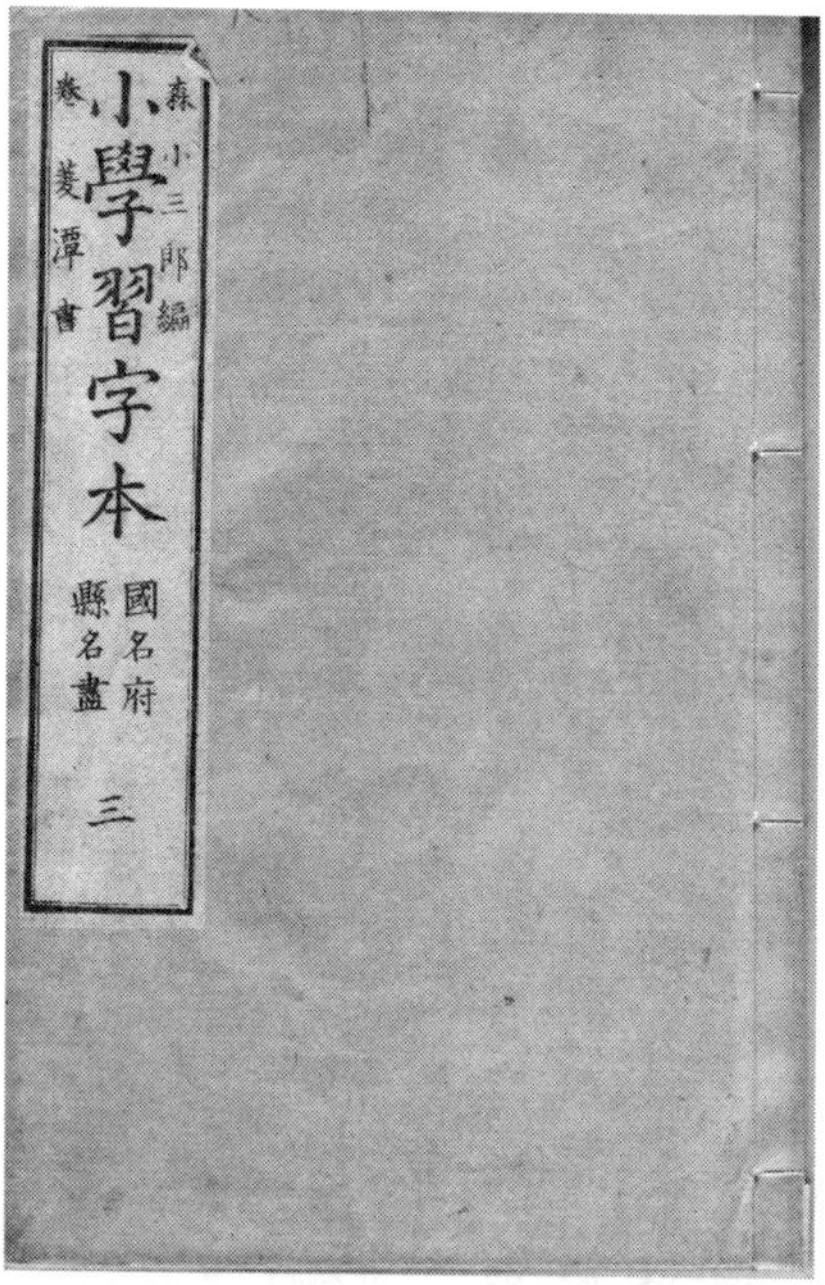

森小三郎編
巻菱潭書
小學習字本
國名府縣名畫
三

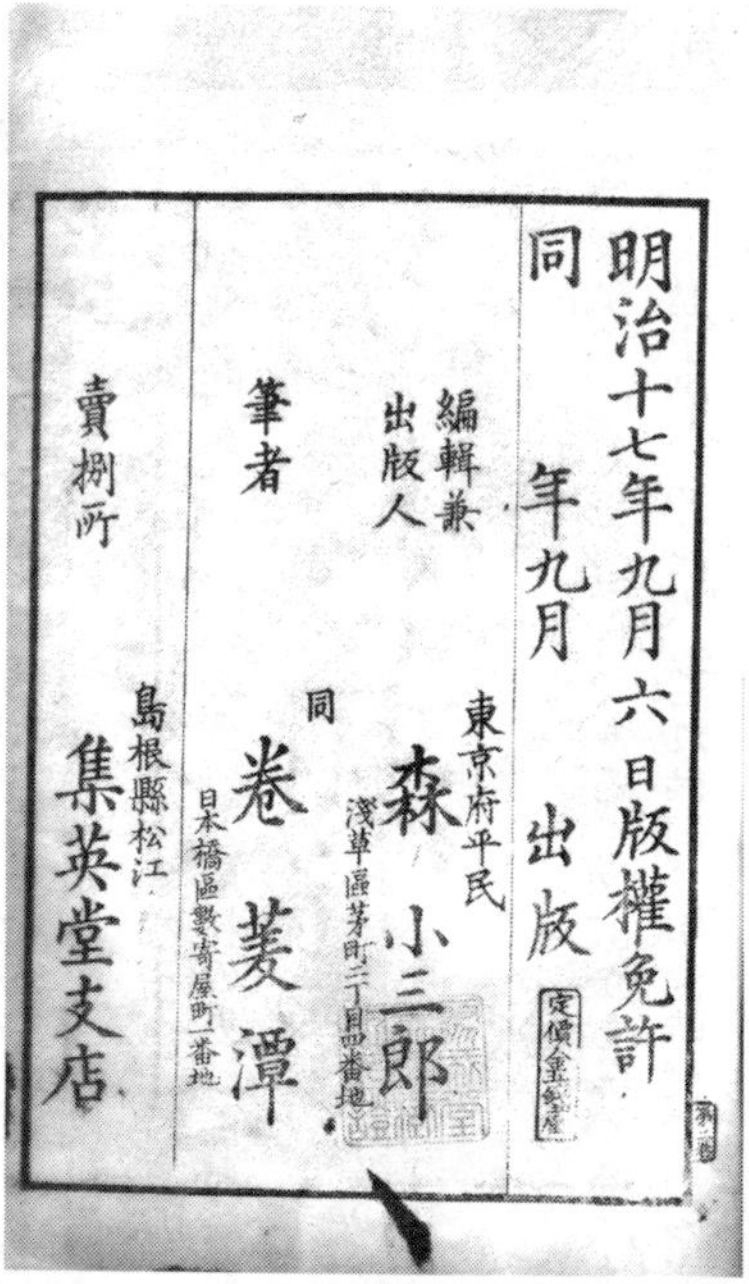

明治十七年九月六日版權免許
同　年九月　出版
編輯兼出版人　東京府平民　森小三郎　淺草區茅町二丁目□番地
筆者　同　巻菱潭　日本橋區數寄屋町一番地
賣捌所　島根縣松江　集英堂支店

図30

面白いのは本書の奥付に売捌所集英堂支店として松江市の住所が記載されていることである。と云うことはこれを教科書として学ぶ子供たちが身近に感じられるように配慮され、地域ごとに少しずつ異なった記載のある本となっていると云うことである。例えば、図31に例を示すように、松江市、さらには小生の故郷の村の名前さえ出ているのである。また日常いろいろもの書きをする際に必要となる様々な文章が手本として配置されており、実に実用書としても有効なものと思われるのである。尚、小学習字本 二は十干十二支名頭苗字、三は國名府縣名盡、四は郡名町村名有名之地日用庻物名稱、五は消息往来上となっている。

明治、大正時代に小学校で学んだ人たちが総じて綺麗な字を書かれるのはこんなところからもよく分かる。国語としての日本語を上手に表現し、美しく書くことを徹底して学んだものと思える。

歴史についても多くの教科書が出版されている。

小学校用歴史　辻敬之、福地復一合著で一から四までが出版されている。図32はその一の表紙と最初の方に記載されている文例と奥付である。図33は同書二、三、四の表紙と最後の奥付である。

また、小学校用日本史談上　黒木安雄著　乙種　集英堂蔵版　明治二十四年　がある。巻之上であり、その表紙、表紙裏、奥付及び最初の部分を図34に示す。

図35の目次をみると当時の背景が理解できる。

引き続いて　小学校用日本史談巻之下　が出版されている。図36は表紙、表紙裏、奥付である。図37から分かるように目次は巻之上から続いている。さらに青戸家蔵書には小学生用の多くの歴史書があるが、これは同じ明治時代であっても習われた人の年代によって異なった教科書が使われたためかも知れない。

また、文部省検定の小學日本歴史、井澤修二閲、教育學館編輯　なる教科書もある。図38は上巻の表紙、表紙裏、奥付である。また、図39は同教科書の目次と第一篇の発端である。

小学校における歴史教育は随分詳しく行われたようであり、山縣悌三郎著　帝国小史が甲号巻之一，巻之二などで歴史上の人物、事項などを取り上げて説明されている。図40はそれらの表紙、表紙裏、奥付などである。また、図41にその中に記載されている事項、目次などを示す。さらに、最後に歴代の天皇とその時代の将軍名を記した表が掲載されているので図42に示す。

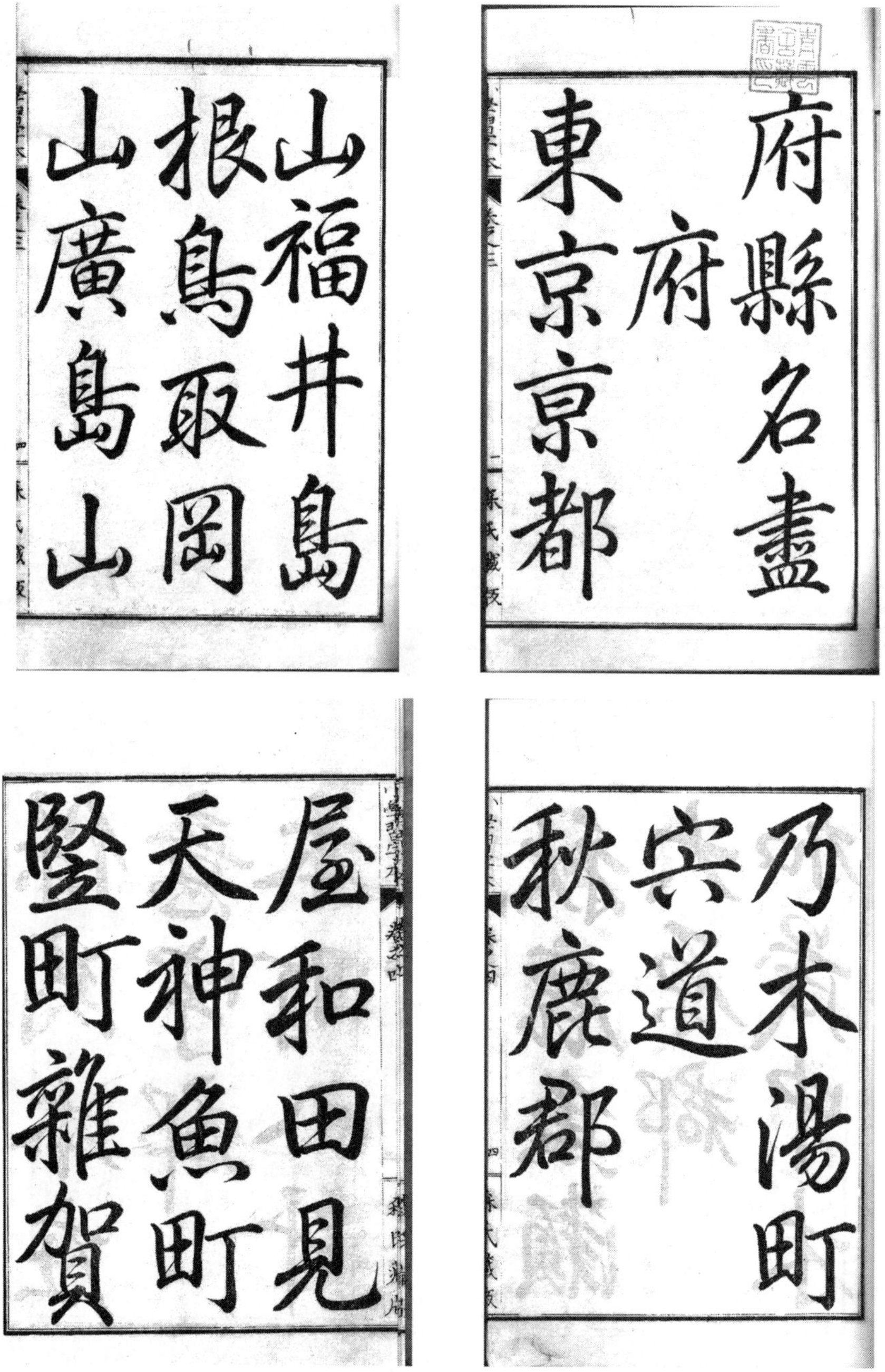
府縣名盡
府
東京京都

山福井島
根鳥取岡
山廣島山

乃木湯町
宍道
秋鹿郡

屋和田見
天神魚町
竪町雜賀

図31

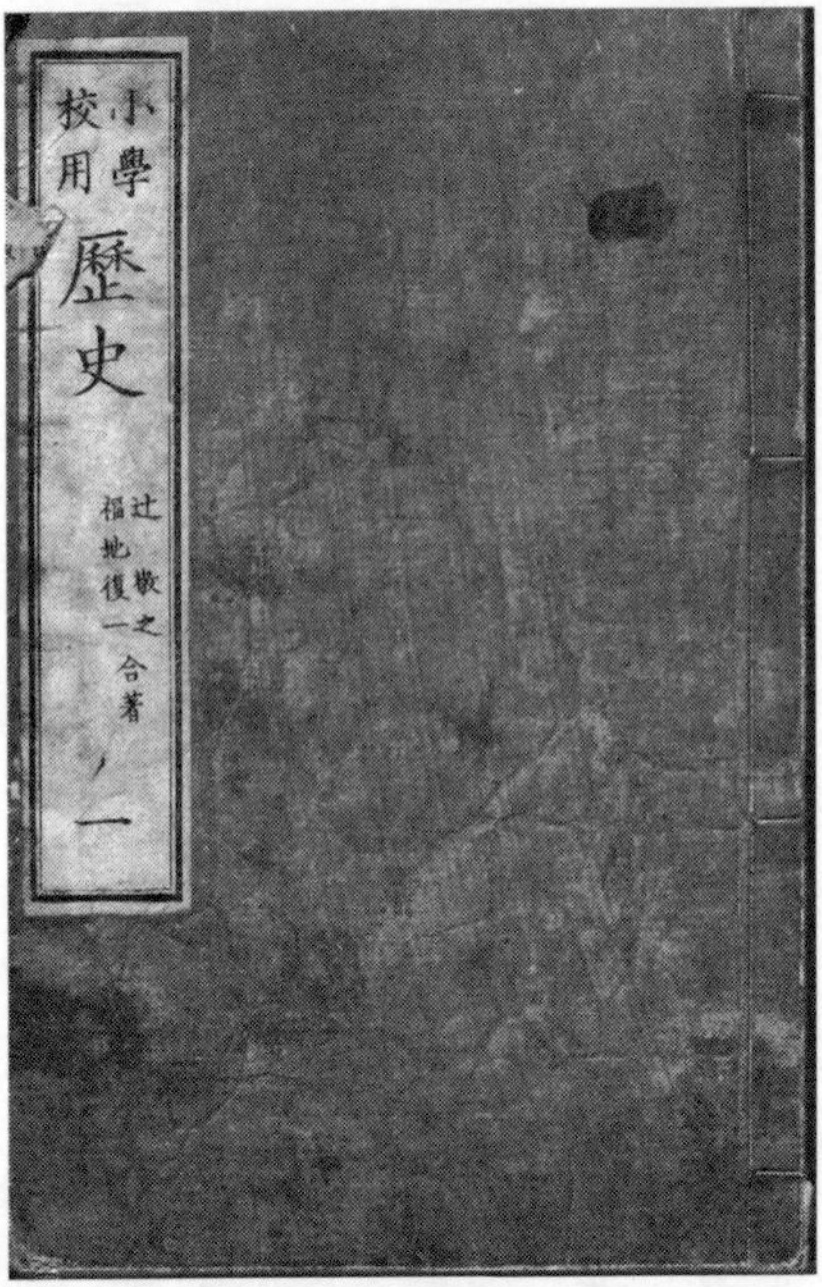

小學校用
歷史
辻敬之
福地復一 合著
ノ一

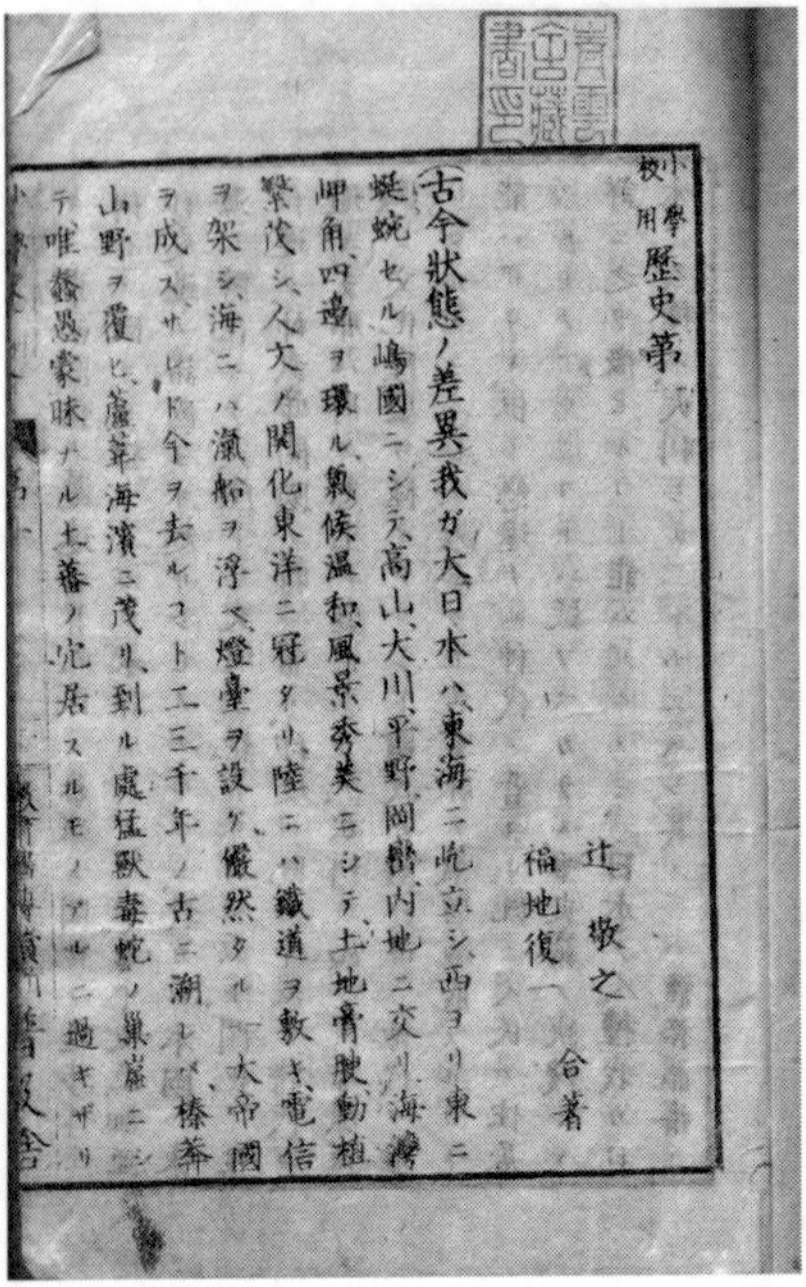

小學校用歷史第一
辻敬之
福地復一 合著

古今狀態ノ差異 我ガ大日本ハ東海ニ屹立シ西ヨリ東ニ蜿蜒セル嶋國ニシテ高山大川平野岡巒内地ニ交リ海濱岬角四邊ヲ環ル氣候溫和風景秀美ニシテ土地膏腴動植繁茂シ人文ノ開化東洋ニ冠タリ陸ニハ鐵道ヲ敷キ電信ヲ架シ海ニハ汽船ヲ浮ベ燈臺ヲ設ケ儼然タル一大帝國ヲ成スサレド今ヲ去ルコト二三千年ノ古ニ溯レバ榛莽山野ヲ覆ヒ蘆葦海濱ニ茂リ到ル處猛獸毒蛇ノ巣窟ニシテ唯蠢愚蒙昧ナル土蕃ノ穴居スルモノアルニ過ギザリ

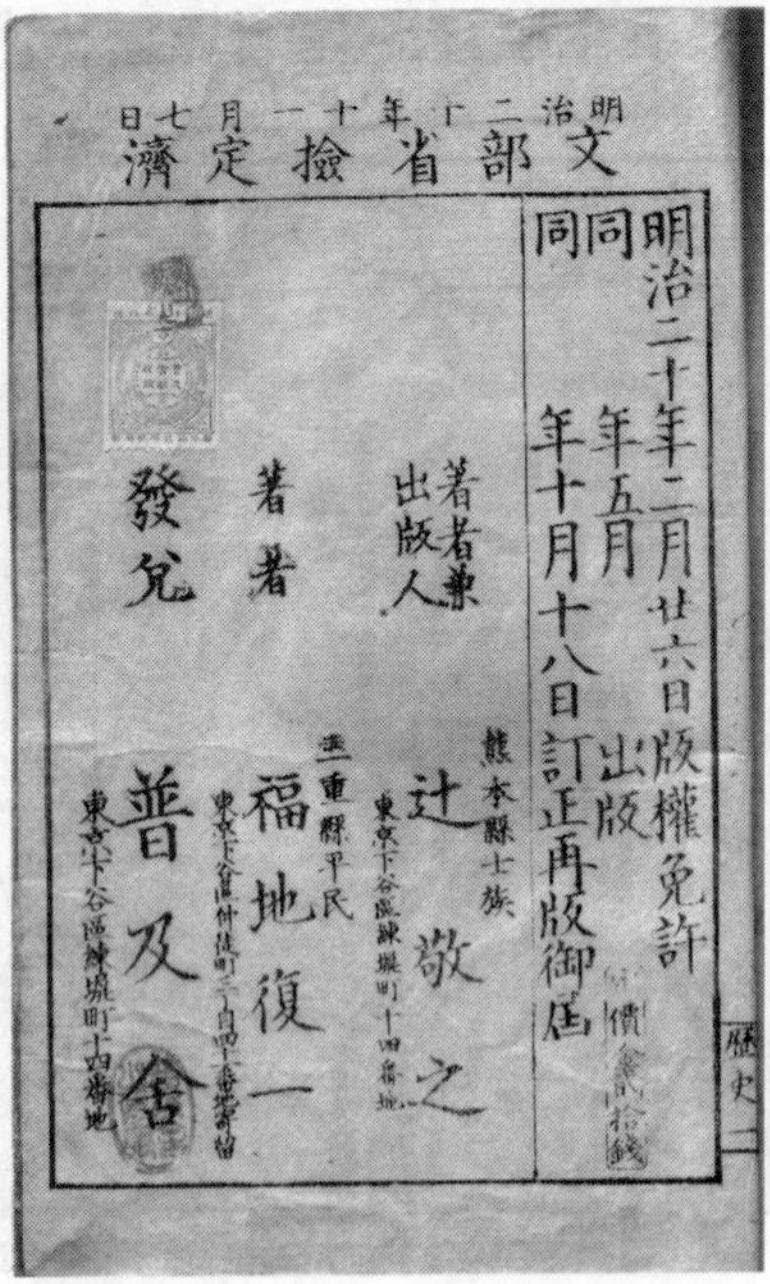

明治二十一年十一月七日
文部省檢定濟

明治二十年二月廿六日版權免許
同　年五月　出版
同　年十月十八日訂正再版御屆

著者兼出版人　熊本縣士族　辻敬之　東京下谷區練塀町十四番地
著者　三重縣平民　福地復一　東京下谷區仲徒町三丁目四十番地寄留
發兌　普及舍　東京下谷區練塀町十四番地

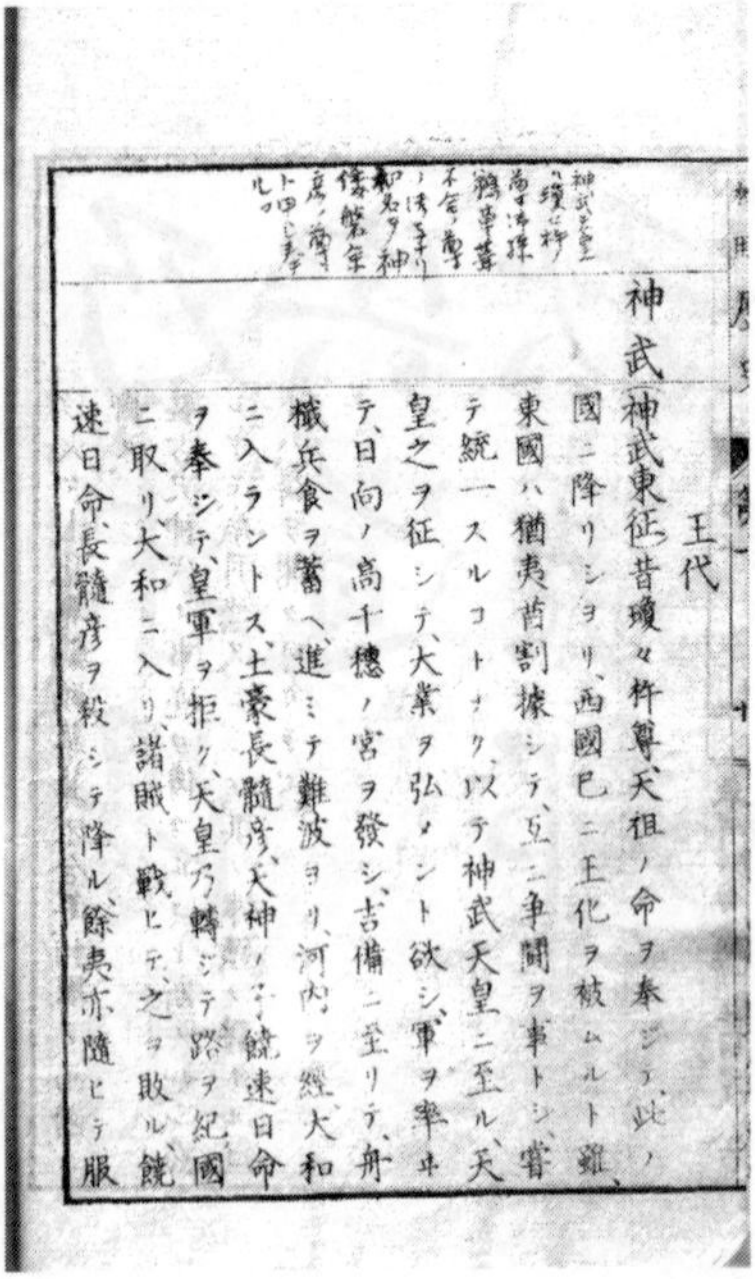

王代

神武（神武東征）昔瓊々杵尊天祖ノ命ヲ奉ジテ此ノ國ニ降リシヨリ西國已ニ王化ヲ被ムルト雖東國ハ猶夷酋割據シテ互ニ爭鬪ヲ事トシ曾テ統一スルコトナク以テ神武天皇ニ至ル天皇之ヲ征シテ大業ヲ弘メントシ欲シ軍ヲ率ヰテ日向ノ高千穗ノ宮ヲ發シ吉備ニ至リテ舟楫兵食ヲ蓄ヘ進ミテ難波ヨリ河內ヲ經大和ニ入ラントス土豪長髄彦天神ノ子饒速日命ヲ奉ジテ皇軍ヲ拒ク天皇乃轉ジテ路ヲ紀國ニ取リ大和ニ入リ諸賊ト戰ヒテ之ヲ敗ル饒速日命長髄彦ヲ殺シテ降ル餘衆亦隨ヒテ服

図32

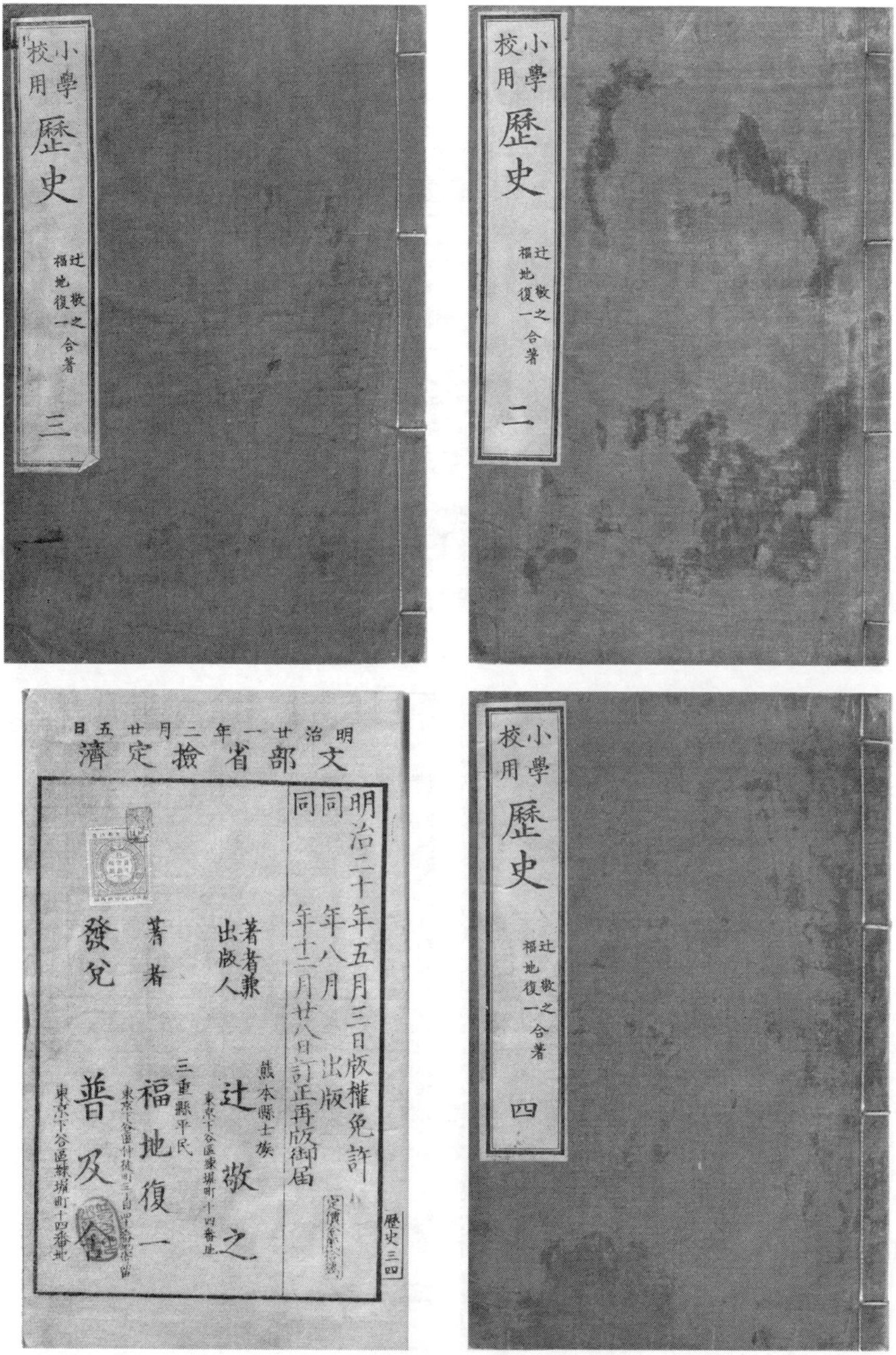
小學校用
歷史
辻敬之
福地復一 合著
三
小學校用
歷史
辻敬之
福地復一 合著
二
明治廿一年二月廿五日
文部省檢定濟
明治二十年五月三日版權免許
同　年八月　出版
同　年十二月廿八日訂正再版御届
著者兼出版人　熊本縣士族　辻敬之
著者　三重縣平民　福地復一
發兌　普及舎
歷史三四
小學校用
歷史
辻敬之
福地復一 合著
四

図33

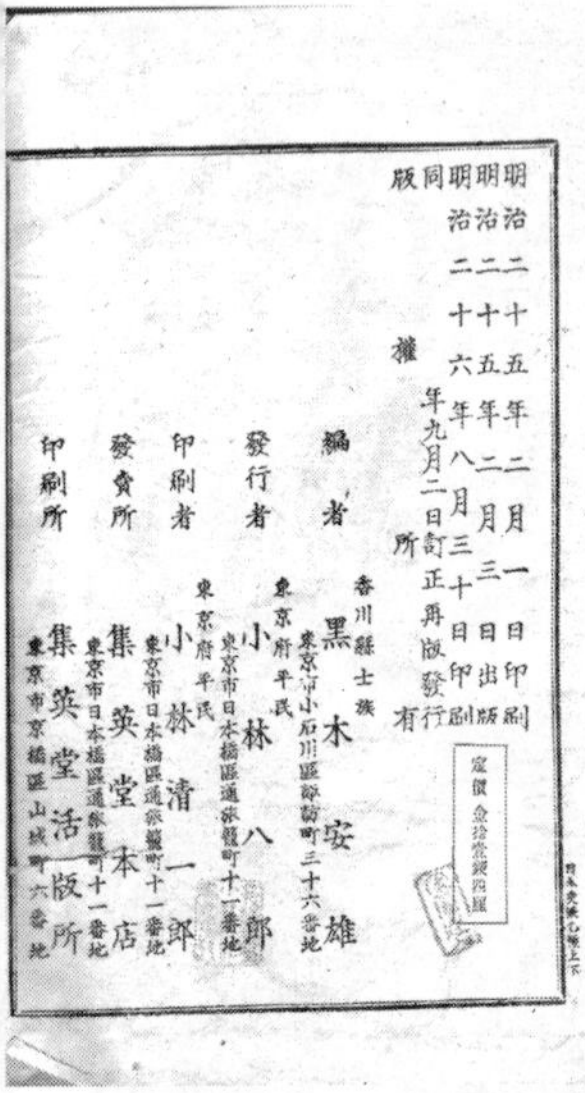
明治二十五年二月一日印刷
明治二十五年二月三日出版
明治二十五年八月三十日印刷
同 二十六年九月二日訂正再版發行

版權所有

定價 金拾壹錢四厘

編者 香川縣士族 黒木安雄 東京市小石川區[illegible]訪町三十六番地
發行者 東京府平民 小林八郎 東京市日本橋區通旅籠町十一番地
印刷者 東京府平民 小林清一郎 東京市日本橋區通旅籠町十一番地
發賣所 集英堂本店 東京市日本橋區通旅籠町十一番地
印刷所 集英堂活版所 東京市京橋區山城町六番地

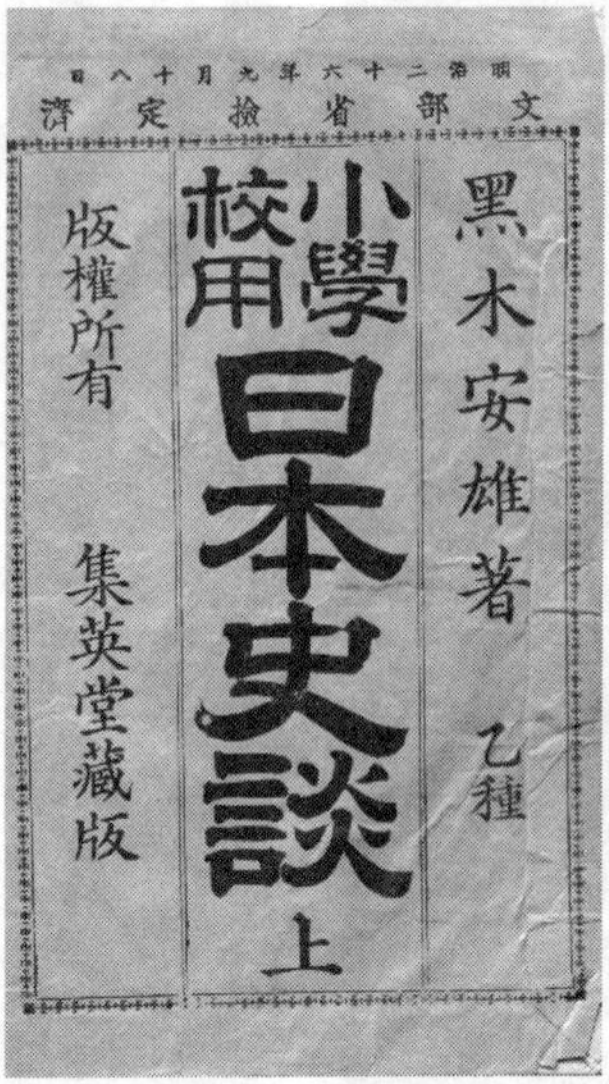
明治二十六年九月十八日 文部省檢定濟

黒木安雄著 乙種

小學校用 日本史談 上

版權所有 集英堂藏版

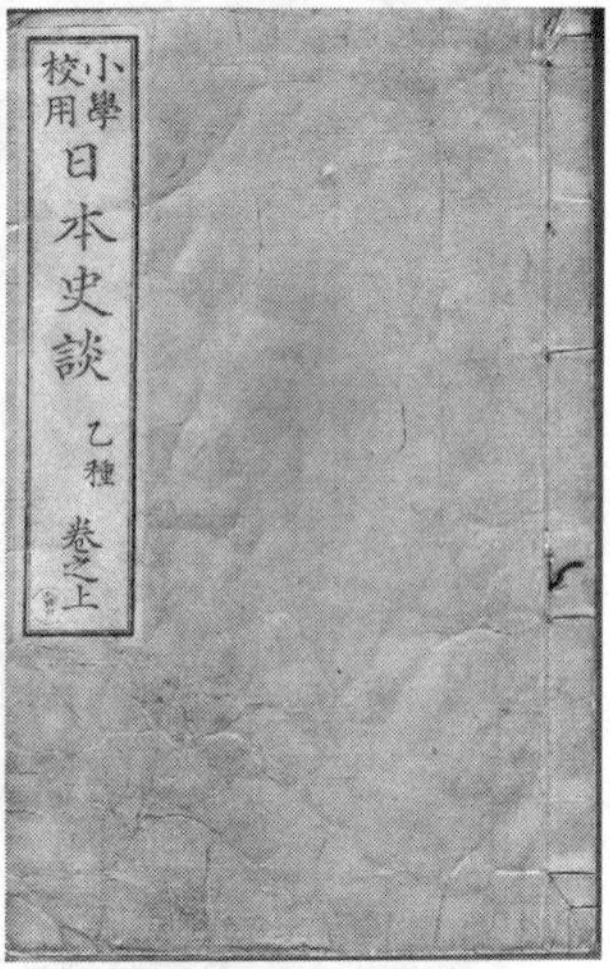
小學校用 日本史談 乙種 巻之上

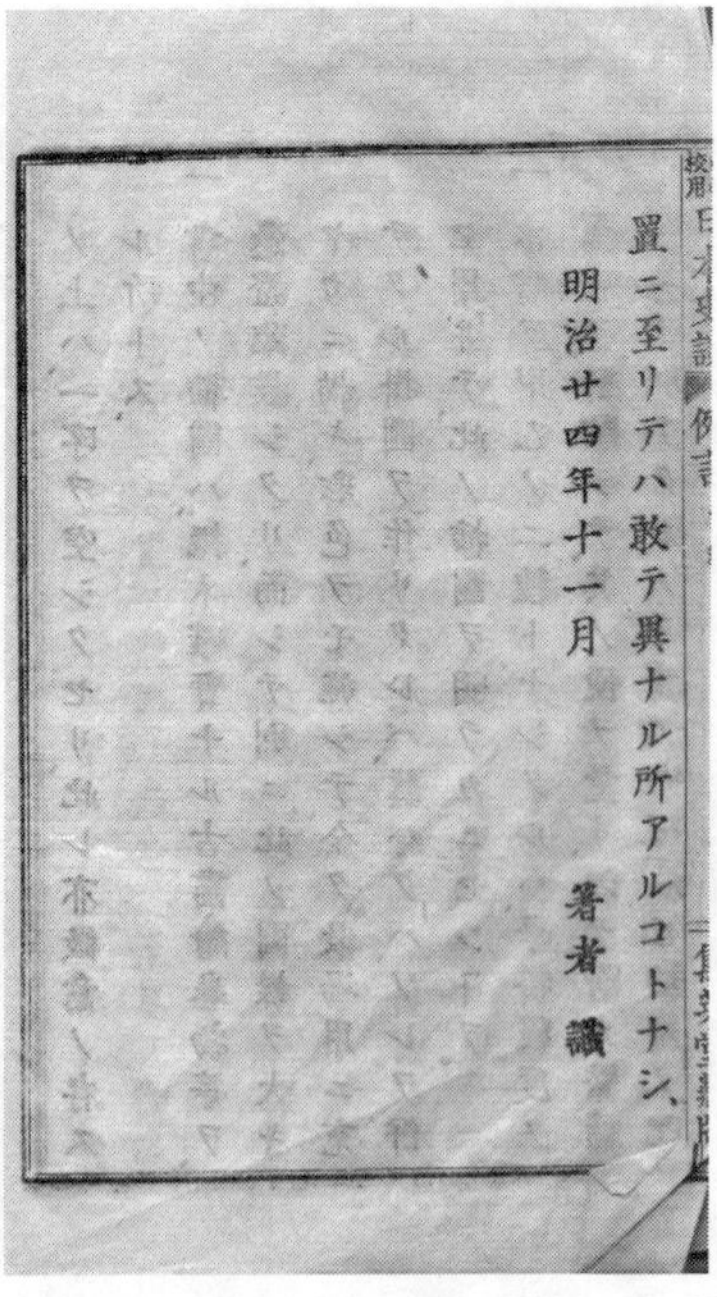
置ニ至リテハ敢テ異ナル所アルコトナシ、

明治廿四年十一月 著者識

小學校用 日本史談 例言 乙種 集英堂藏版

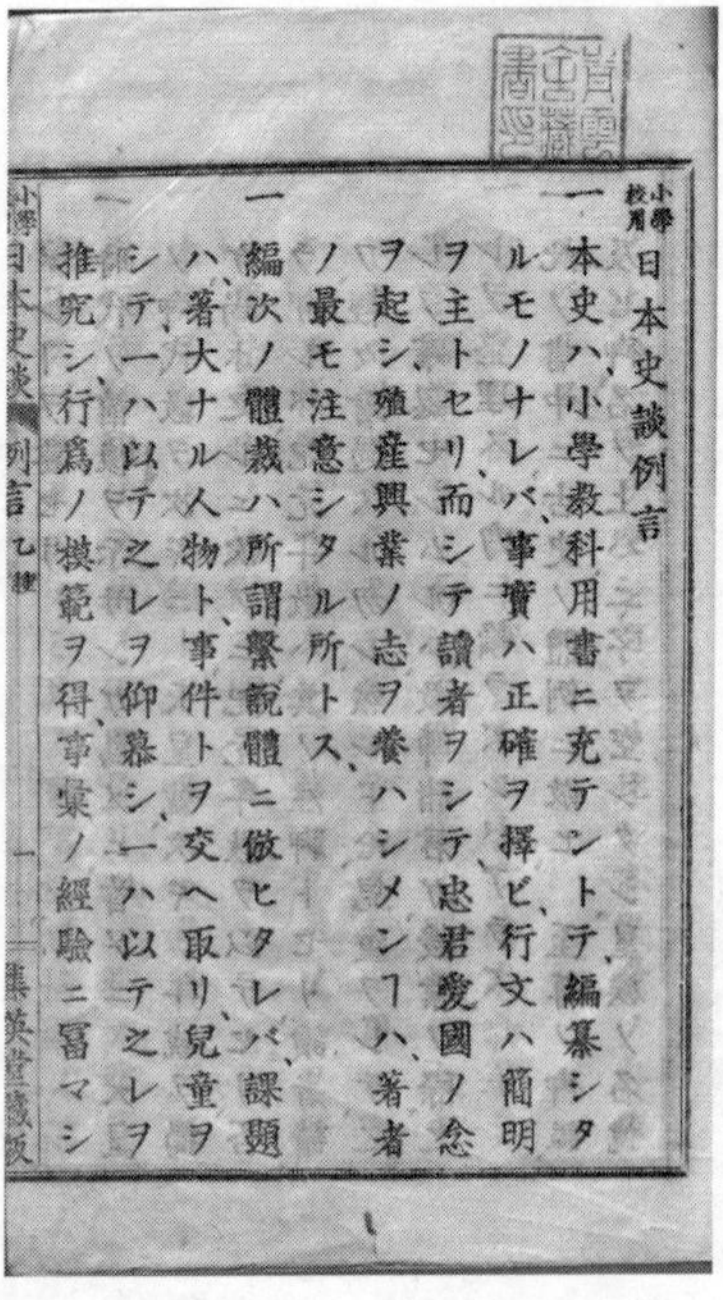
小學校用日本史談例言

一本史ハ、小學教科用書ニ充テントテ、編纂シタルモノナレバ、事實ハ正確ヲ擇ビ、行文ハ簡明ヲ主トセリ、而シテ讀者ヲシテ、忠君愛國ノ念ヲ起シ、殖産興業ノ志ヲ養ハシメンコトハ、著者ノ最モ注意シタル所トス、

一編次ノ體裁ハ所謂繫統體ニ倣ヒタレバ、課題ハ、著大ナル人物ト、事件トヲ交ヘ取リ、兒童ヲシテ、一ハ以テ之レヲ仰慕シ、一ハ以テ之レヲ推究シ、行爲ノ模範ヲ得、事業ノ經驗ニ富マシ

小學校用 日本史談 例言 乙種 集英堂藏版

図34

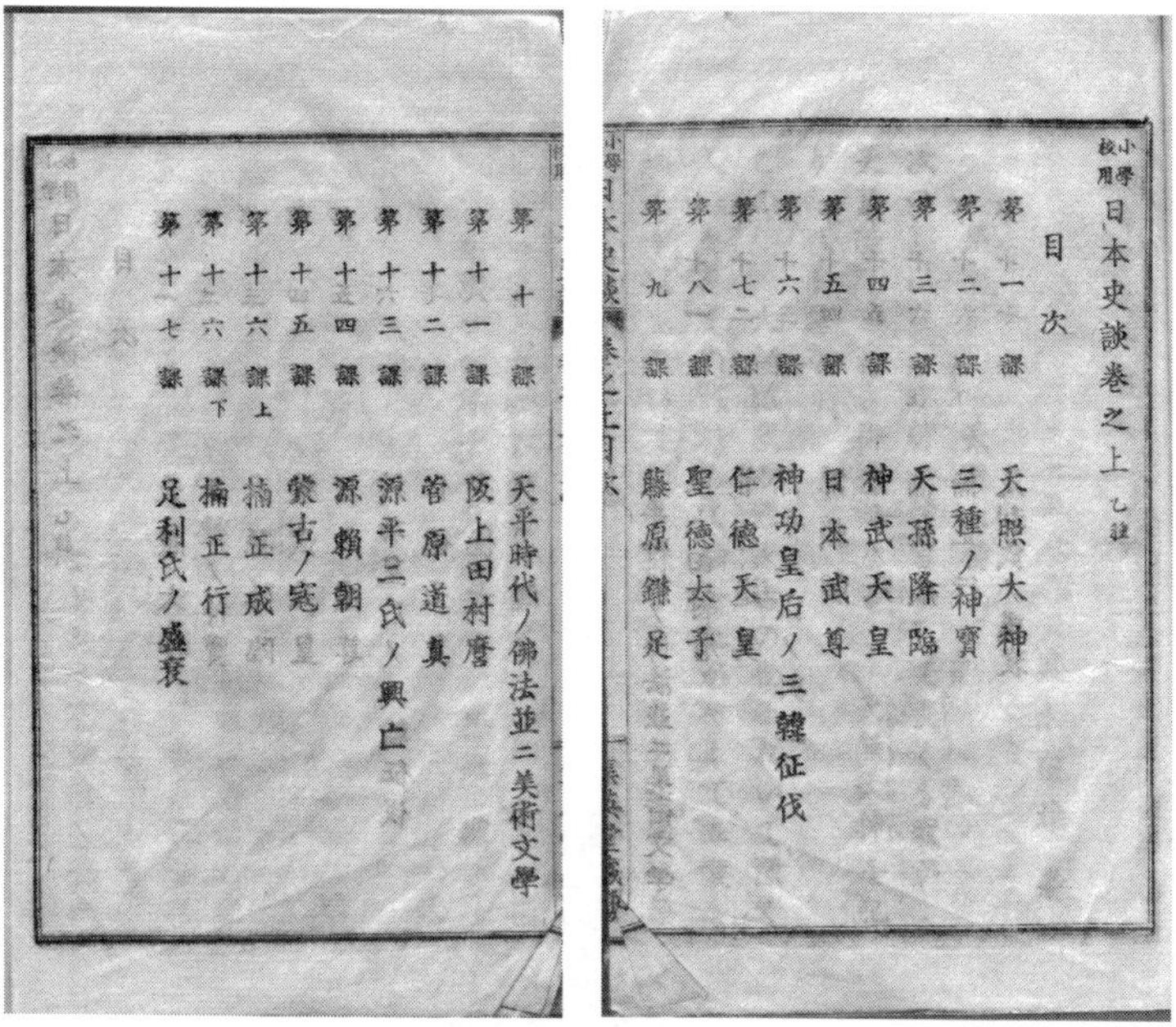
小學校用 日本史談巻之上 乙種

目次

第一課 天照大神
第二課 三種ノ神寶
第三課 天孫降臨
第四課 神武天皇
第五課 日本武尊
第六課 神功皇后ノ三韓征伐
第七課 仁徳天皇
第八課 聖徳太子
第九課 藤原鎌足
第十課 天平時代ノ佛法並ニ美術文學
第十一課 阪上田村麿
第十二課 菅原道真
第十三課 源平二氏ノ興亡
第十四課 源頼朝
第十五課 蒙古ノ寇
第十六課上 楠正成
第十六課下 楠正行
第十七課 足利氏ノ盛衰

図35

明治二十五年二月一日印刷
明治二十五年二月三日出版
明治二十六年八月三十日印刷
同年九月二日訂正再版發行

版權所有

定價 上巻 金十一錢四厘 下巻 金十一錢四厘

編者 黒木安雄
發行者 小林八郎
印刷者 小林清一郎
發賣所 集英堂本店
印刷所 集英堂活版所

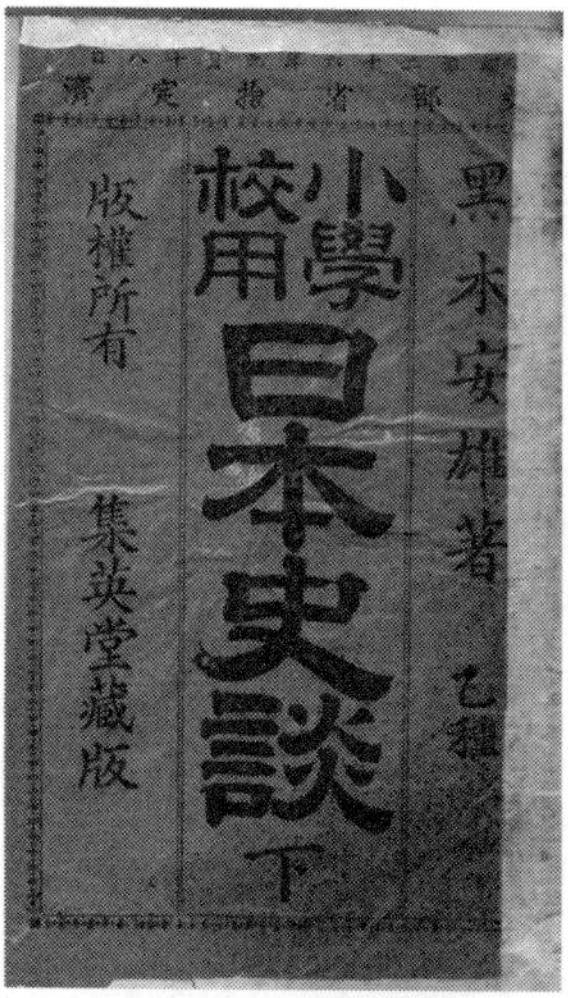

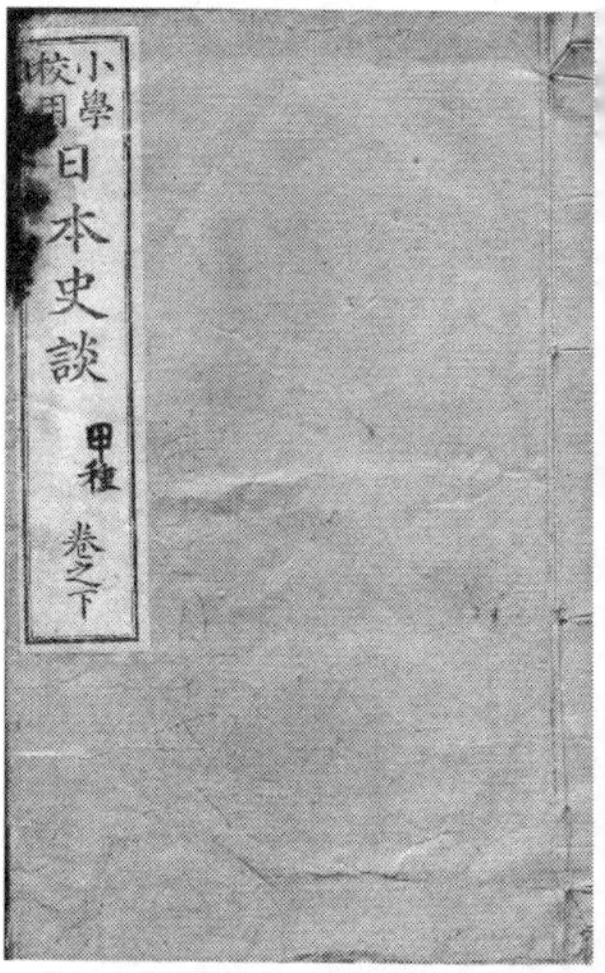

図36

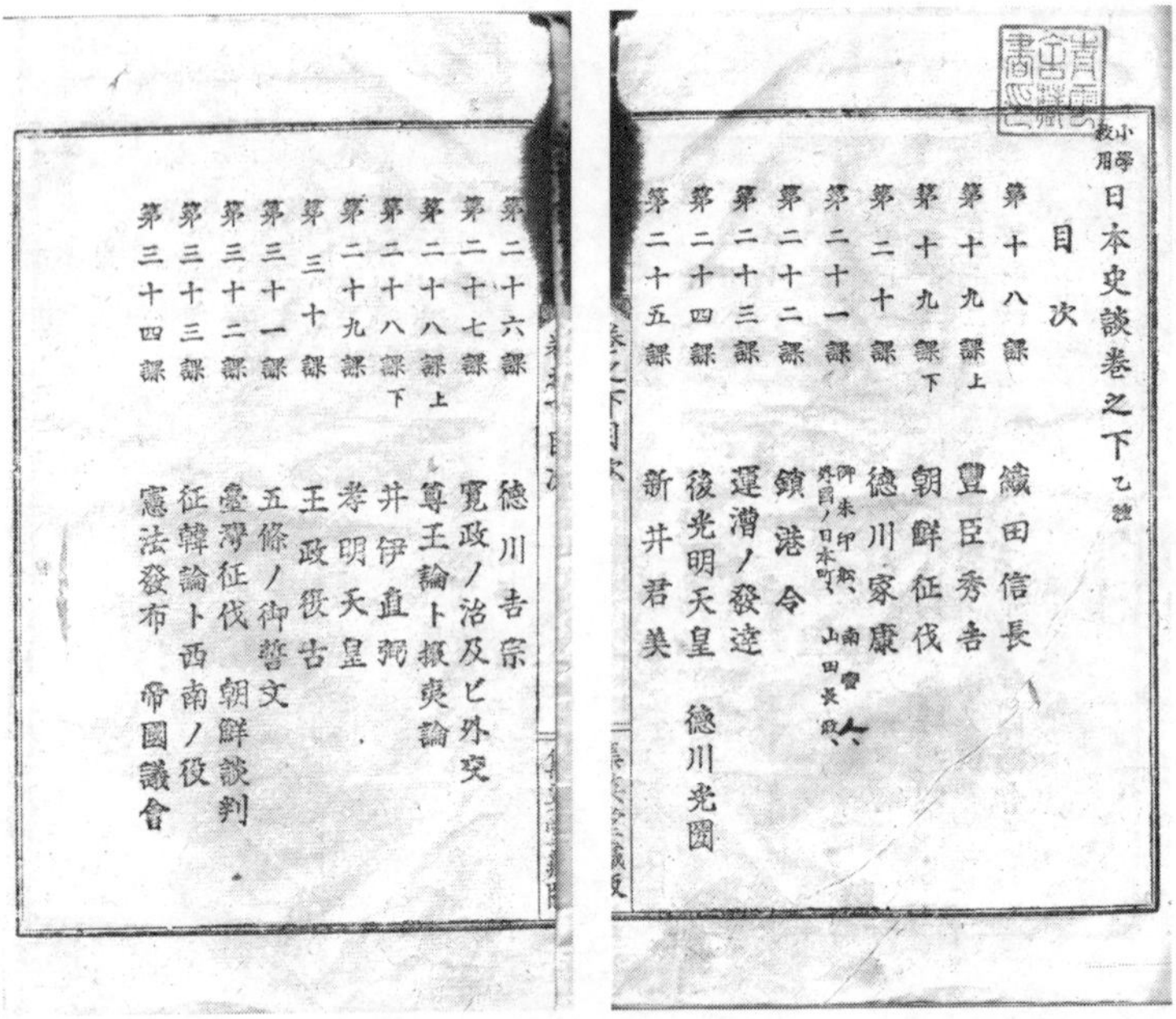

小學教用 日本史談卷之下 乙號

目次

第十八課 織田信長
第十九課上 豐臣秀吉
第十九課下 朝鮮征伐
第二十課 徳川家康
第二十一課
第二十二課 鎖港令
第二十三課 運漕ノ發達
第二十四課 後光明天皇 徳川光圀
第二十五課 新井君美
第二十六課 徳川吉宗
第二十七課 寛政ノ治及ビ外交
第二十八課上 尊王論ト攘夷論
第二十八課下 井伊直弼
第二十九課 孝明天皇
第三十課 王政復古
第三十一課 五條ノ御誓文
第三十二課 臺灣征伐 朝鮮談判
第三十三課 征韓論ト西南ノ役
第三十四課 憲法發布 帝國議會

図37

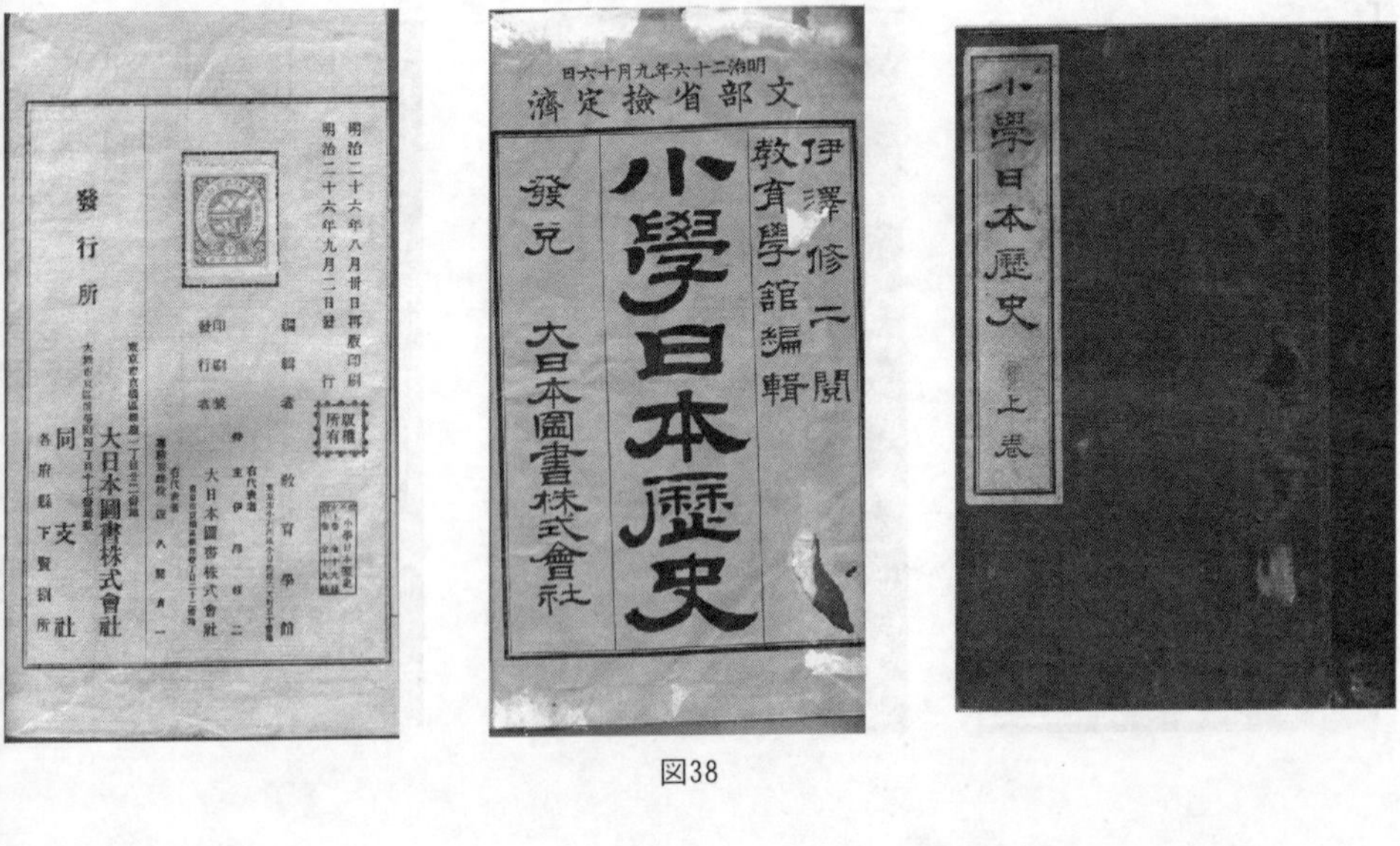

明治二十六年八月廿日再版印刷
明治二十六年九月二日發行
版權所有
編輯者 教育學館
發行者
印刷者
發行所 大日本圖書株式會社
同 支社

明治二十六年九月十六日 文部省檢定濟
伊澤修二閲
教育學館編輯
小學日本歷史
發兌 大日本圖書株式會社

小學日本歷史 上卷

図38

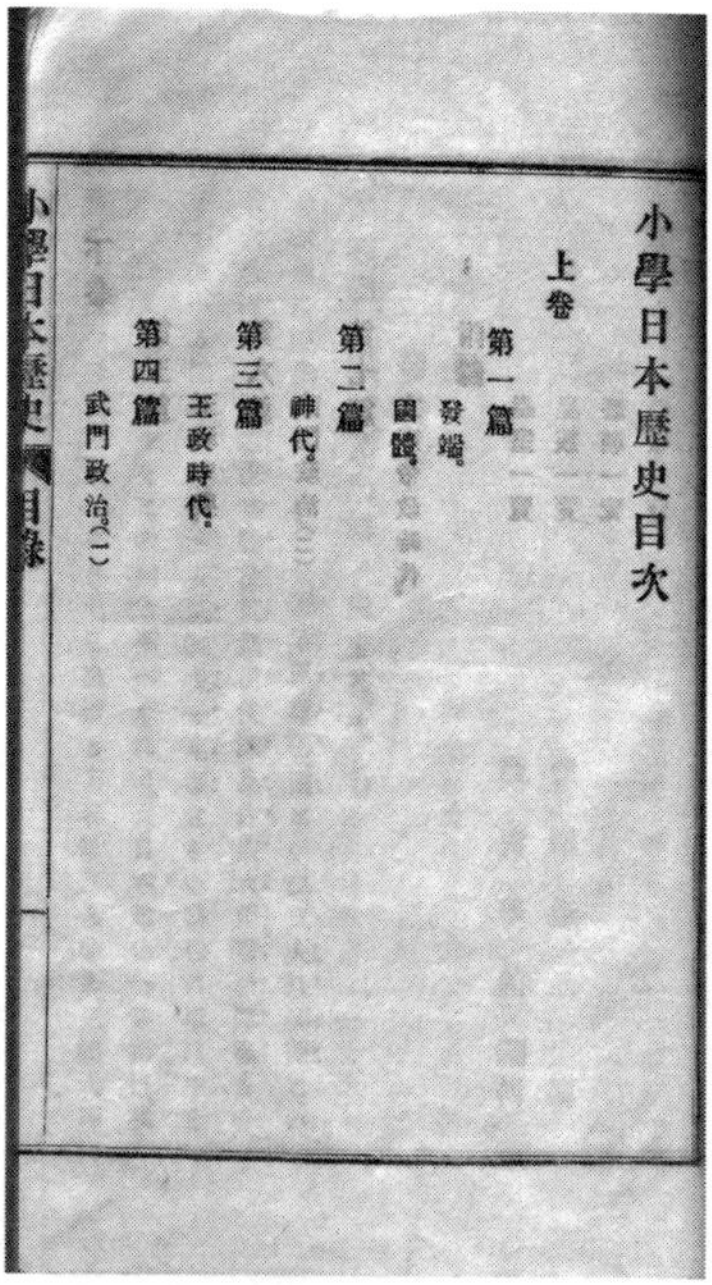

小學日本歷史目次

上卷

第一篇

發端。

國號。

第二篇

神代。

第三篇

王政時代。

第四篇

武門政治(一)

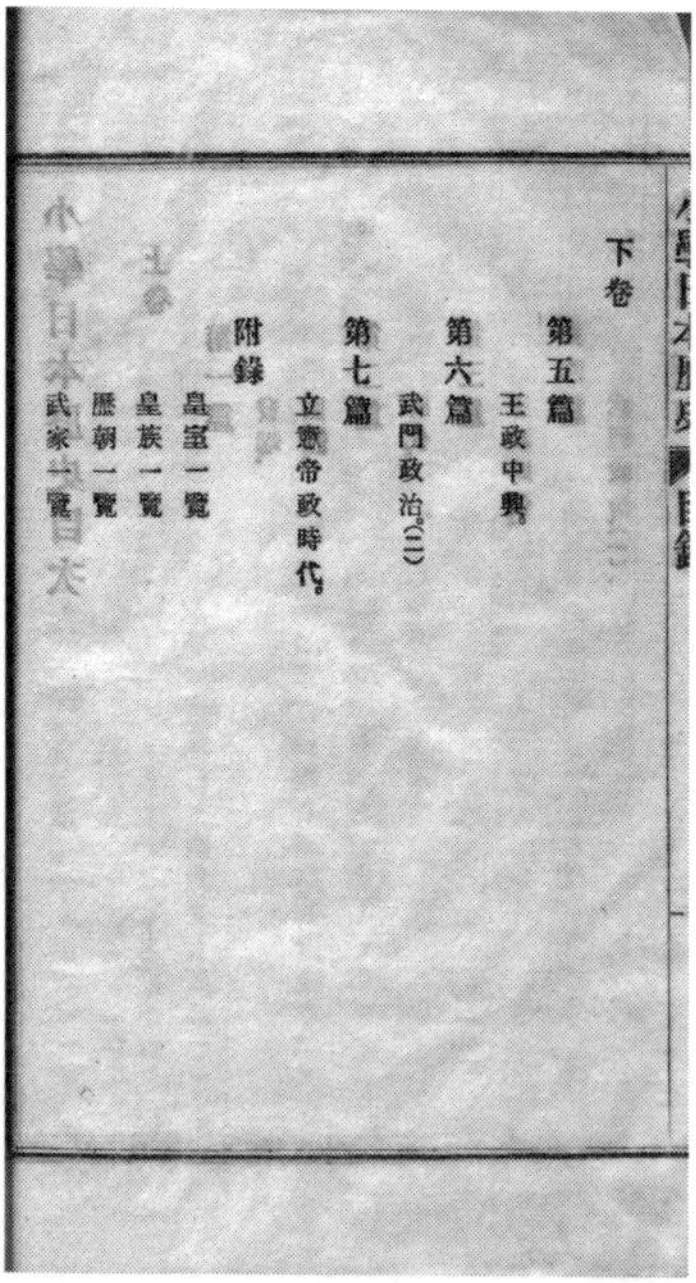

下卷

第五篇

王政中興。

第六篇

武門政治(二)

第七篇

立憲帝政時代。

附錄

皇室一覽

皇族一覽

歷朝一覽

武家一覽

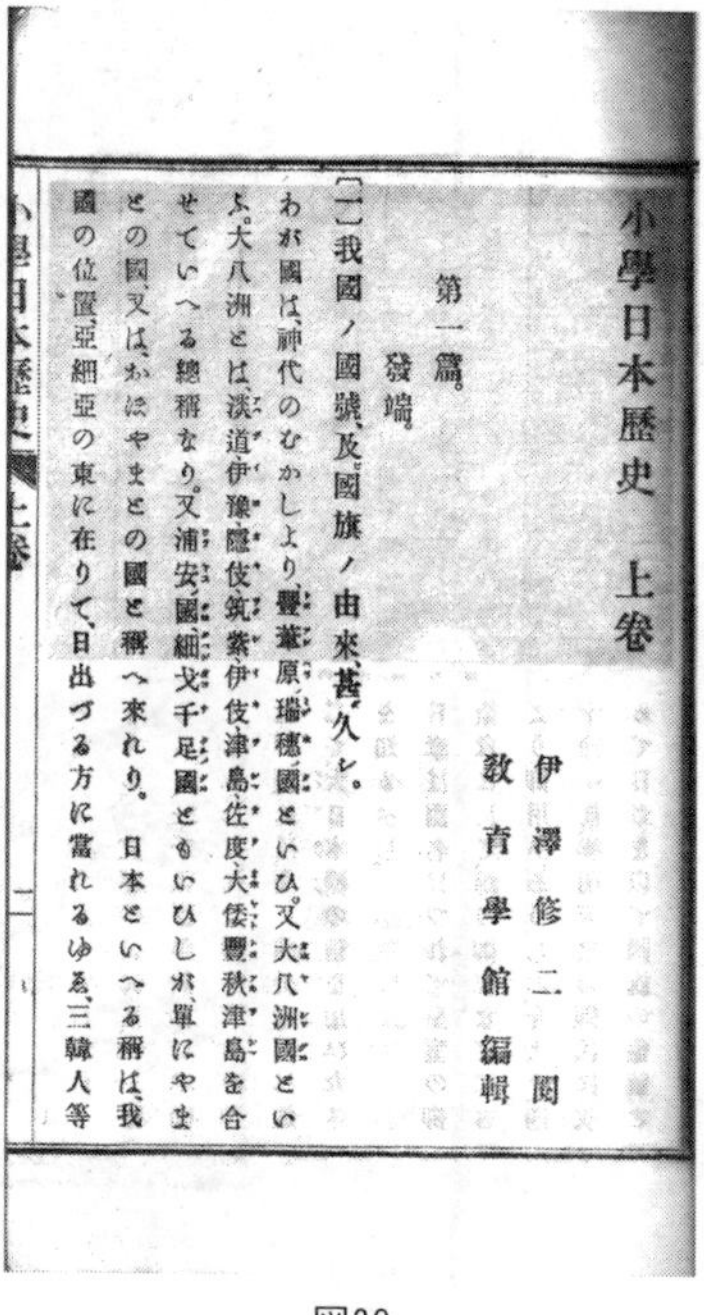

小學日本歷史 上卷

伊澤修二 閲

教育學館 編輯

第一篇。

發端。

〔一〕我國ノ國號、及國旗ノ由來、甚久シ。

わが國は、神代のむかしより、豐葦原、瑞穗國といひ、又大八洲國といふ。大八洲とは、淡道、伊豫、隱伎、筑紫、伊伎、津島、佐度、大倭豐秋津島を合せていへる總稱なり。又浦安國、細戈千足國ともいひしが、單にやまとの國、又は、かにやまとの國と稱へ來れり。日本といへる稱は、我國の位置亞細亞の東に在りて、日出づる方に當れるゆゑ、三韓人等

図39

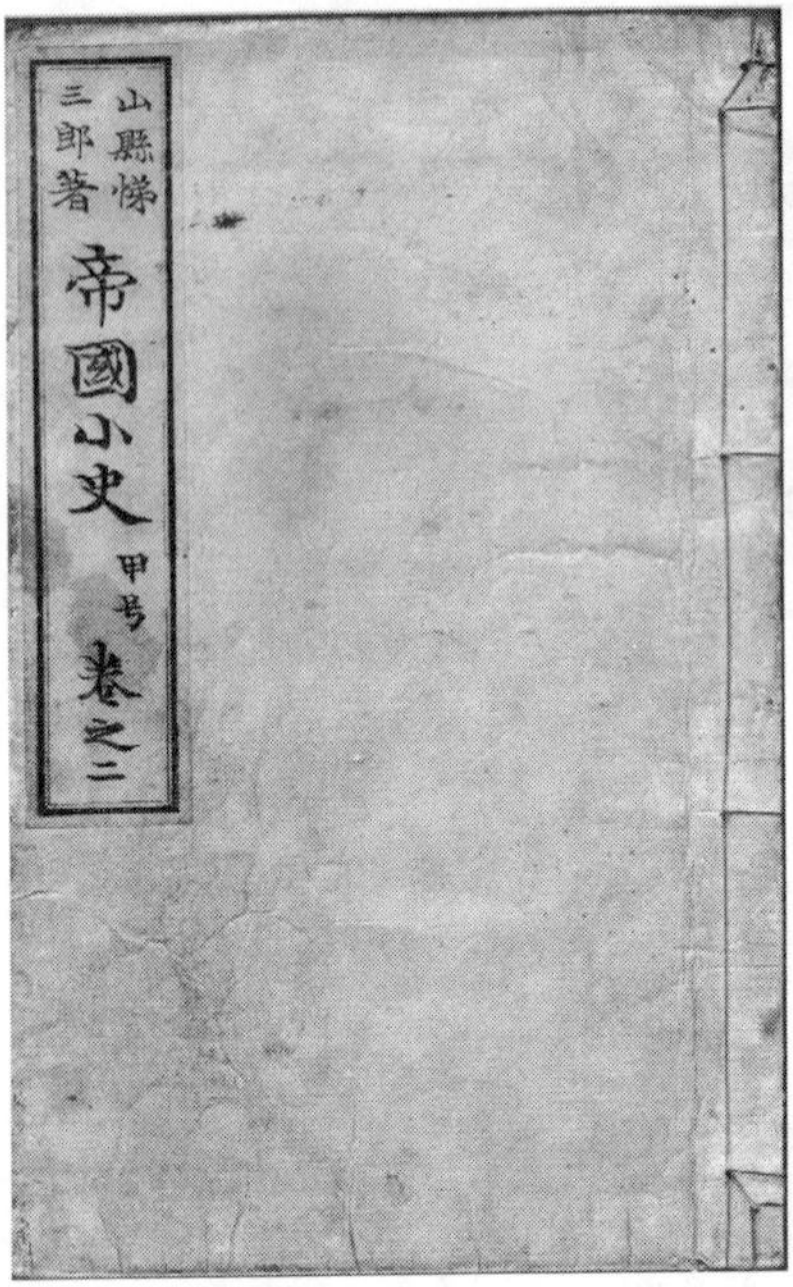

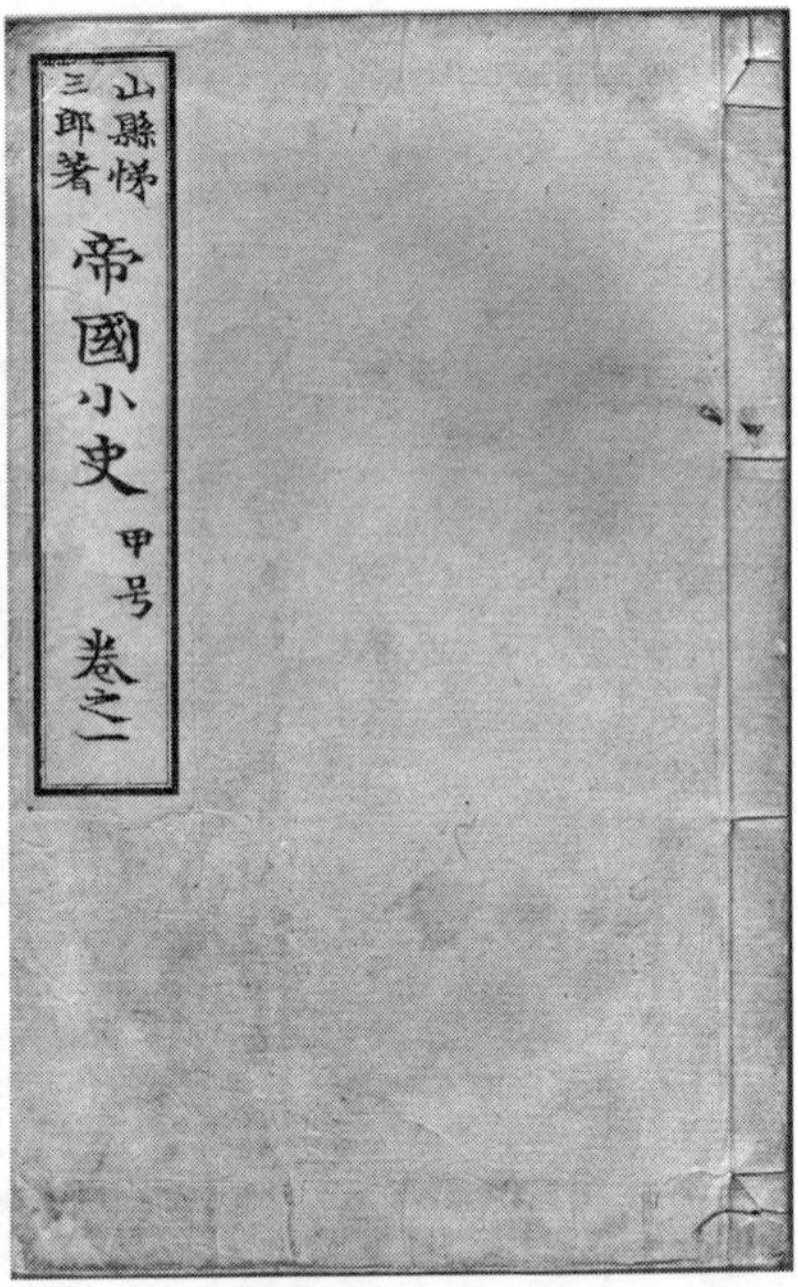

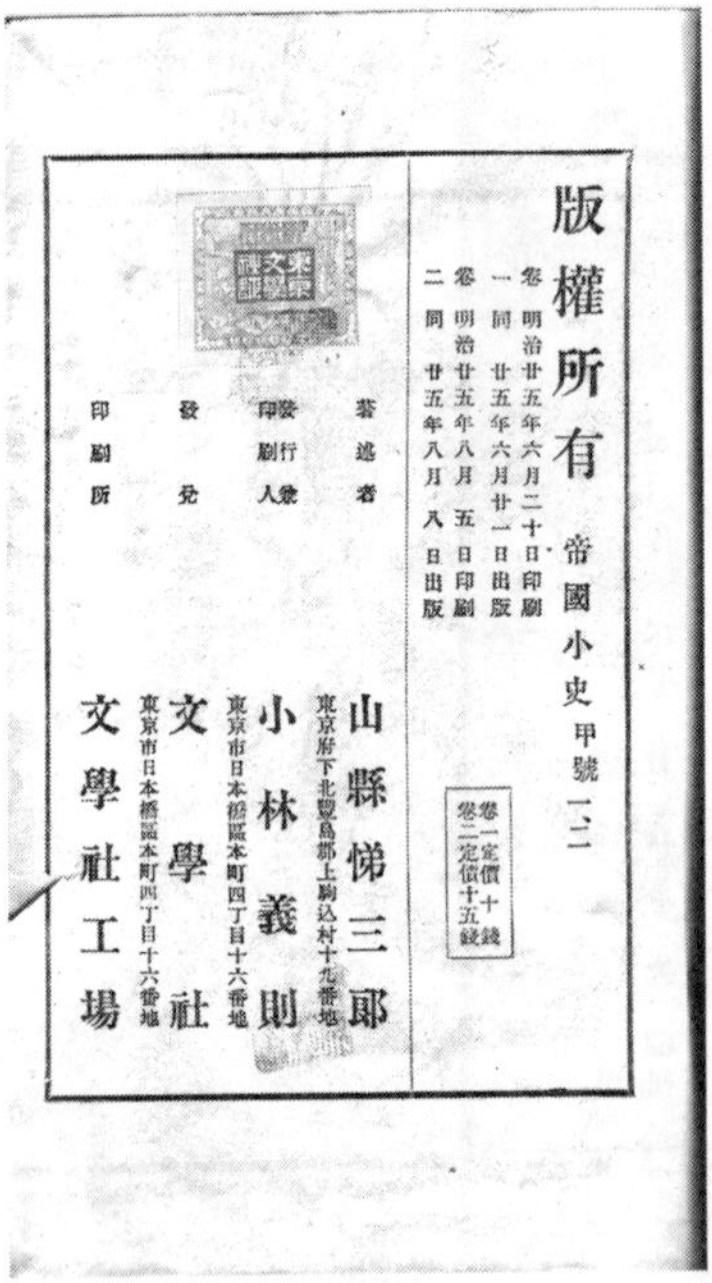
版權所有

帝國小史 甲號 一二

巻一 明治廿五年六月二十日印刷
同 廿五年六月廿一日出版
巻二 明治廿五年八月五日印刷
同 廿五年八月八日出版

巻一定價十錢
巻二定價十五錢

著述者 山縣悌三郎
東京府下北豊島郡上駒込村十九番地

發行兼印刷人 小林義則
東京市日本橋區本町四丁目十六番地

發兌 文學社
東京市日本橋區本町四丁目十六番地

印刷所 文學社工場

図40

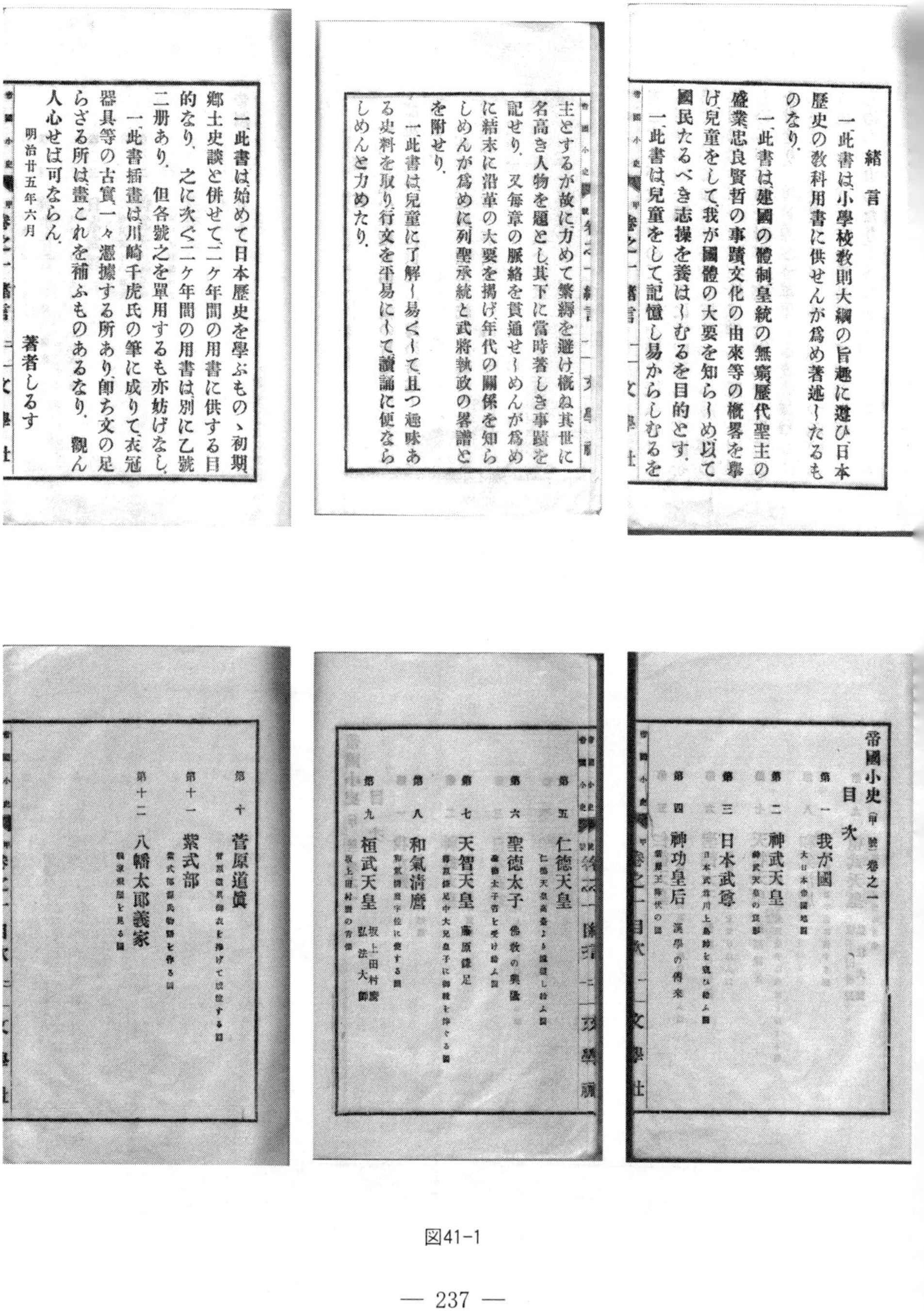

緒言

一此書は小學校教則大綱の旨趣に遵ひ日本歴史の教科用書に供せんが爲め著述したるものなり。

一此書は建國の體制皇統の無窮歴代聖主の盛業忠良賢哲の事蹟文化の由來等の概畧を擧げ兒童をして我が國體の大要を知らしめ以て國民たるべき志操を養はしむるを目的とす。

一此書は兒童をして記憶し易からしむるを主とするが故に力めて繁瑣を避け概ね其世に名高き人物を題とし其下に當時著しき事蹟を記せり。又毎章の脈絡を貫通せしめんが爲めに結末に沿革の大要を掲げ年代の關係を知らしめんが爲めに列聖承統と武將執政の略譜とを附せり。

一此書は兒童に了解し易くして且つ趣味ある史料を取り行文を平易にして讀誦に便ならしめんと力めたり。

一此書は始めて日本歴史を學ぶもの丶初期郷土史談と併せて二ヶ年間の用書に供する目的なり。之に次ぐ二ヶ年間の用書は別に乙號二册あり。但各號之を單用するも亦妨げなし。

一此書插畫は川崎千虎氏の筆に成りて衣冠器具等の古實一々憑據する所あり即ち文の足らざる所は畫これを補ふものあるなり。觀ん人心せば可ならん。

明治廿五年六月　著者しるす

帝國小史（甲號）卷之一
目次

図41-1

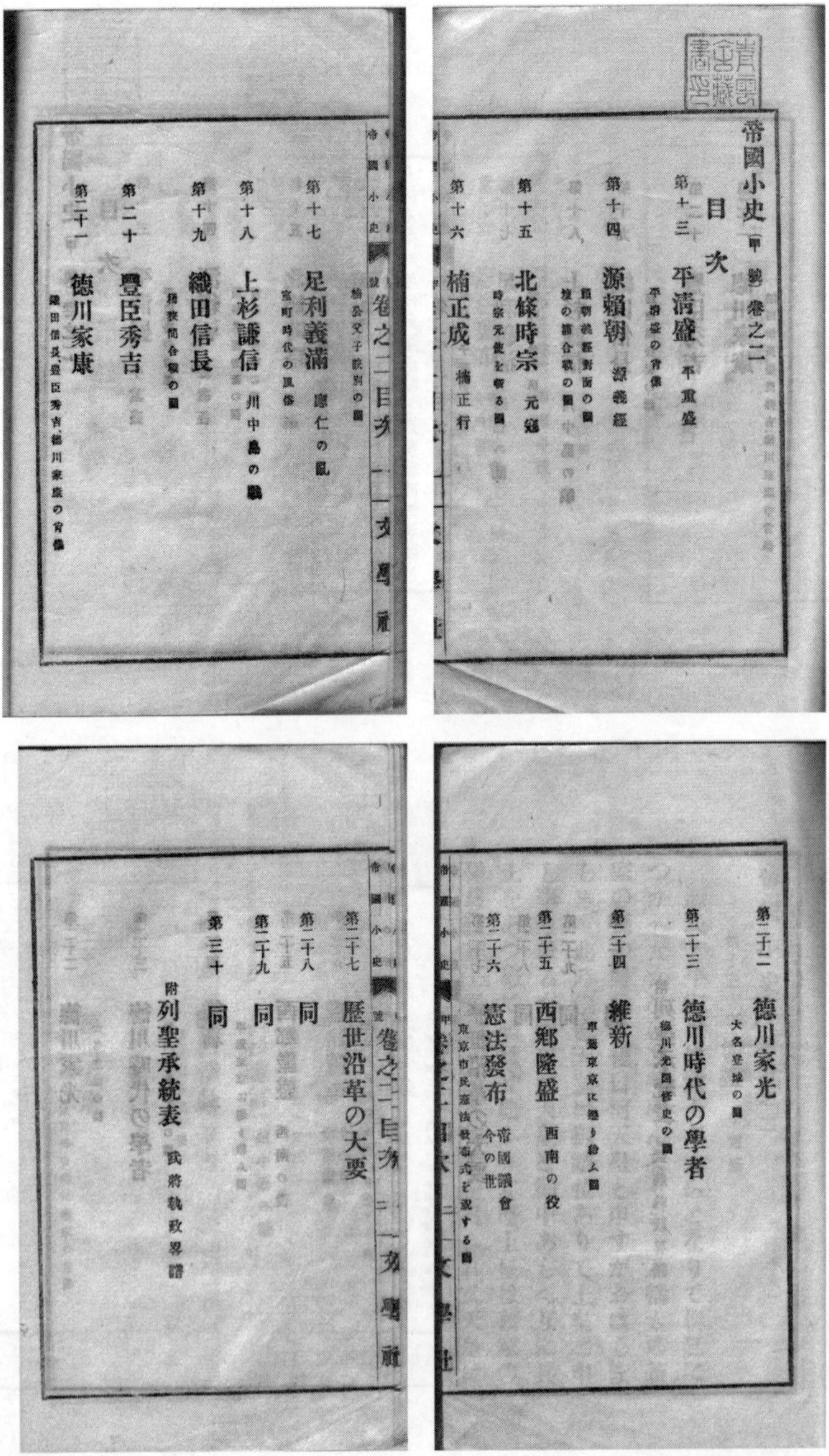

帝國小史（甲號）巻之二

目次

第十三　平淸盛　平重盛
平淸盛の肖像
第十四　源賴朝　源義經
賴朝義經對面の圖
壇の浦合戰の圖
第十五　北條時宗　元寇
時宗元使を斬る圖
第十六　楠正成　楠正行
楠公父子訣別の圖
第十七　足利義滿　應仁の亂
室町時代の風俗
第十八　上杉謙信　川中島の戰
第十九　織田信長
桶狹間合戰の圖
第二十　豐臣秀吉
第二十一　德川家康
織田信長豐臣秀吉德川家康の肖像
第二十二　德川家光
大名登城の圖
第二十三　德川時代の學者
德川光圀修史の圖
第二十四　維新
車駕東京に幸し給ふ圖
第二十五　西鄉隆盛　西南の役
第二十六　憲法發布　帝國議會　今の世
東京市民憲法發布式を祝する圖
第二十七　歷世沿革の大要
第二十八　同
第二十九　同
第三十　同
附　列聖承統表　武將執政畧譜

帝國小史　甲號　巻之二目次　文學社

図41-2

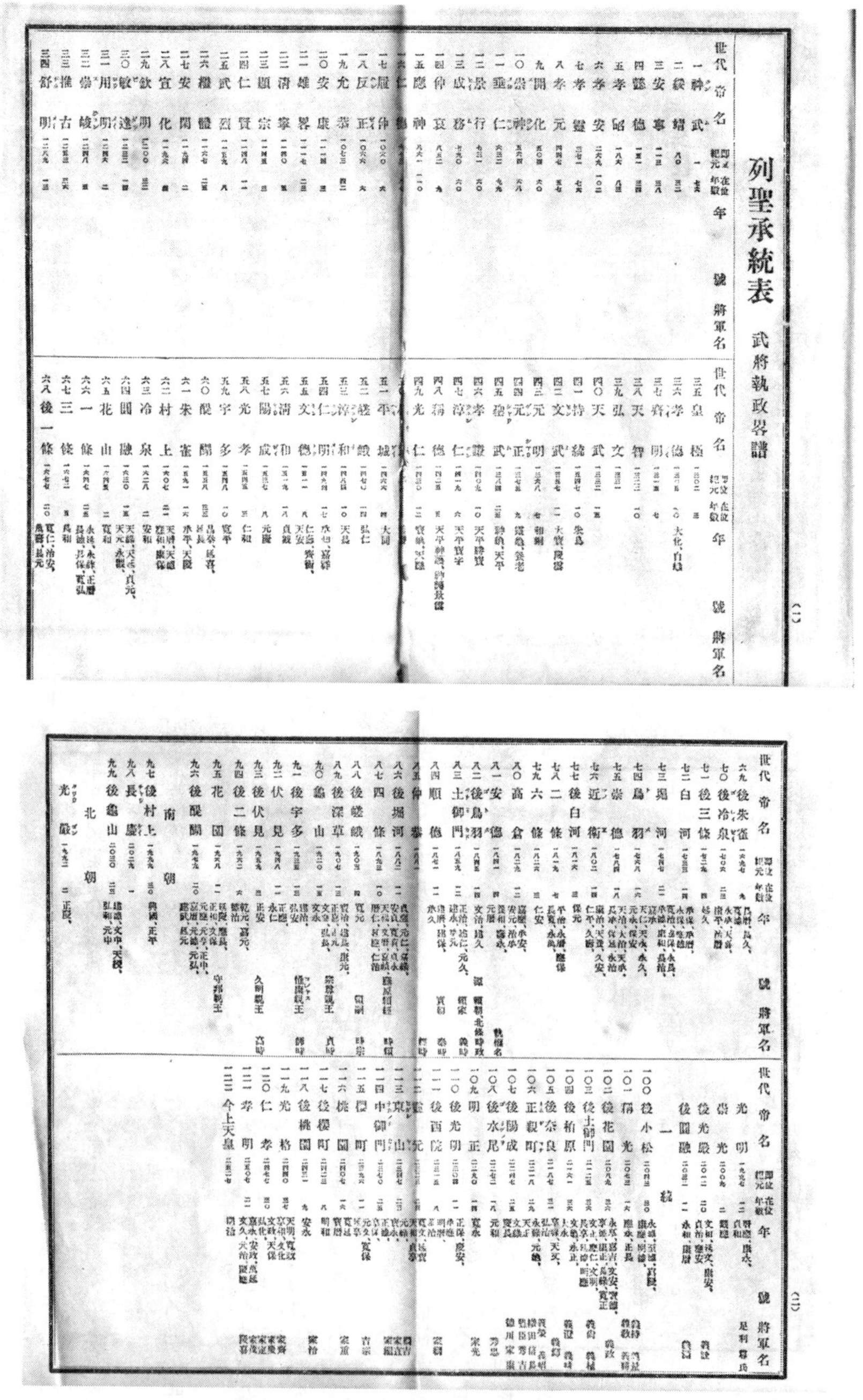

列聖承統表　武將執政略譜

(一)

世代　帝名　即位紀元　在位年數　年號　將軍名

一 神武 / 二 綏靖 / 三 安寧 / 四 懿德 / 五 孝昭 / 六 孝安 / 七 孝靈 / 八 孝元 / 九 開化 / 一〇 崇神 / 一一 垂仁 / 一二 景行 / 一三 成務 / 一四 仲哀 / 一五 應神 / 一六 仁德 / 一七 履中 / 一八 反正 / 一九 允恭 / 二〇 安康 / 二一 雄略 / 二二 清寧 / 二三 顯宗 / 二四 仁賢 / 二五 武烈 / 二六 繼體 / 二七 安閑 / 二八 宣化 / 二九 欽明 / 三〇 敏達 / 三一 用明 / 三二 崇峻 / 三三 推古 / 三四 舒明

三五 皇極 / 三六 孝德 / 三七 齊明 / 三八 天智 / 三九 弘文 / 四〇 天武 / 四一 持統 / 四二 文武 / 四三 元明 / 四四 元正 / 四五 聖武 / 四六 孝謙 / 四七 淳仁 / 四八 稱德 / 四九 光仁 / 五〇 桓武 / 五一 平城 / 五二 嵯峨 / 五三 淳和 / 五四 仁明 / 五五 文德 / 五六 清和 / 五七 陽成 / 五八 光孝 / 五九 宇多 / 六〇 醍醐 / 六一 朱雀 / 六二 村上 / 六三 冷泉 / 六四 圓融 / 六五 花山 / 六六 一條 / 六七 三條 / 六八 後一條

(二)

世代　帝名　即位紀元　在位年數　年號　將軍名

六九 後朱雀 / 七〇 後冷泉 / 七一 後三條 / 七二 白河 / 七三 堀河 / 七四 鳥羽 / 七五 崇德 / 七六 近衛 / 七七 後白河 / 七八 二條 / 七九 六條 / 八〇 高倉 / 八一 安德 / 八二 後鳥羽 / 八三 土御門 / 八四 順德 / 八五 仲恭 / 八六 後堀河 / 八七 四條 / 八八 後嵯峨 / 八九 後深草 / 九〇 龜山 / 九一 後宇多 / 九二 伏見 / 九三 後伏見 / 九四 後二條 / 九五 花園 / 九六 後醍醐

南朝

九七 後村上 / 九八 長慶 / 九九 後龜山

北朝

光嚴 / 光明 / 崇光 / 後光嚴 / 後圓融

一〇〇 後小松 / 一〇一 稱光 / 一〇二 後花園 / 一〇三 後土御門 / 一〇四 後柏原 / 一〇五 後奈良 / 一〇六 正親町 / 一〇七 後陽成 / 一〇八 後水尾 / 一〇九 明正 / 一一〇 後光明 / 一一一 後西院 / 一一二 靈元 / 一一三 東山 / 一一四 中御門 / 一一五 櫻町 / 一一六 桃園 / 一一七 後櫻町 / 一一八 後桃園 / 一一九 光格 / 一二〇 仁孝 / 一二一 孝明 / 一二二 今上天皇

図42

また、帝国小史　乙号ではさらに詳細な記述があるが、図43は表紙、表紙裏、及び最終的な奥付である。具体的な目次などは図44に示す。

当初これだけ詳細な歴史教育が小学校、高等小学校の子供たちにこのような教科書を使って行われたのか、子供たちがこのような漢字を読めたのか少し疑問も感じたのであるが、教科書の最期の裏表紙に所有者の名前が記されたのを見て実際に子供たちに教育されたのだと云うことが確認された。

図45に示すように所有者として当時松江高等小学校第二年四組生徒であった、古い青戸家のご親戚の方のお名前が記されていたのである。

いずれにしても徹底して歴史教育が重視されたのは子供たちに自信と誇りを持たせるためであったものと理解できる。

さらに、後藤　篇の小学句読なる四冊の教科書があり、なんとこの教科では朱熹原著の漢文が詳しく教えられている。後藤篇となっているが、実際には福井淳氏が具体的に説明しているようである。その中では孔子や孟子の言葉がふんだんに記されている。

図46は四冊の表紙、表紙裏、後付である。図47に具体的に記されている夫々の巻の一部を掲載しているが、最初の小学句読　序の中では、よく知る「修身斉家治国平天下」なる言葉が記されているが、非常になじみやすい内容である。しかし、このような漢文を高等小学校以下の子供たちが読み書きできたと云うことは凄いことである。たったの二十歳前後で活躍した人々が凄い文章、詩、句などを自ら作り、美しい字で書として残していたのが、こんな教育があったからこそできたのであると云うことがよく理解できるところである。

明治の頃であったからなのだろうが、小学校、高等小学校の女生徒に対して末松謙澄著、修身女訓なる教科書を使って教育がなされている。図48は表紙と、表紙裏、奥付などである。また緒言、目次の一部、最初の書き出しの部分などを図49に示す。

その他、青戸家蔵書小学校教育教科書の中には図50や図51のような由来の読み取れない本もかなり混じっていた。

図50は養蚕に関する本である。かなり詳しくカラーの図入りで養蚕の核プロセスが詳しく説明されている。

図51は全く由来が分からないものである。その他多数の教育用書籍が残されている。

文部省檢定濟小學校教科用書
甲號 明治廿六年九月十四日
乙號 明治廿六年十二月廿七日
山縣悌三郎著
帝國小史
文學社

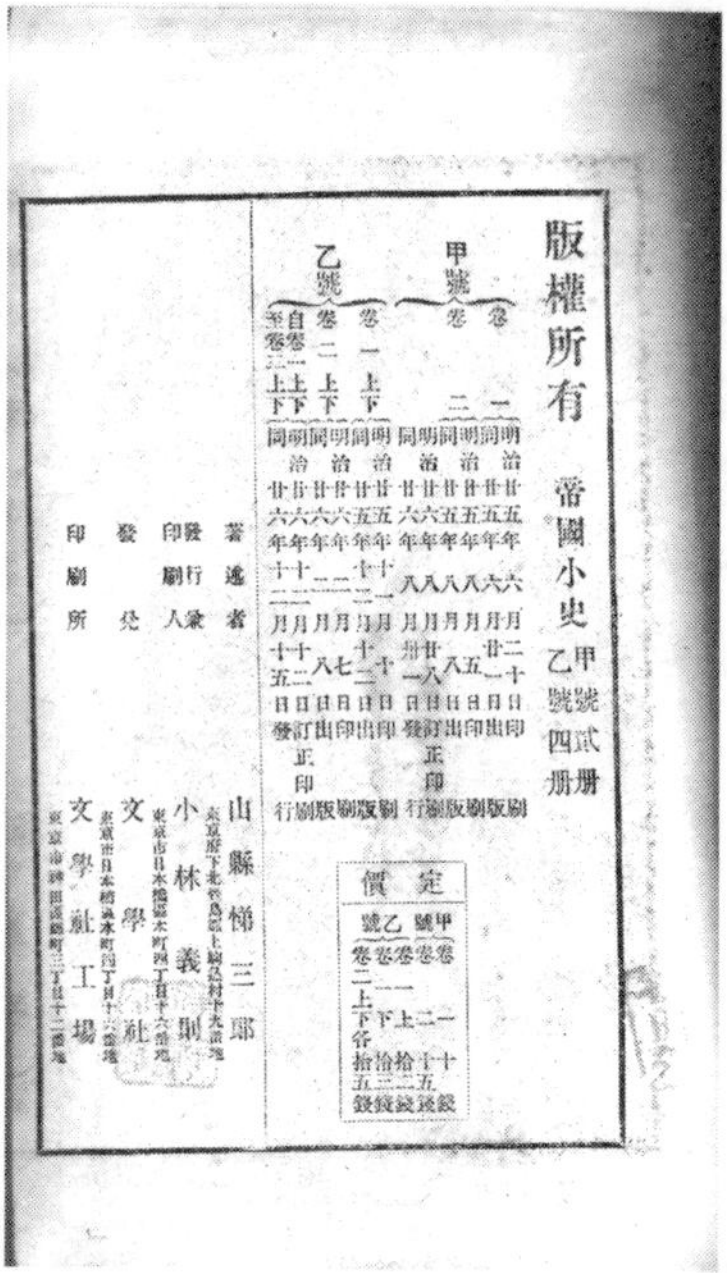
版權所有
帝國小史 甲號貳册 乙號四册

甲號
卷一 明治廿五年六月二十日印刷 同廿五年六月廿一日出版
卷二 明治廿五年八月五日印刷 同廿五年八月八日出版
明治廿六年八月廿八日訂正印刷 同廿六年八月卅一日發行

乙號
卷一上下 明治廿五年十一月十日印刷 同廿五年十二月十二日出版
卷二上下 明治廿六年一月七日印刷 同廿六年一月八日出版
自卷一至卷二上下 明治廿六年十二月十二日訂正印刷 同廿六年十二月十五日發行

定價
甲號 卷一 十錢
卷二 十五錢
乙號 卷一上 拾二錢
卷一下 拾二錢
卷二上下 各拾五錢

著述者 東京府下北豊島郡上駒込村十九番地 山縣悌三郎
發行兼印刷人 東京市日本橋區本町四丁目十六番地 小林義則
發兌 東京市日本橋區本町四丁目十六番地 文學社
印刷所 東京市神田區錦町三丁目十二番地 文學社工場

図43

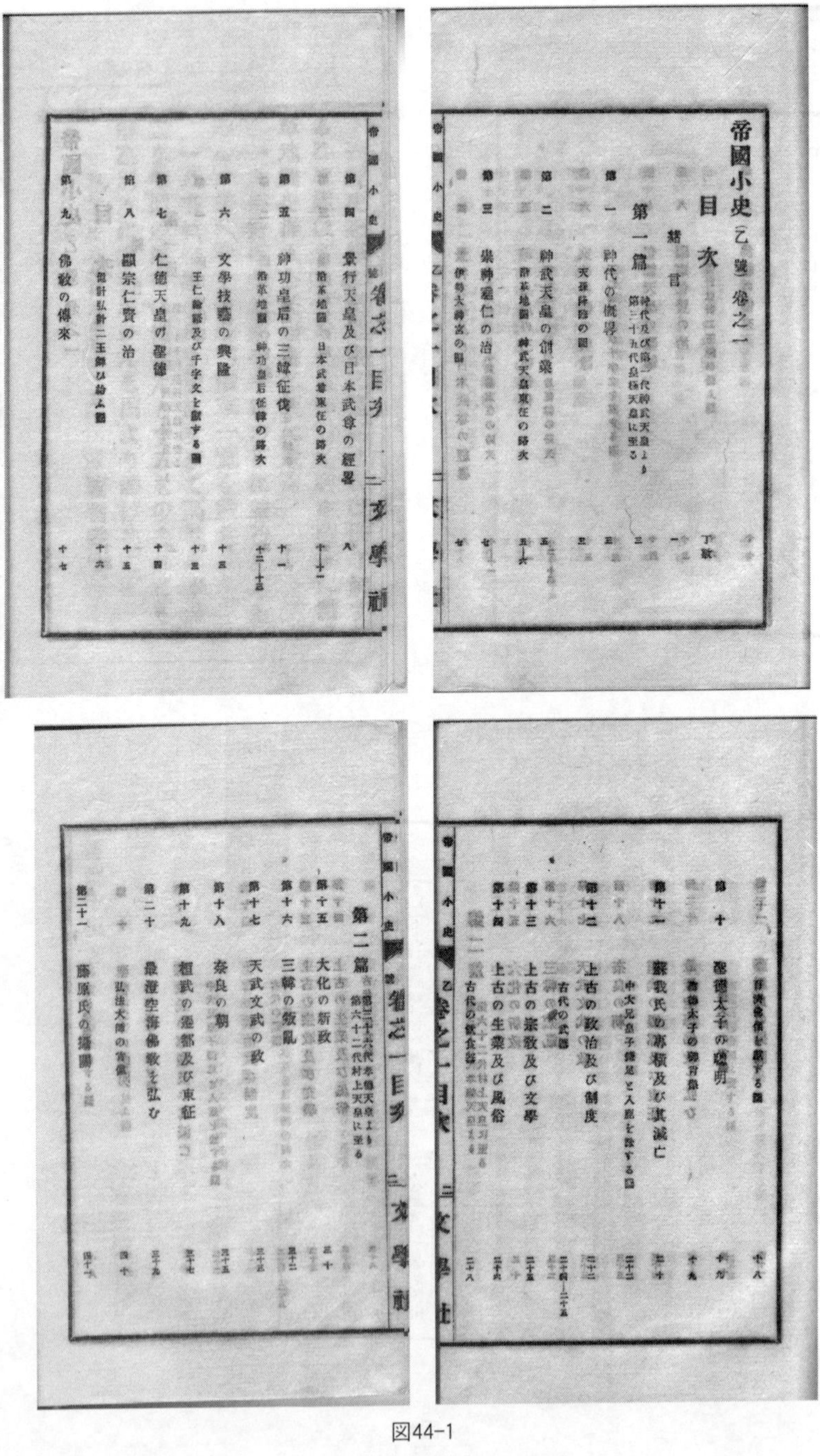

帝國小史（乙號）卷之一

目次

図44-1

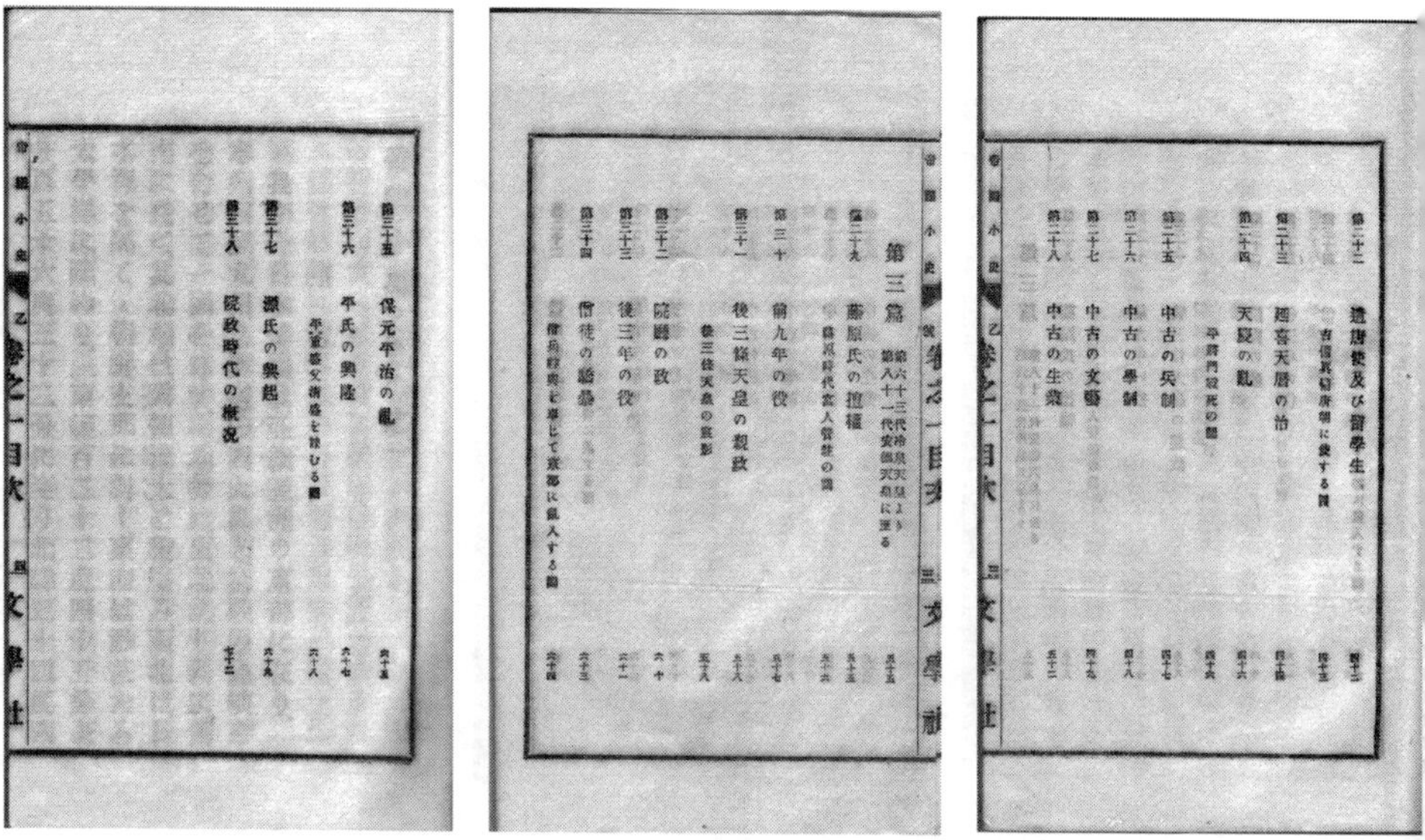

第二十二　遣唐使及び留學生　四十三
　吉備眞備唐朝に歸する圖　四十三
第二十三　延喜天暦の治　四十四
第二十四　天慶の亂　四十六
　平將門敗死の圖　四十六
第二十五　中古の兵制　四十七
第二十六　中古の學制　四十八
第二十七　中古の文藝　四十九
第二十八　中古の生業　五十二

第三篇　第六十三代冷泉天皇より第八十一代安徳天皇に至る

第二十九　藤原氏の擅權　五十五
　藤原時代宮人賞花の圖　五十六
第三十　前九年の役　五十七
第三十一　後三條天皇の親政　五十八
　後三條天皇の御影　五十八
第三十二　院廳の政　六十
第三十三　後三年の役　六十一
第三十四　僧徒の驕暴　六十三
　僧兵神輿を奉じて京都に亂入する圖　六十四

第三十五　保元平治の亂　六十五
第三十六　平氏の興隆　六十七
　平重盛父清盛を諫むる圖　六十八
第三十七　源氏の興起　六十九
第三十八　院政時代の概況　七十二

図44-2

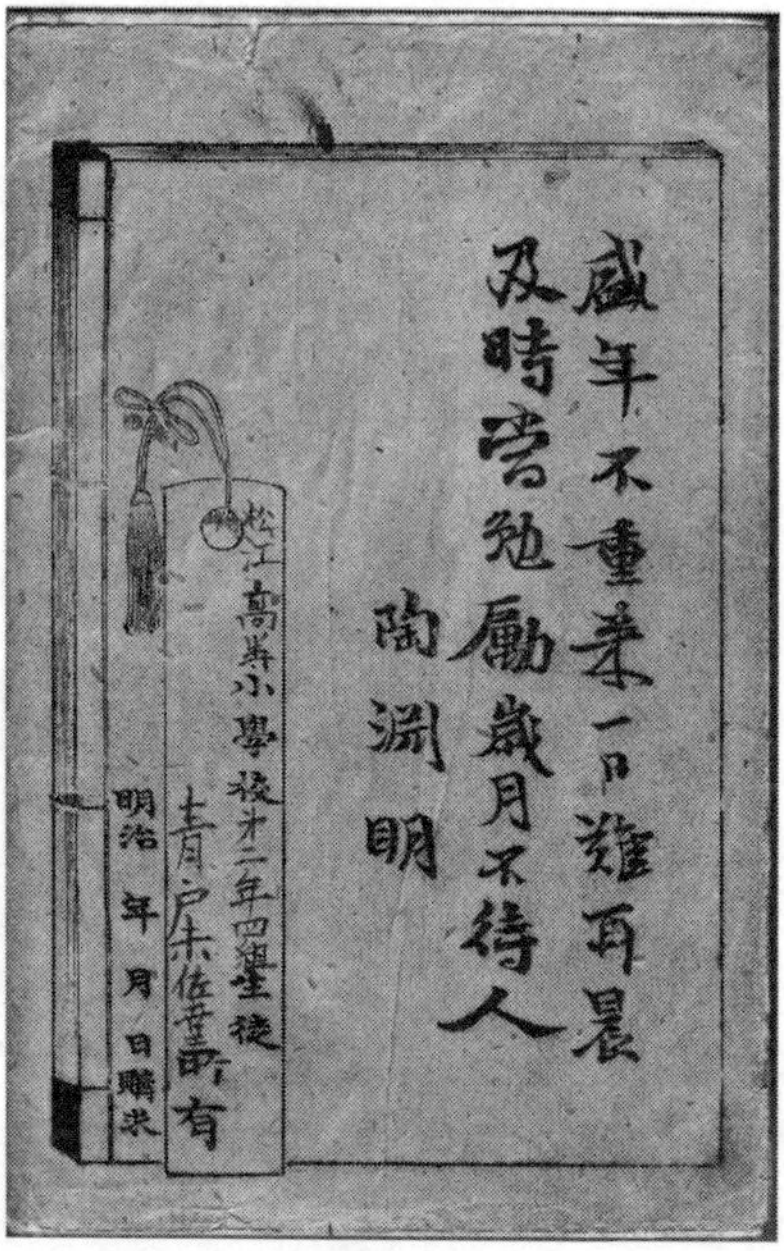

図45

新刻改正
小學句讀
後藤點
外篇
利
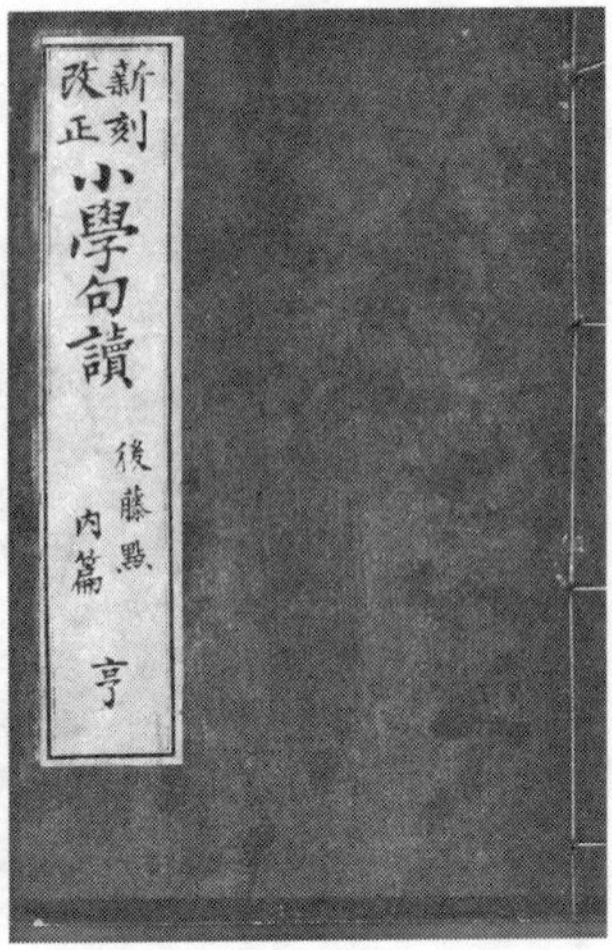
新刻改正
小學句讀
後藤點
內篇
亨
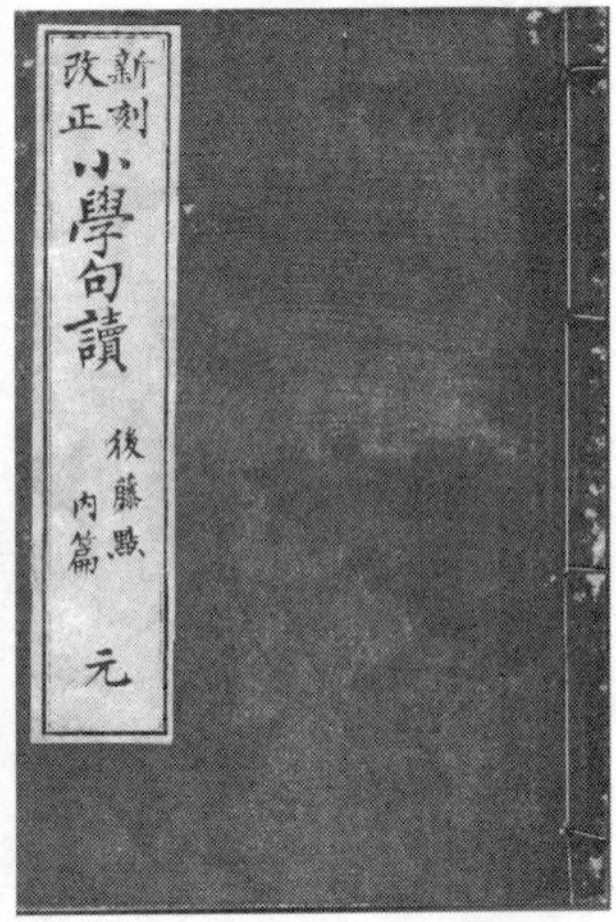
新刻改正
小學句讀
後藤點
內篇
元
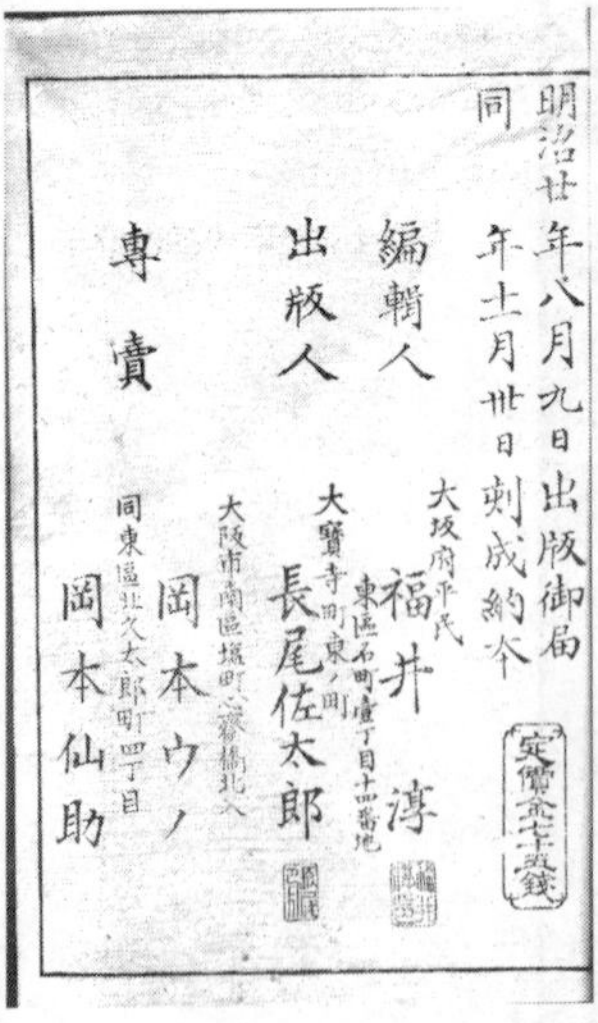
明治廿年八月九日出版御届
同 年十一月卅日刻成納本
定價金七十五錢
編輯人 大坂府平民 福井淳
東區石町壹丁目十四番地
出版人 長尾佐太郎
大阪市南區堀町八幡橋北へ
大寶寺町東ノ町
專賣 岡本ウノ
同東區北久太郎町四丁目
岡本仙助
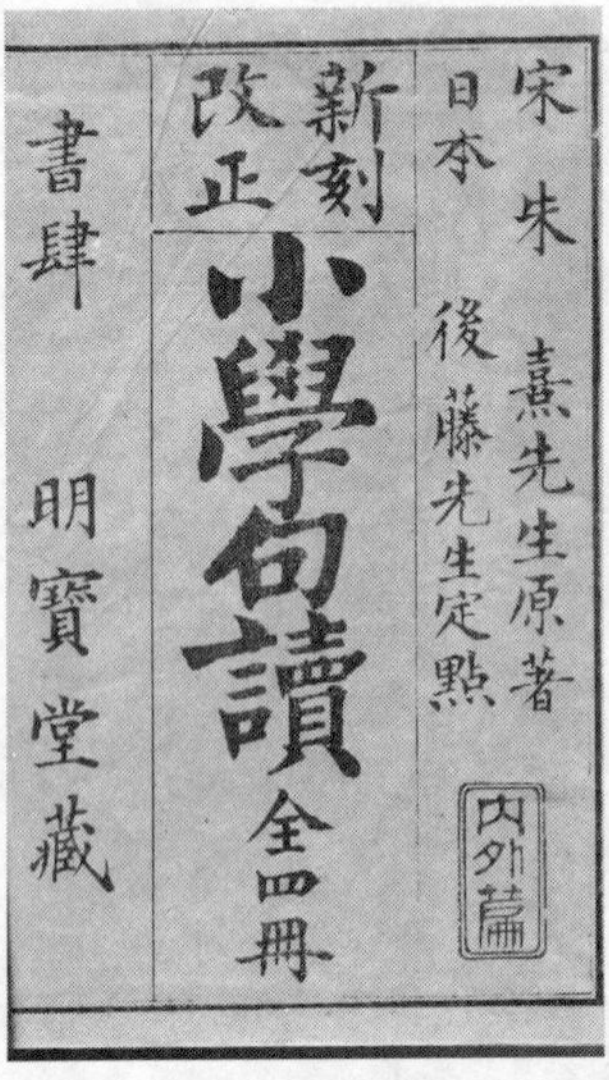
宋 朱熹先生原著
日本 後藤先生定點
內外篇
新刻改正
小學句讀
全四冊
書肆 明寶堂藏

新刻改正
小學句讀
後藤點
外篇
貞

図46

小學句讀　序

大日本　大阪　福井　淳　校

古者小學教人以灑掃應對進退之節愛親敬長隆師親友之道皆所以爲修身齊家治國平天下之本　而必使其講而習之於幼穉之時欲其習與智長化與心成而無扞格不勝之患也　今其全書雖不可見而雜出於傳記者亦多

讀者往往直以古今異宜而莫之行殊不知其無古今之異者固未始不可行也　今頗蒐輯以爲此書授之童蒙資其講習庶幾有補於風化之萬一云爾

淳熙丁未三月朔旦晦菴題

小學句讀　序　畢

小學句讀　卷之一

大日本　大阪　福井　淳　校

內篇

立教第一

子思子曰天命之謂性率性之謂道脩道之謂教

小學句讀　卷之二

大日本　大阪　福井　淳　校

明倫第二

孟子曰設爲庠序學校以教之皆所以明人倫也　稽聖經　訂賢傳述此篇以訓蒙士

內則曰子事父母雞初鳴咸盥漱櫛縰笄總拂髦冠緌纓端韠紳搢笏左右佩用偪屨著綦

図47-1

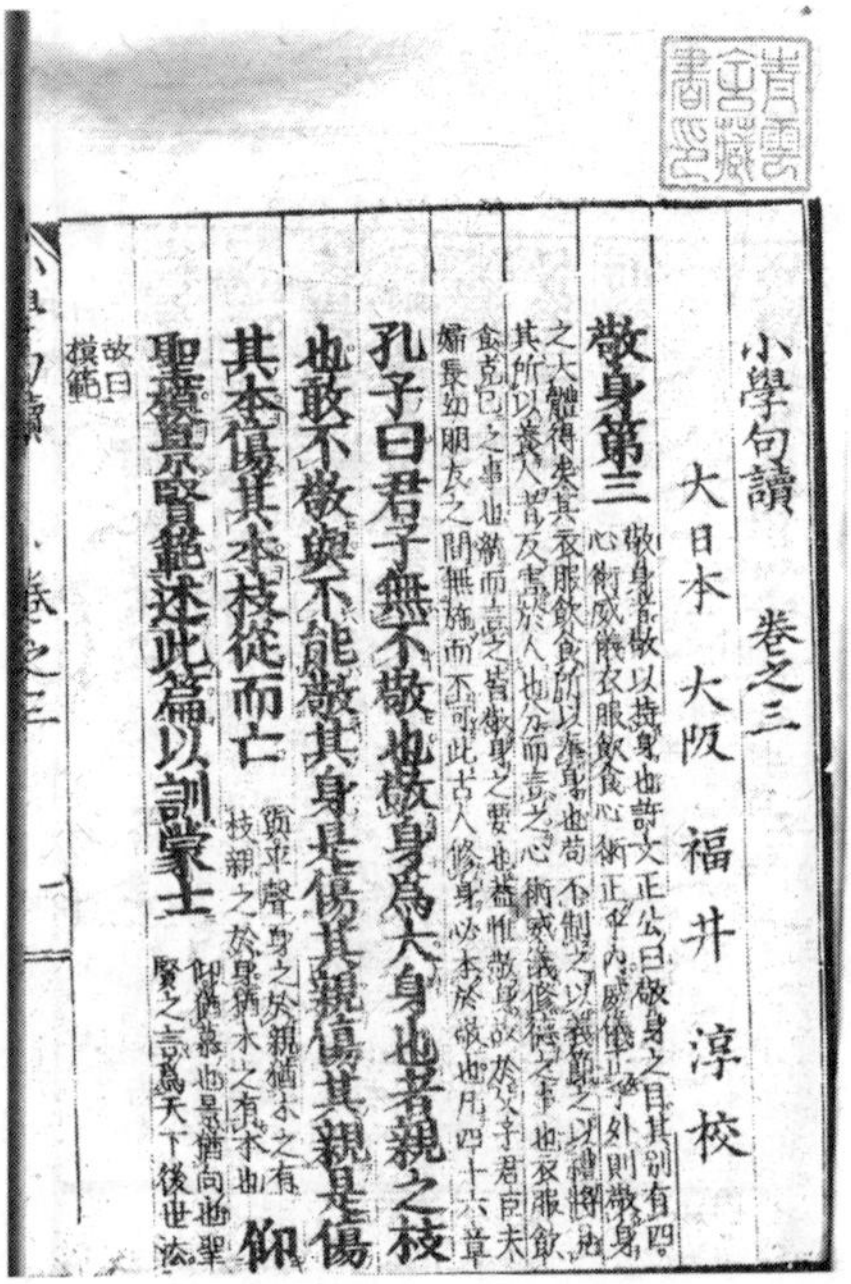
小學句讀　卷之三
大日本　大阪　福井　淳　校
敬身第三
孔子曰君子無不敬也敬身爲大身也者親之枝也敢不敬與不能敬其身是傷其親傷其親是傷其本傷其本枝從而亡
仰聖模景賢範述此篇以訓蒙士

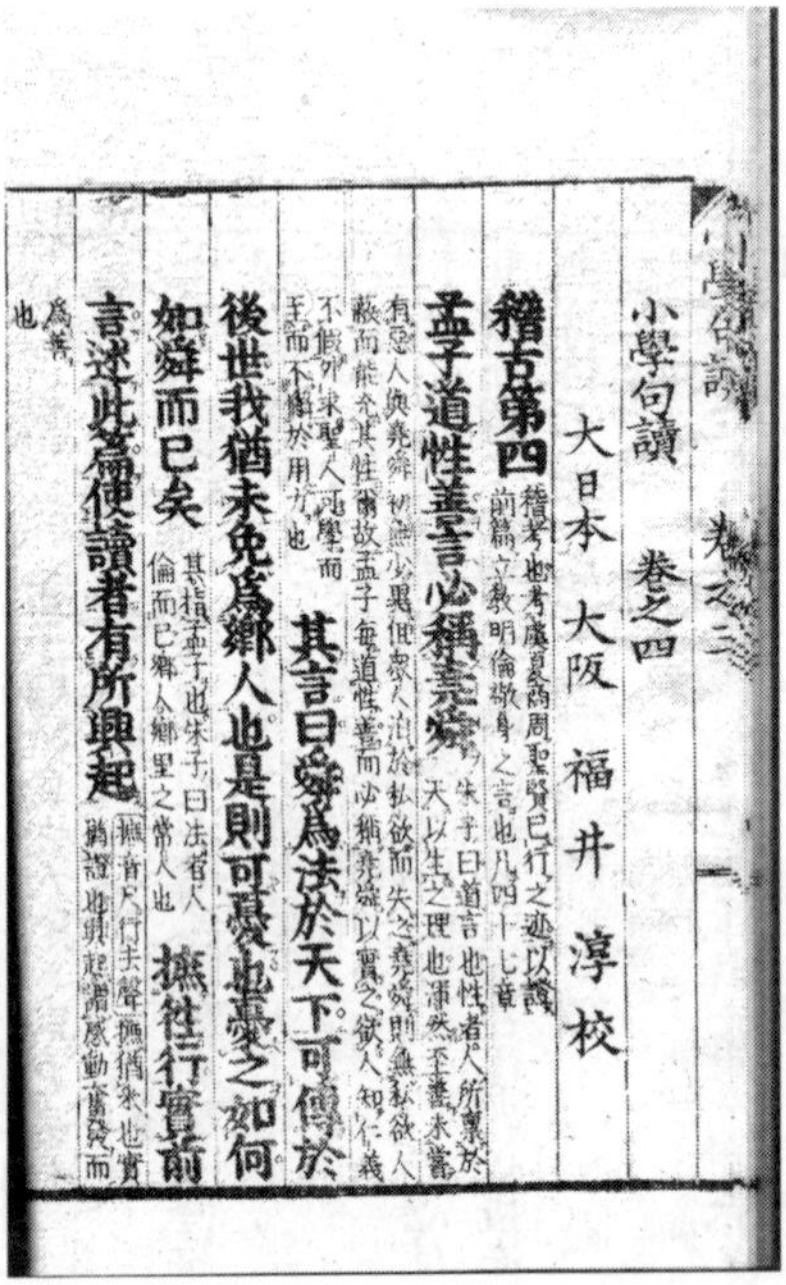
小學句讀　卷之四
大日本　大阪　福井　淳　校
稽古第四
孟子道性善言必稱堯舜
其言曰舜爲法於天下可傳於後世我猶未免爲鄉人也是則可憂也憂之如何如舜而已矣
言述此篇使讀者有所興起

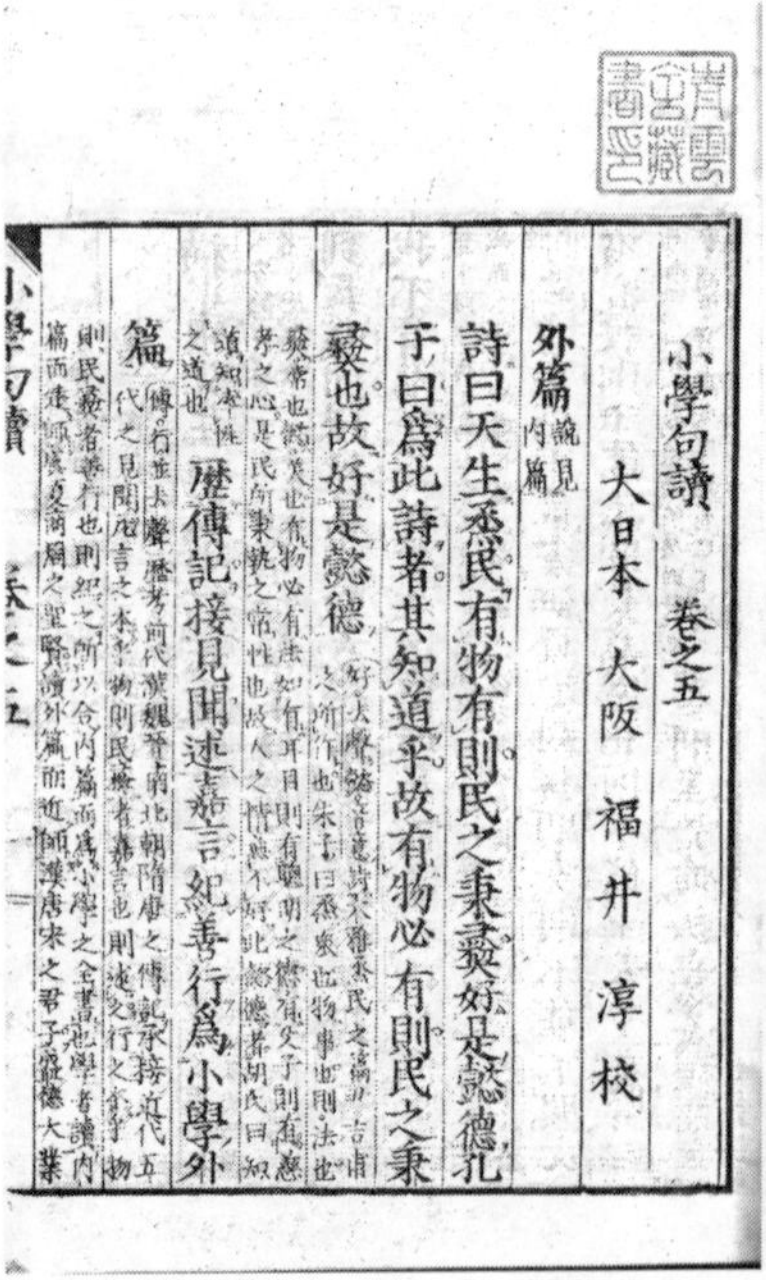
小學句讀　卷之五
大日本　大阪　福井　淳　校
外篇
詩曰天生烝民有物有則民之秉彝好是懿德孔子曰爲此詩者其知道乎故有物必有則民之秉彝也故好是懿德
歷傳記接見聞述嘉言紀善行爲小學外篇

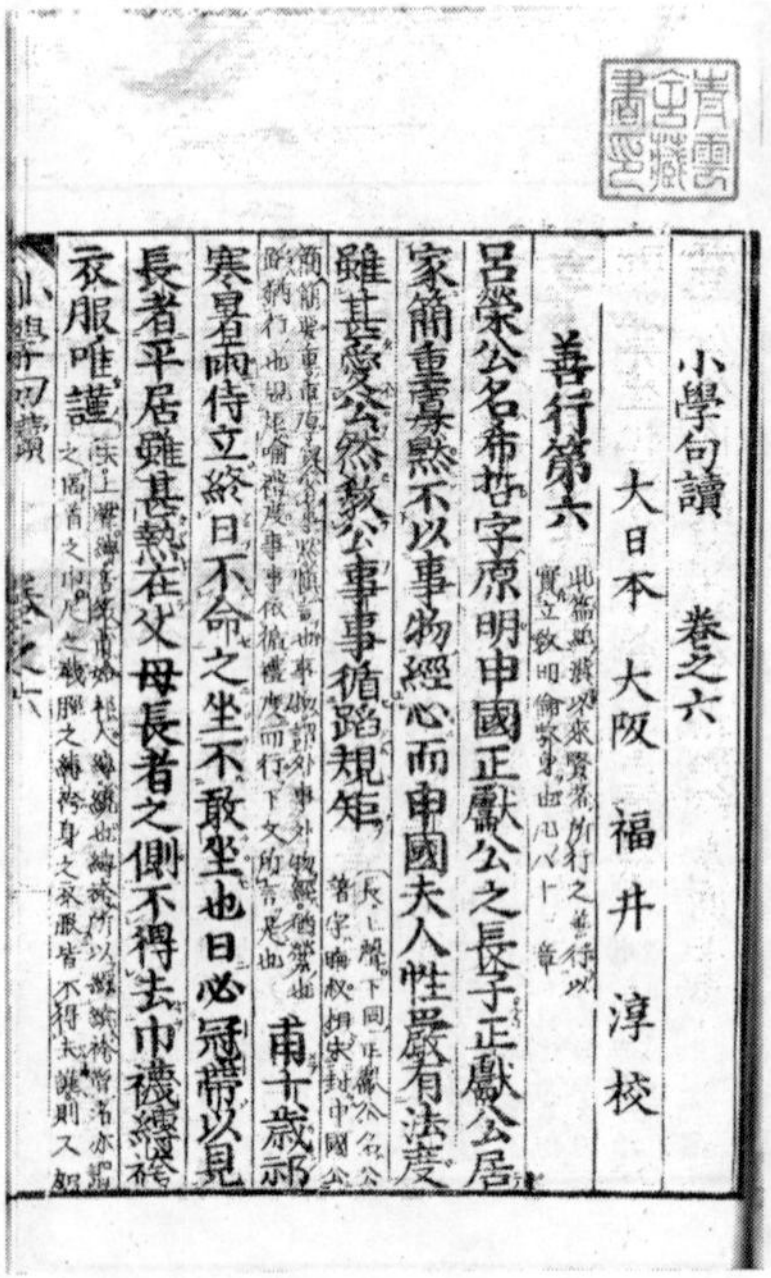
小學句讀　卷之六
大日本　大阪　福井　淳　校
善行第六
呂榮公名希哲字原明申國正獻公之長子正獻公居家簡重寡默不以事物經心而申國夫人性嚴有法度雖甚愛公然教公事事循蹈規矩甫十歲祁寒暑雨侍立終日不命之坐不敢坐也日必冠帶以見長者平居雖甚熱在父母長者之側不得去巾襪縛袴衣服唯謹

図47-2

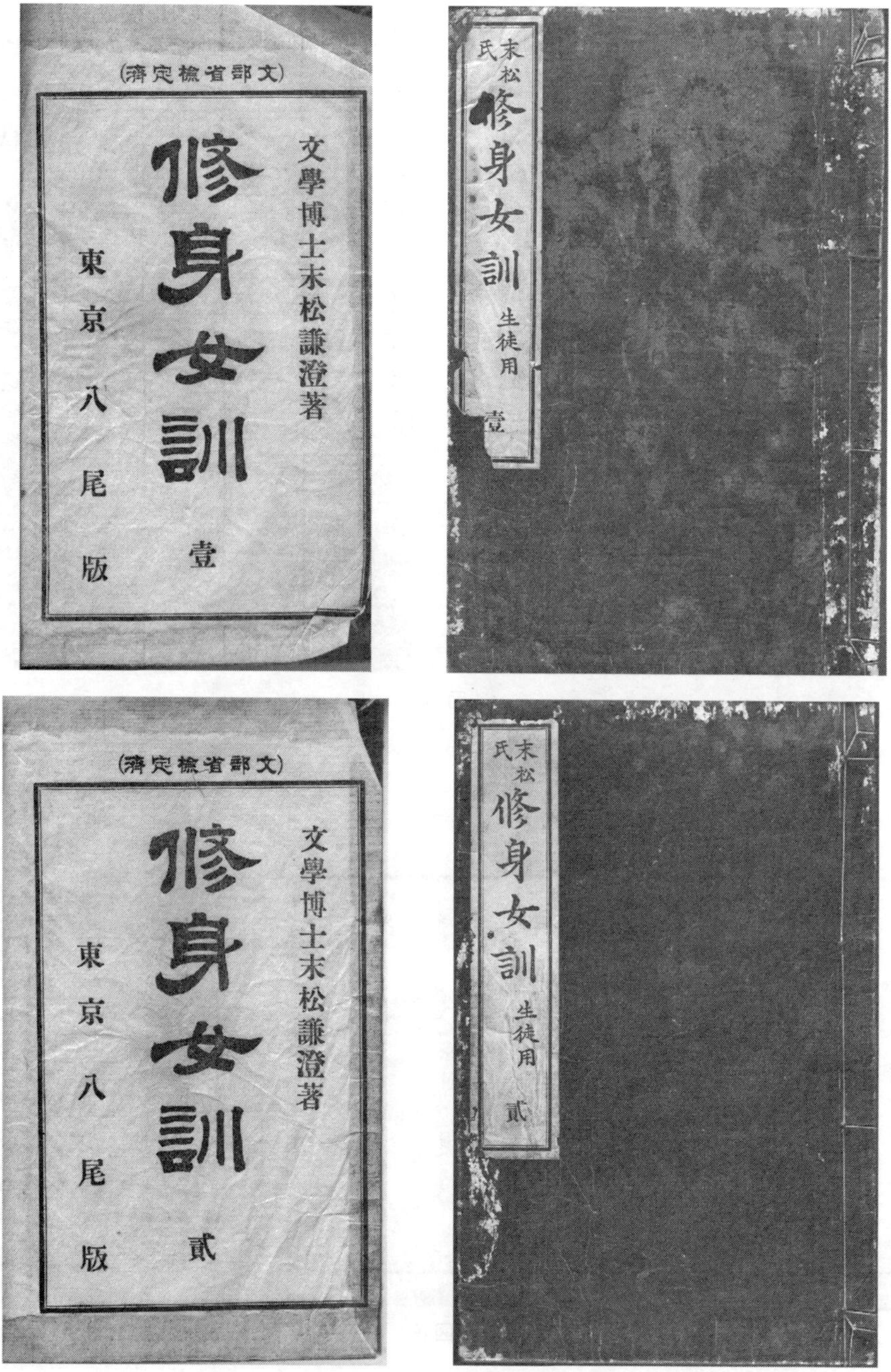
(文部省檢定濟)
文學博士末松謙澄著
修身女訓
壹
東京八尾版
末松氏
修身女訓
生徒用
壹
(文部省檢定濟)
文學博士末松謙澄著
修身女訓
貳
東京八尾版
末松氏
修身女訓
生徒用
貳

図48-1

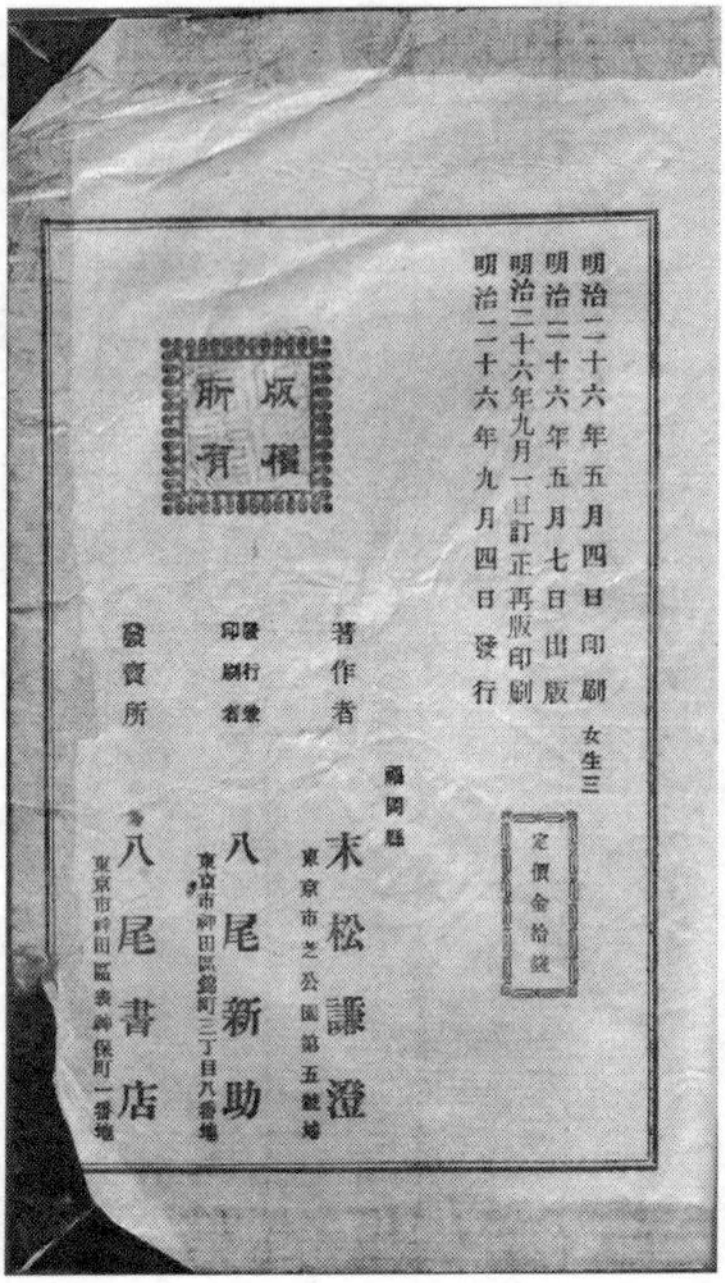
明治二十六年五月四日印刷 女生三
明治二十六年五月七日出版
明治二十六年九月一日訂正再版印刷
明治二十六年九月四日發行
定價金拾錢
版權所有
著作者 末松謙澄 東京市芝公園第五號地
發行兼印刷者 八尾新助 東京市神田區錦町三丁目八番地
發賣所 八尾書店 東京市神田區表神保町一番地

末松氏
修身女訓
生徒用
參

図48-2

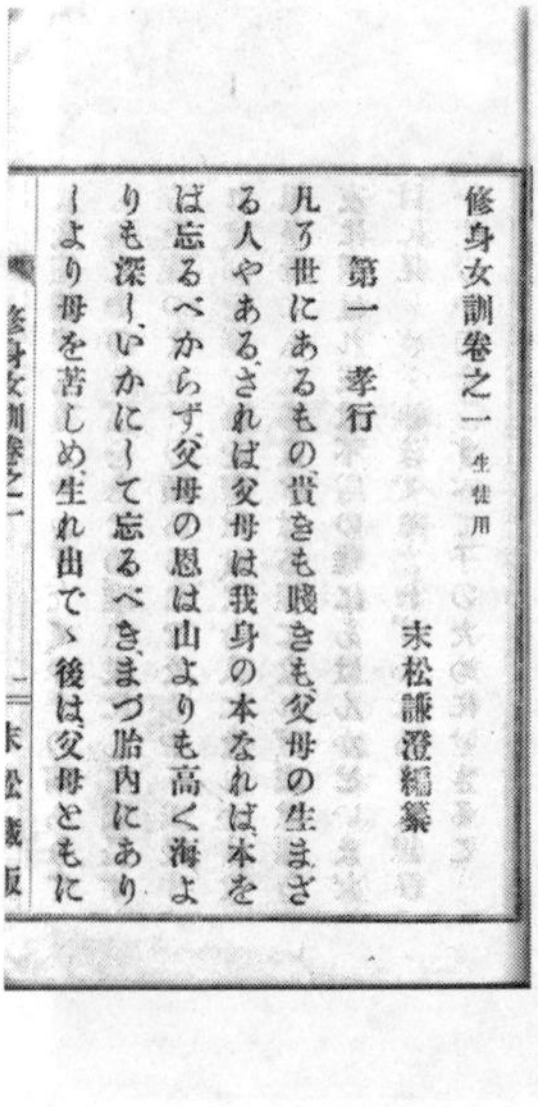
修身女訓巻之一 生徒用
末松謙澄編纂
第一 孝行
凡そ世にあるもの貴きも賤きも父母の生まざる人やある。されば父母は我身の本なれば本を忘るべからず父母の恩は山よりも高く海よりも深し。いかにして忘るべき。まづ胎内にありしより母を苦しめ生れ出でゝ後は父母ともに

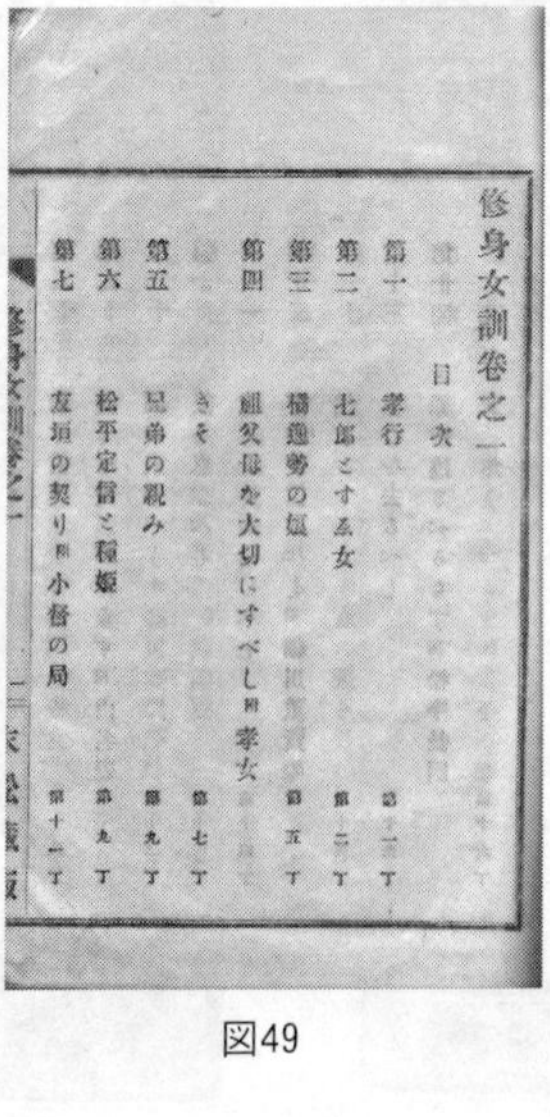
修身女訓巻之一
目次
第一 孝行
第二 七郎とする女
第三
第四 祖父母を大切にすべし附孝女
第五 兄弟の親み
第六 松平定信と稲姫
第七 友垣の契り附小督の局

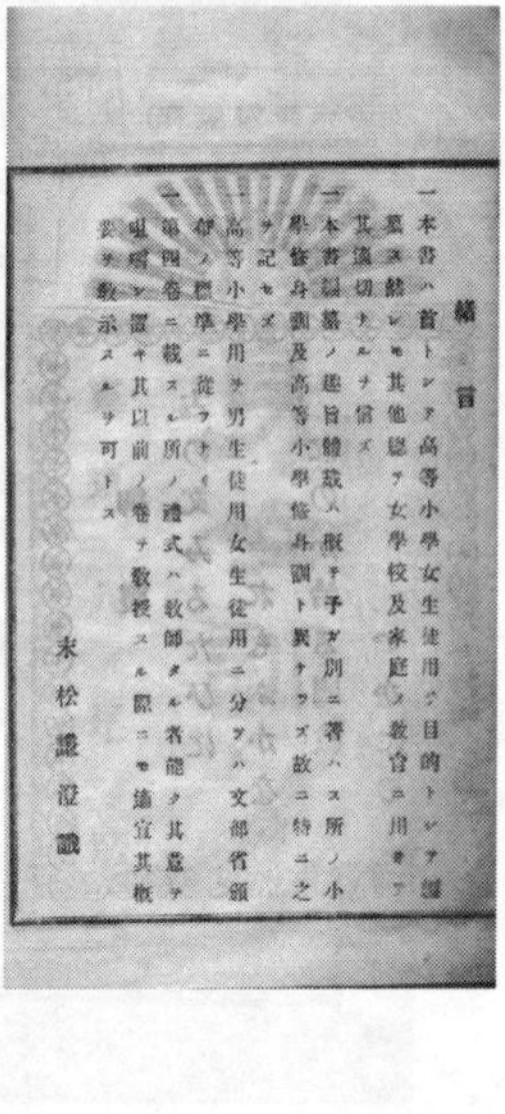
緒言
末松謙澄識

図49

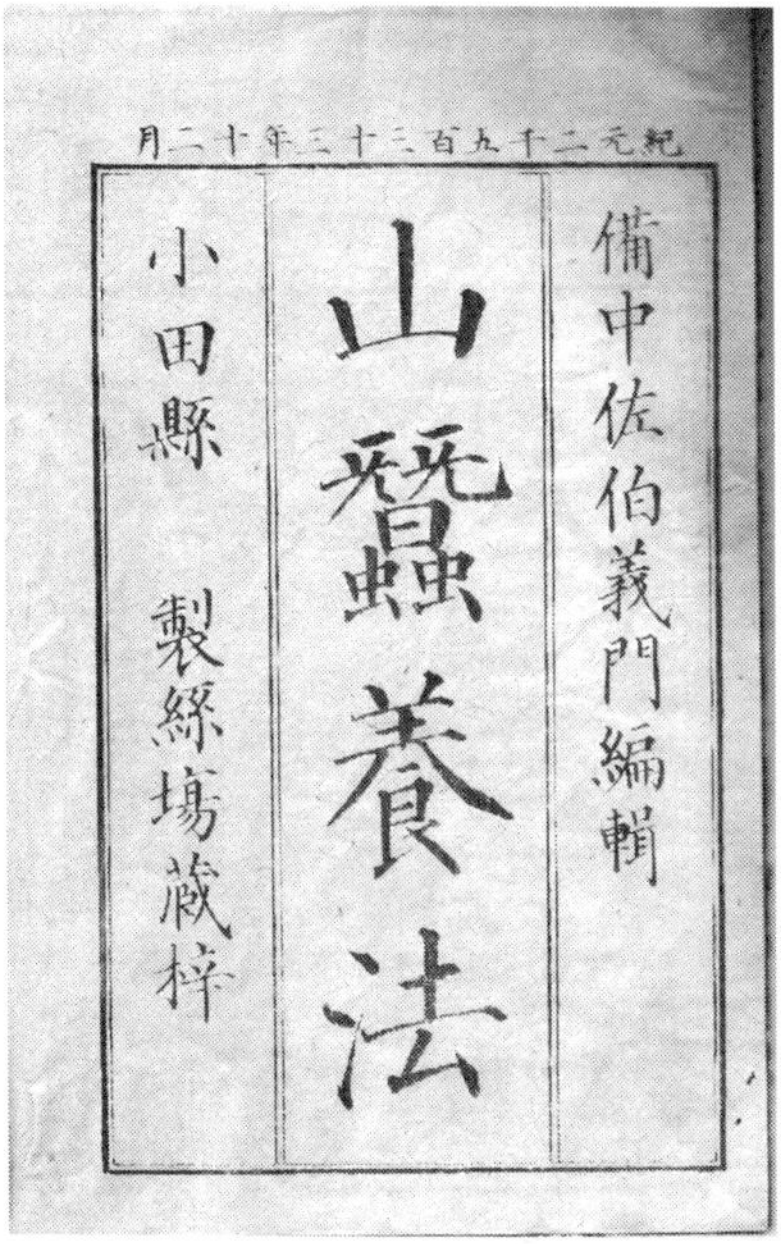
紀元二千五百三十三年十二月
備中佐伯義門編輯
山蠶養法
小田縣製絲場蔵梓

山蠶養法
全

図50

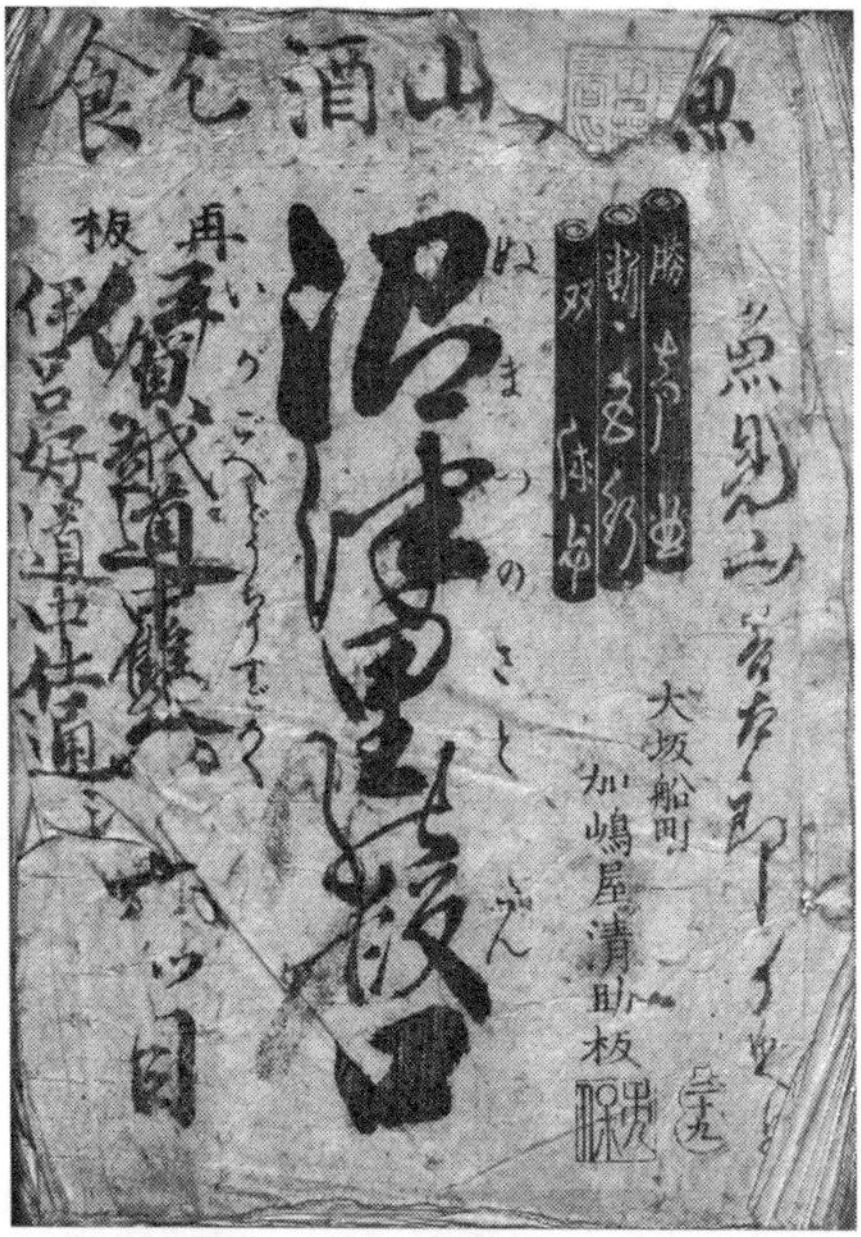
大坂船町
加嶋屋清助板

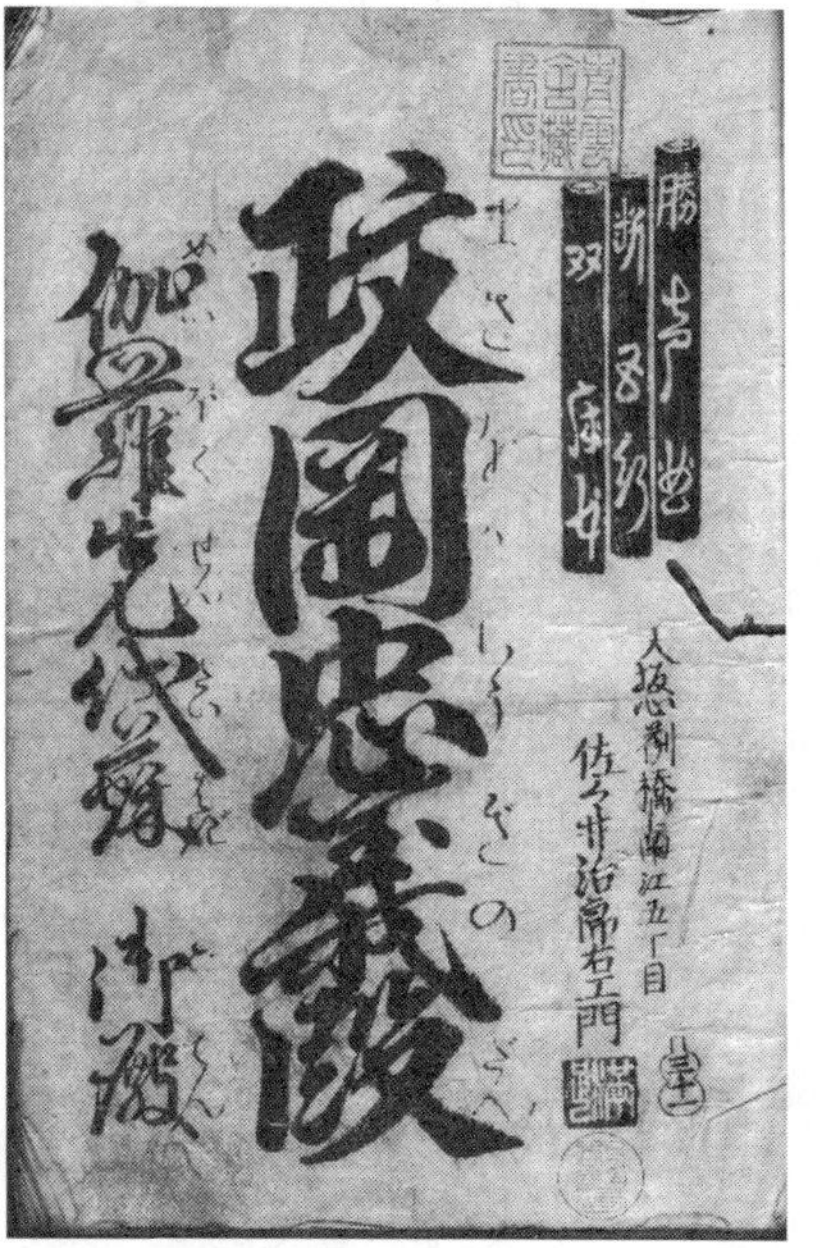
佐々井治郎右エ門

図51

4 付録

4・1　寺子屋

江戸時代全国的に庶民の教育所として存在していたのは寺子屋であることはよく知られている。この寺子屋は当時の日本政府に当たる江戸幕府が開いたものでなく、民間の教育機関であり、各村落、地域の神社やお寺、有志が基本的に一般の家庭の子供たちの教育を行ったものである。幕府の学校としては昌平黌が、また各藩には藩校があったが、大多数の子供たちは寺子屋で学んだと云う。それがかなりの高い割合で行われ、その結果当時の我国の人たちの識字率は諸外国に比べて圧倒的に高かったと思える。

後で少し説明する榎本武揚はまず昌平黌で儒学を学び、その後、中浜万次郎の下で英語を学んでいる。これは云えば私塾のような存在であろう

昔のことが書かれた絵などを見ると、寺子屋ではどうやら大きめの部屋に座卓を並べて子供たちが勉強をするわけであるが、先生に当たる人が現在のように、皆を前に黒板や大きな紙に何かを書いて一斉に同じことを教えると云うより、筆者が聞いた範囲から考えると、個別あるいは少人数教育に近いものであっただろう。そもそも黒板など存在もしなかったのだろう。共通の教材もあったであろうが、各子供はたとえそれが共通の教材であってもいろんなステージ、レベルのものをまたいろんな種類のものを与えられ自ら勉強しており、時々自らあるいは先生に呼ばれて先生の机の所に行って個別に教えを受けたのであろう。今の言葉で云えば一人一人に対応して行う教育であり、子供の能力、適性、性格を知る先生であるからできるのである。しかも、子供によって教材は分野によって大きく異なっており、農家の子に対しては将来農業に携わることを念頭に編集された教材、主には農業に関係する教材、大工さんになろうとする者には大工さん向きの教材、などを用いており、云えば小さな子供の頃から将来に向けての専門に近い知識がつくような教育を受けていたのであろう。勿論、読み、書き、計算の基本は共通であろうが。だから非常に小さな子でありながら、実社会ですぐに実務につけ充分な戦力を身につけるようになる子も多かったのである。すなわち、非常に高い能力が、実務に役立つ知識が子供の

時に付けられており、現代のように中学校までほぼ同じ内容を教えると云うことにはなっていなかったのであろう。

小学校教育が明治に入って全国的に一斉に始まったとしても、それまでの寺子屋的な流れがいい具合に取り込まれていたところがあった可能性があると思っている。あるいは補修的に寺子屋的な非公式の教育も残っていたかも知れない。

4・2　猪会

明治40年生まれで島根県八束郡玉湯村小学校を卒業した湯町地区の８名が20代の頃創立した一種の同窓会組織である。昭和10年乙亥年の元旦に発足したもので、時々集まってお酒を酌み交わしながら親交を深めると共に、お互いに人のため、国のため頑張ろうと励まし合う会だったようである。

付録図１はその第一回設立時の記録である。

4・3　榎本武揚

一般的には榎本武揚は幕末に活動した幕府側の将軍の一人であり、五稜郭の戦いで明治政府側に敗れ、これによって戊辰戦争が終わったと理解されている。すなわち、戊辰戦争は明治元年に始まるが、この五稜郭の戦いで勝利した明治政府が完全に国内を掌握したとされている。このことから幕府側の海軍のトップであった榎本武揚は頑固な旧守派のようであるが、実は極めて優秀で将来を見抜いた頭脳明晰、英明で豊富な知識を持った、国際的知見も豊かな人物であったと考えられる。オランダ語、英語は勿論、ロシア語、さらにはフランス語、ドイツ語も操れたのではと思われるのである。

筆者がなぜ榎本武揚のことをある程度知っているのかであるが、実は高等学校の日本史で習ったことがあるからだけではない。詳しくは大学院の学生頃、研究室で日夜研究を一緒に行った、と云うか指導を受けた久保宇市先生（当時大阪大学助手、その後、近畿大学教授、理工学部長）に度々話を聞いていたからである。詳細な話は電気評論第82巻８号（１９９７年）44～50ページに「初代電気学会会長榎本武揚の生涯」と云うタイトルで久保宇市教授が記されている。その寄稿に当たって、身近で原稿作成に立ち会ったことがあったことにもよっている。

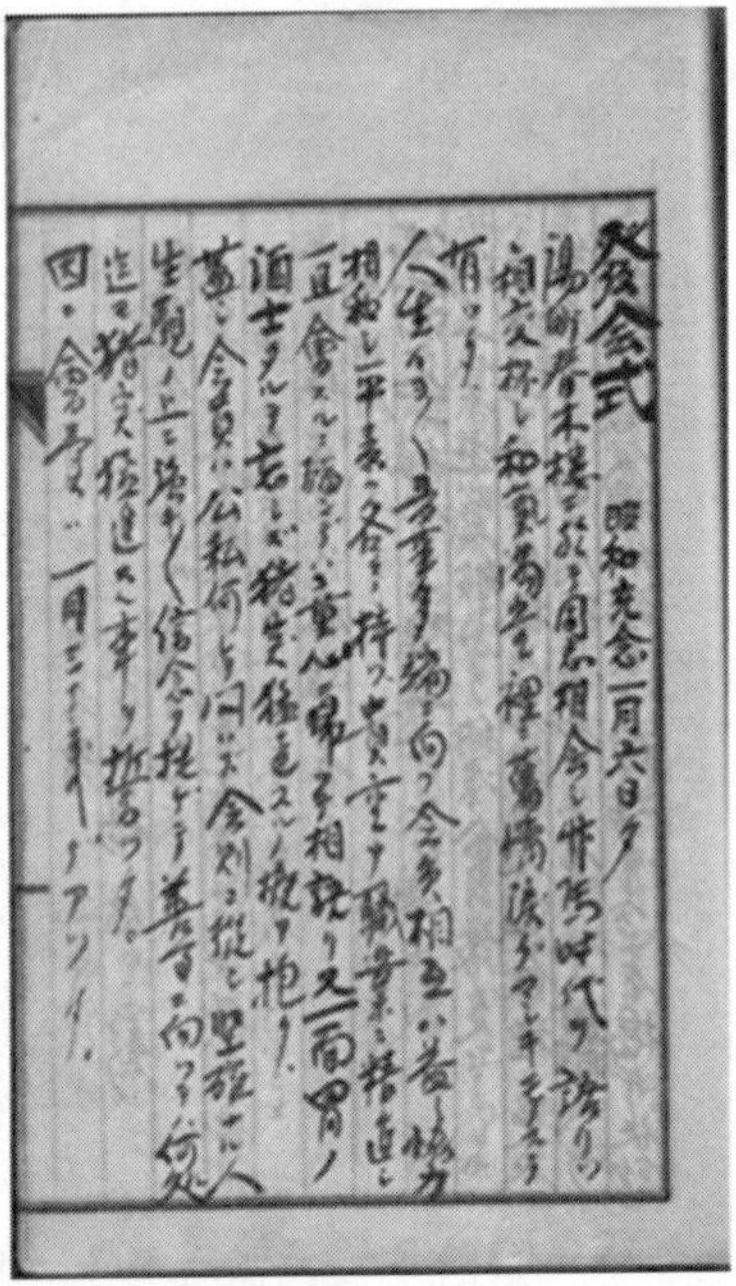
發會式

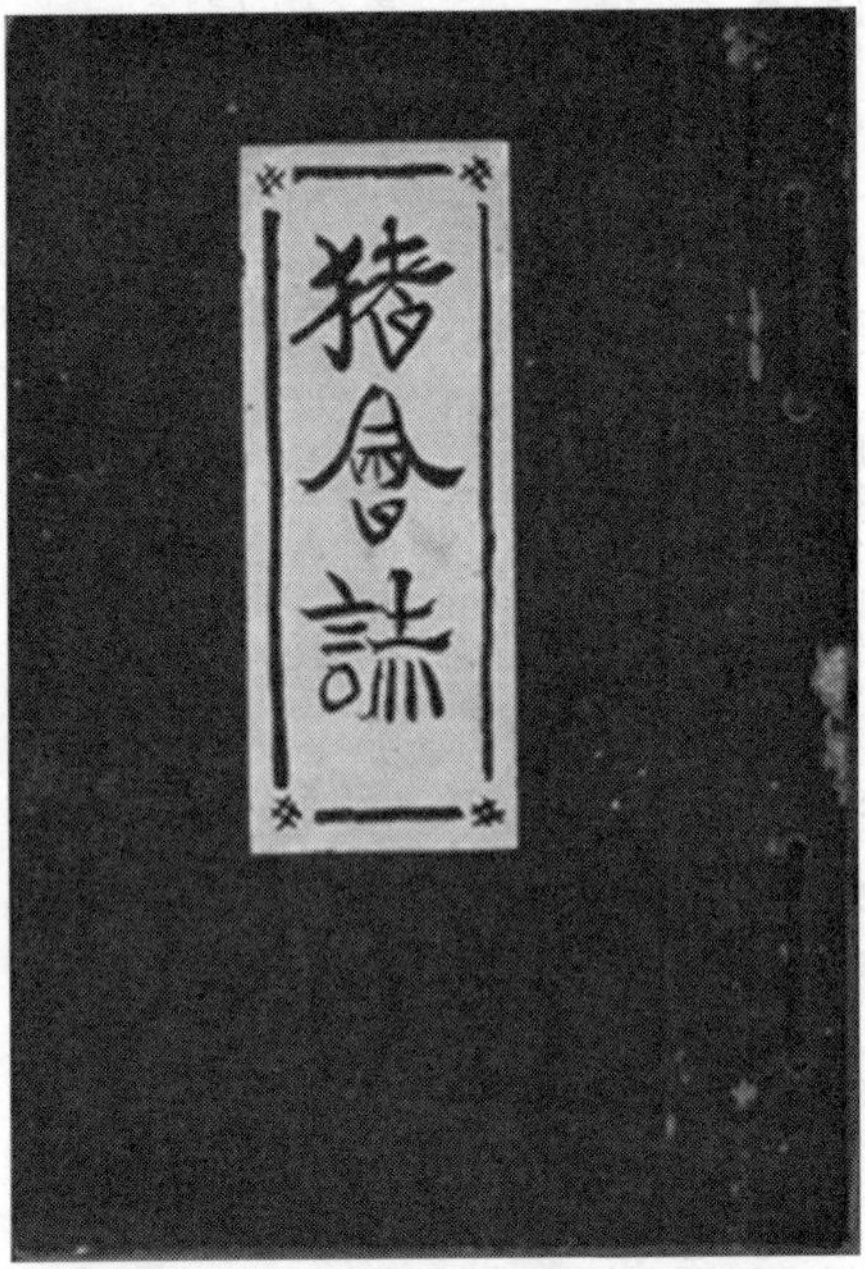
猪會誌

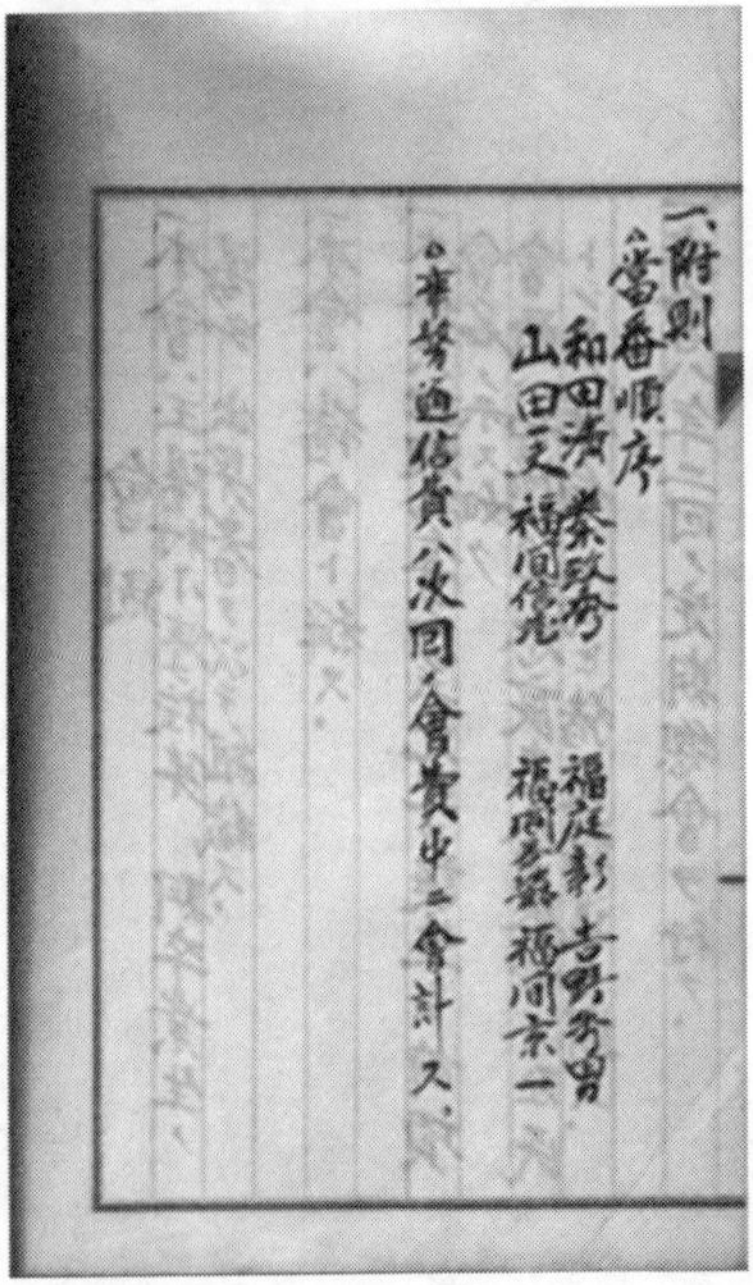
一、附則
○當番順序
○本年度通信費ハ次回ノ會費中ニ會計ス。

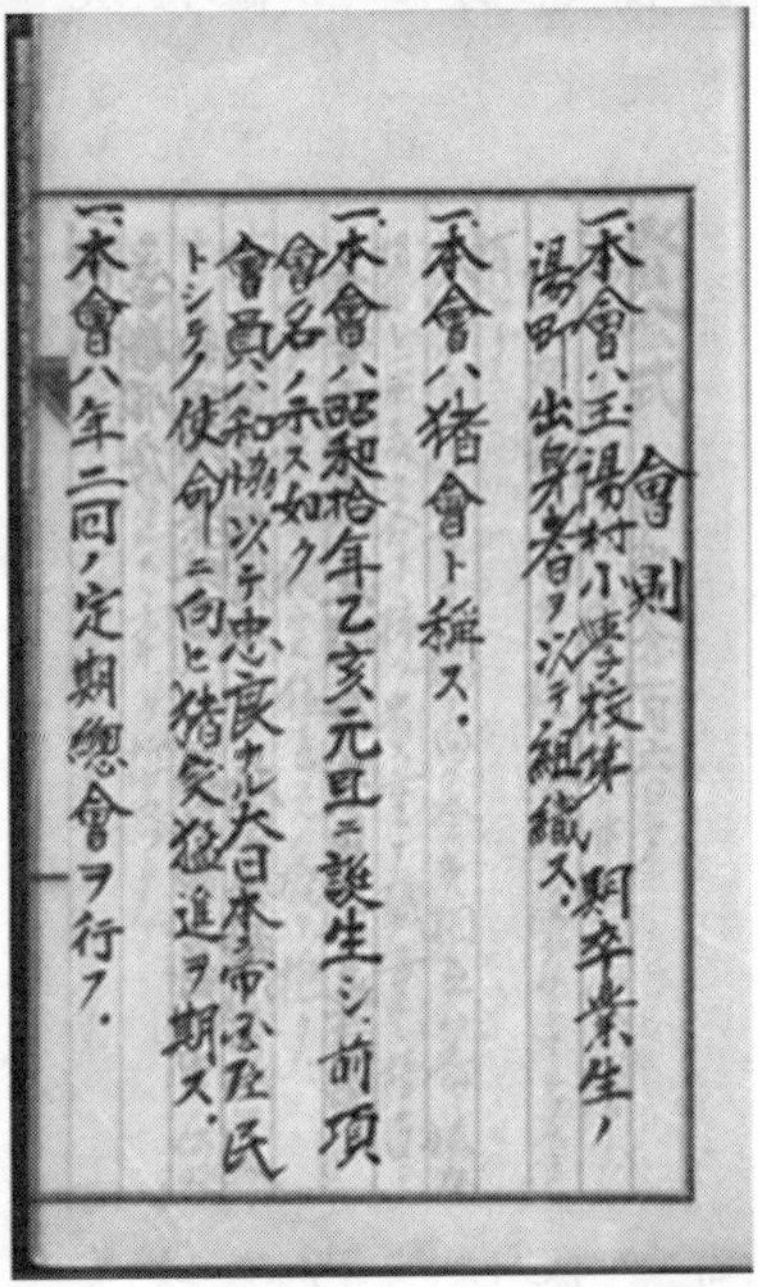
會則
一本會ハ玉湯村小學校卒業生ノ湯町出身者ヲ以テ組織ス。
一本會ハ猪會ト稱ス。
一本會ハ昭和拾年乙亥元旦ニ誕生シ、前項
會名ヲ示スガ如ク
會員ハ和協以テ忠良ナル大日本帝國臣民
トシテノ使命ニ向ヒ猪突猛進ヲ期ス。
一本會ハ年二回ノ定期總會ヲ行フ。

付録図 1

榎本武揚はヨーロッパで多くの学問、技術を学び、また購入した軍艦、開陽丸を操って日本に帰り、幕府側のトップにあった人であり、非常に高い知識、識見を有していたと考えられている。

ただ大政奉還に当たり将来のことを考えると新しい政府は幕府側の武士の処遇を適切に行うべきであると考え、日本で最先端の軍艦を含めて大きな船団を率いて東北を廻り北海道函館の五稜郭を拠点に黒田清隆を司令官とする明治政府軍と対峙し、激しく戦い、独立宣言も行ったが、最終的には敗れた。常識的には敗軍の将であるから、敗れれば処刑されるか切腹して果てるのが普通であるが、政府軍側の大将黒田清隆が榎本武揚は素晴らしい知識と経験、国際感覚を備えた人物であるから、処刑を指摘する声が強い中で、助命するために、なんども嘆願書を出すなどいろいろ進言をし、最終的には処刑されることなく、数年間獄につながれることとなった。その背景には海律全書、国際海洋問題に関する書籍類を有し、それに通じ、それを日本の将来にとっては極めて重要であるので自分はともかく、この書籍を失ってはいけない、この書だけは残してほしいと敵将黒田清隆に渡したのである。何度も降伏するよう説得する黒田清隆に対してである。

その後、何度も幾多の困難に対応する難局に立ち向かわされた明治政府は、榎本武揚の活躍を期待して、政府に入ることを嘱望され、閣僚にも選任された。外務大臣として条約改正に尽力し関わるなど多くの大臣を歴任して、大変な貢献をするのである。その中で逓信大臣、文部大臣も務めるのである。榎本は政治だけでなく学問、技術にも詳しく経験豊かであったのである。そのことから考えると明治時期の教育、教科書などにも榎本の考え方、影響が入っていると考えてよいと思われる。

榎本武揚の足跡を年代順に主なところを記す。

１８３６年　江戸で生まれる。榎本釜次郎武揚である。
　　　　　１８４７年から昌平黌で儒学、１８５３年から中浜万次郎の下で英語を学ぶ。
１８５４年　北蝦夷地（蝦夷・樺太）調査に随行
１８５６年　長崎海軍伝習所に入る。
１８６２年　オランダ・ハーグに留学
１８６６年　オランダ留学を終え開陽丸に乗り日本に向けて回航

1867年　日本、横浜に帰国　榎本武揚軍艦奉行、開陽丸船将
大政奉還
1868年　明治元年
戊辰戦争、鳥羽・伏見の戦い、幕府海軍－薩摩海軍海戦
西郷隆盛―勝海舟会談　江戸城無血開城　幕府側武装解除
榎本武揚　優秀な軍艦を擁し引渡し拒否、開陽丸等4隻の軍艦で榎本艦隊結成
北上し函館、五稜郭、蝦夷地を占領、蝦夷嶋共和国と呼ばれる行政組織結成
総裁榎本武揚、副総裁松平太郎、陸軍奉行大鳥圭介、陸軍奉行並土方歳三等
1869年　明治政府軍官軍参謀黒田清隆総攻撃、榎本武揚五稜郭開城、降伏
その間、降伏、自決を覚悟した榎本武揚は日本の将来のためにと持てる海律全書を黒田に届ける
榎本処刑の動きの中黒田らが日本の将来のために余りにも惜しいと助命嘆願
1872年　2年半近く獄中にあり赦免後、開拓使として北海道で開拓、鉱山関係（石炭、砂等）の要務。
1874年　海軍中将、対露北方領土問題処理の特命全権公使を拝命、ロシアへ
当時樺太は日本人、ロシア人が混在しており国境策定が急がれ榎本が必要とされた。1875年千島・
樺太交換条約　樺太ロシア領、千島日本領と確定
1878年　ペテルブルグからシベリア大陸横断して帰国、地勢、鉱業、産業、軍隊、人情風俗などを調査、記録
1879年　外務省条約改正取調御用掛（外務大輔）
1882年　清国北京駐在特命全権公使　1885年天津条約
1885年　逓信大臣（初代）
1888年　農商務大臣（兼務）
電気学会設立、初代会長
1889年　文部大臣
1891年　外務大臣　大津事件（大津でのロシアニコライ皇太子襲撃事件）の後始末のため

１８９４年　農商務大臣（伊藤内閣）
１９０８年　逝去（享年72歳）

4・3・2　榎本武揚にからむ付記

筆者があらためて榎本武揚の業績を思い出した背景には次の事実がある。

実は、平成28年の初め、電気学会本部から電気学会名誉員に推挙するから経歴など様々な書類を提出するよう連絡があった。しかし、当初、賞をもらっても何と云うことないだろうから、東京までわざわざ行くことかなろうと反応しなかったのが事実である。

その後友人から〝明治21年からこれまで名誉員に推挙された人数は２００人～３００人程度であり、しかも筆者がいた大阪大学からは電力分野で戦前からの大御所であった七里義雄先生、レーザー、レーザー核融合で著名な山中千代衛先生だけで、吉野君がもらえば三人目だよ〟、と云われ、ちゃんと対応しなければと思った次第である。

何と電気学会を創設し初代会長になったのは榎本武揚であり、初代名誉員は榎本武揚で、その後、前島密、後藤象二郎、長岡半太郎、八木秀次を始め随分の著名人が名誉員だったらしいのである。それに比べると遥かに小者である筆者であるが、名前を連ねさせていただくのは大変光栄と思ったのである。

既述のように榎本武揚に関する著者の知識の一部は、大阪大学大学院時代から可愛がっていただいた久保宇市先生が、１９９７年電気評論に初代電気学会会長榎本武揚について寄稿される際、身近で原稿作成に立ち会ったことがあったこ

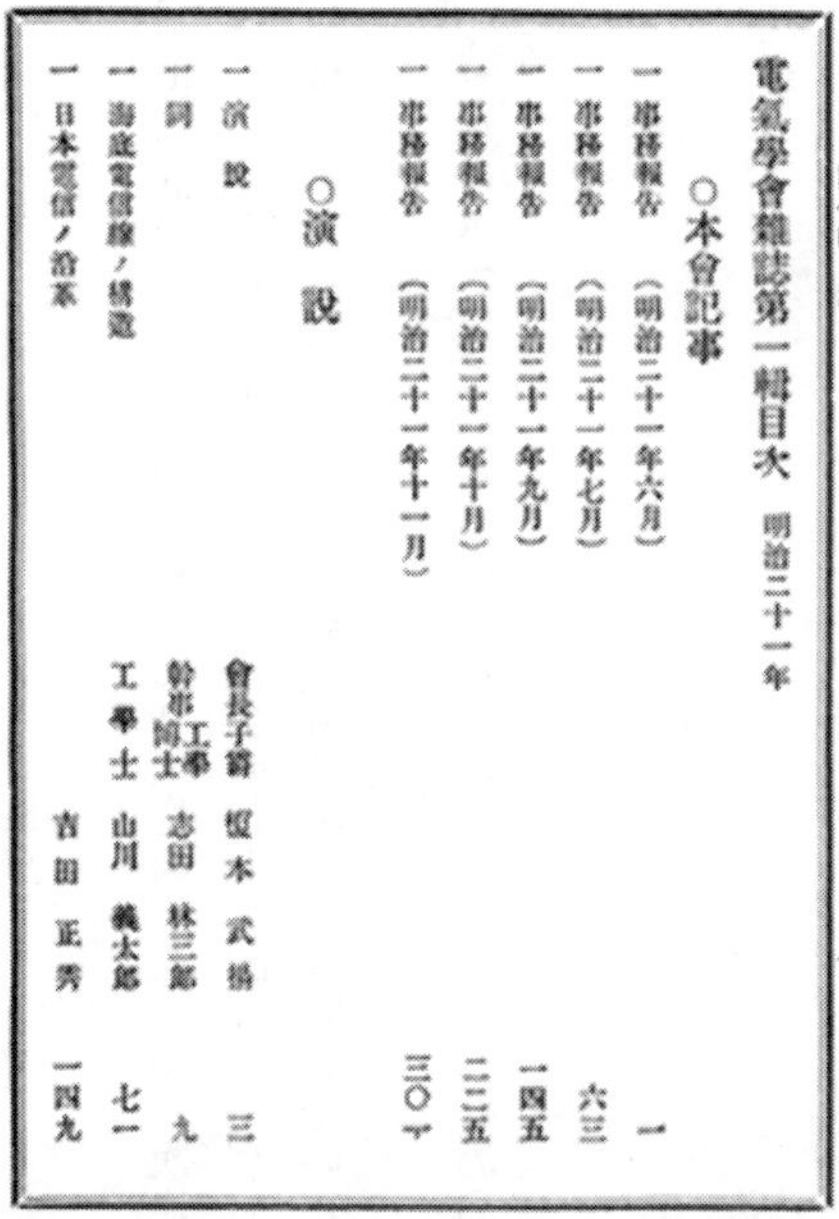
第一輯目次

電氣學會雜誌第一輯目次　明治二十一年

○本會記事

一事務報告　（明治二十一年六月）　一
一事務報告　（明治二十一年七月）　六三
一事務報告　（明治二十一年九月）　一四五
一事務報告　（明治二十一年十月）　二二五
一事務報告　（明治二十一年十一月）　三〇一

○演　說

一演　說　會長子爵　榎本武揚　三
一詞　幹事工學博士　志田林三郎　九
一海底電信線ノ構造　工學士　山川義太郎　七一
一日本電信ノ沿革　吉田正秀　一四九

付録図２　電気学会雑誌第一輯の目次

とにもよっている。

付録図2は電気学会雑誌第一巻の最初の部分である。

この明治21年に発行された最初の電気学会雑誌の中に初代会長榎本武揚の演説が記されており大変興味深いが、次に載っている幹事志田林三郎の演説もまた非常に示唆に富んだものであり、１００年後の技術、社会の状況を的確に予想している。殆どのことがその通りになっていると云えるが、ただ一つ当たっていないのは、地震は電気現象に関係しているから必ず予知されるようになっていると云う一項のみである。

志田林三郎幹事が電気学会創立のため中心となって働いた一人であり要であるが、いつの時代にも幹事と云うものの非常に大事な役目、働きを示すものでもある。

4・4　出雲地区の神社

平成25年5月10日は60年に一度の出雲大社大遷宮が執り行われた。あらためて出雲大社の我が国の歴史における位置づけを認識された方も多かったはずである。

出雲国風土記はもとより、古事記、日本書紀には出雲の国に関する膨大な記述がある。出雲の国については、戦後はこれらが全く信用ができない創作性が高い虚構のものであるなどの疑義を発する学者が評価されてきたきらいがあったが、加茂岩倉遺跡、荒神谷遺跡などの発見、出雲大社での巨大な柱の発掘など様々な証拠から記述の信憑性が極めて高く、強大な国がこの地に在ったことが確かなものとなった。すなわち、出雲国風土記などの記述とこれらの発掘されたことが見事に符合したのである。それを機会に、従来の自らの発言、記述を誤りであったと報告し、謝罪した良識ある学者さんもいた。

また、出雲国風土記を見るとたくさんの神社が記載されているが、現在もその神社が残っているものが非常に多い。著者の周辺にも極めて多いのである。その中で、本書の中で触れた、あるいは著者の身近にあるいくつかの神社について、例として簡単に説明しておくこととする。

4・4・1　賣布神社

我々の島根県産業技術センターの総務課には青戸崇年さんが転勤してこられた時、以前からいるメンバーから〝青戸さんは松江の賣布（めふ）神社の宮司さんの長男さんですよ〟、と知らされた。早速ご本人に確認してみるとその通りである。話に花が咲き、小生が玉湯の湯町の出身であると云うと、なんとお母さんは湯町地区の氏神さん八幡宮の宮司さんのうちから来られたと云う話しをなされたのである。この八幡宮の宮司さんは遠藤悦弘さんと云って小生の小、中学校の同級生であったのである。と云うことは小生の同級生の妹さんがお母さんと云うことである。尚、この八幡宮は20年くらい前の遷宮の時に聞いたところでは６００年くらい前に宇佐八幡から勧請されたと云うことである。したがって出雲国風土記には載っていないのである。

尚、同じ玉湯村の玉造地区（玉造温泉のある地区）にある玉作湯神社は出雲国風土記にも記載されており、この地には、当時は忌部と呼ばれていたが、温泉が湧き、老若男女が集うとの記述がある。玉作り、と呼ばれるのはこの地が勾玉など玉を製作する一大産地であり、玉造部がたくさん住んでいたことにもよる。ここの宮司さんもやはり遠藤家であるが、湯町の遠藤家とは異なっている。筆者が小学校一年生の時の担任の先生がこの玉作湯神社の宮司さんのお嬢さんで遠藤澄江先生であった。すごく優しい先生であったが、その後、出雲にある大和系の神社、武志（たけし）神社にお嫁に行かれて小汀澄江と云う名前になられた。

賣布神社と初めて聞いた人の中には〝お札を売る神社かな〟、と思う人もいるようであるが、全く異なっている。賣布の〝め〟は植物の芽（メ）にも繋がり、新しく生き生きと芽吹くことからきている。芽は海藻の新芽も含むのである。賣布神社の神事で鱸（スズキ）が奉納されることからも分かるように、宍道湖に接する所にあり、宍道湖の恵み、魚や海藻が豊かに獲れることを

付録図３　賣布神社

願っているものでもある。海藻の芽と云うことからも分かるが、島根の特産にワカメがあり、メカブがある。若い芽であるのでワカメ、芽の元のところにあたる茎、カブであるのでメカブである。

付録図3の写真は賣布神社である。

賣布神社のご祭神について賣布神社を説明する縁起を参考までに述べる。

主祭神は速秋津比賣神（とよあきつひめのかみ）であり、伊邪那岐命、伊邪那美の子である。摂社に祀られているのが櫛八玉神（クシヤタマノカミ）であり、この神様は大国主命のために素晴らしい料理を準備する神様で、国譲りの時の儀式でも料理を作っている。売布神社は実はもともと現在は摂社に祀られているこの櫛八玉神に由来するもので、やはり大国主命に関係する出雲系の神様を祭っていたが、ある時期、速秋津比賣神を主祭神として迎えるわけである。従って本来は出雲系の神社である。従って、神紋は亀甲紋である。

また、賣布神社の説明文にもあるように、多くの潮流のおりなす所にあって、地上界の諸々の汚濁を祓い清めて、命の甦りをはかる働きをなさる神様である。

めふ（賣布）とは、海藻や草木の豊かに生えることを意味する。布は　広がる　ことを意味する。

小生の奉職する島根産業技術センターに勤務してもらっている島根県職員の青戸崇年氏のお父さんが青戸良臣氏、そのお父さんの青戸堅磐麿氏のお父さん青戸巌氏さん等が小学校の時習った教科書が出てきたのである。

4・4・2　布宇神社

布宇神社は筆者の生まれた島根県八束郡玉湯村の林地区にある神社であり、そもそも吉野家そのもののルーツがこの林にある。この神社も出雲風土記に記載されている。主祭神は大己貴命（オオナムチのミコト）、いわゆる大国主命である。島根県産業技術センターのご支援をすることになり島根に帰ったある日、この神社を訪れ本殿を廻ってみたところ、本殿の裏の高い所に前回の遷宮の際の寄付者の名前があげられているが、何とその筆頭が吉野である。と云うことはこの神社をお祭りしている重要な立場に吉野家があると云うことになる。そう云えばこの神社は吉野家の家の裏の丘と云うか山を登った所にあり、まさに神社の守の立場のようであることが分かる。またその周辺には多くの古墳がある。

布宇神社の神文は出雲大社と同じ剣菱を抱く亀甲紋であり、吉野家の家紋はこの亀甲紋が三つ重なった三盛亀甲である。尚、平家の守り神でもある厳島神社の神文は吉野家の家紋と全く同一であり、出雲族と平家の繋がりを思わせる。付録図4は布宇神社の写真である。

そもそも林と云う地名自体が、越の国に向かう大国主命がこの地に来た時、見事に木々が栄えているのを見て、〃吾が心波夜志なり〃〃心がはやし〃と云ったことによると云われている。林とは賑やかに見事に栄えていることに繋がる。はやしたてる。野菜をはやすと云うが、賑やかな音でとんとん切る音があるから〃はやし〃と云っているのだろう。出雲国風土記の中では林が拝志と記されている。当時、地名を二字で記すようにとの指示があったからであると聞いたことがある。

布宇神社も字から分かる通り、賣布神社と同じ布の字からも想像できるように、この世全体、宇宙にも繋がる、拡がる、と云うような壮大な意味が含まれている。

この布宇神社は発音が同じことから風の神様、風神社とも云われ、何と元寇の際に吹いた神風とつながっている。元寇は１２７４年の文永の役と１２８１年の弘安の役で元が攻めてきた事件であるが、特に弘安の役で台風により元軍が壊滅したのが神風と云われている。この神社で祈祷することによって神風が吹いたと云うことで１２９３年神符により「風の宮」の称号を賜った。また、風邪に繋がることから病気治癒の神様としても知られている。また、古

付録図４　布宇神社

く出雲国造はこの布宇神社に参拝する習わしがあって、それはこの神社の加護により命を救われたことに感謝するためであると聞いたことがあったが、平成28年佐香神社の祭礼の日常松宮司のご自宅でお会いした出雲大社の千家和比古権宮司から直接聞いた。出雲大社の宮司が神魂神社から出雲大社にお帰りになる時、今でもこの布宇神社に参拝されることがあると云うお話と聞いて驚いた次第である。この話については筆者が聞き誤っているところ、あるいは覚え間違いのところがあって、少し正確ではないかも知れないと思っている。

子供の頃、10月13日林の風の神さんの祭りだと云っていた。因みに湯町の八幡宮10月15日、大己貴命、大穴持神（大国主命）をまつる布志名の布自奈神社の祭礼が10月25日である。この布志名の神社も出雲国風土記に掲載されている。玉造地区は出雲国風土記の頃には忌部の里とされているが、ここには櫛明玉神、大名持神（大国主命）、少昆古那神（少彦名神）を祀る玉作湯神社があり10月10日がお祭りである。玉造の少し南の大谷地区入口に近いところに小さな一人女神社と云うのがあるが、由緒などについては筆者は聞いたことがない。一度、八女の友人とここを通った時、九州八女の地にある邪馬台国の卑弥呼にも関わると云われる八女津姫神社と関係があるのだろうか等と話したことがあったが不明である。

4・4・3　揖夜（揖屋）神社

島根県産業技術センターの職員としてもう一人井上英二部長がいる。この人は揖夜神社の井上真澄宮司さんの弟さんである。揖夜神社はまた由緒のある神社で大国主命の長男である事代主神をまつる美保関にある美保神社と関係のある有名な神社である。

揖夜神社は出雲国風土記では伊布夜社と記されている。ここにお祭りしてあるのは女性の神様である。主祭神は伊弉冉命で大己貴命、少彦名命、事代主命、武御名方命の神々もお祀りしてある。男性の神様が祀ってあるのか女性

付録図5　揖屋神社

の神様が祀ってあるのかは神社の屋根の上にある千木を見れば明瞭である。千木の先端が縦に切れているのが男性、横に切れているのが女性の神様を祀ってあるのである。揖夜神社に関しても事代主神が夜ごと美保から揖夜神社のお姫様のもとまで忍ばれたと云う話など興味深い話がたくさんあるが、本書の趣旨ではないので別の機会に譲る。

島根半島沖を含め日本海でとれた魚は今は美保関のすぐ向かいの境港に運ばれているが、少し以前までは実は中海にある揖屋の漁港に運ばれていたのである。そこから中国地域一円に流通していたのである。従って今でも揖屋は美味しい蒲鉾，アゴ（飛魚）蒲鉾の産地として有名である。

また、揖夜神社の近くには黄泉の国の入り口と云われる黄泉比良坂がある。

4・4・4　美保神社

美保神社は事代主神（大国主命の長男の神）と三穂津姫命（大国主命のお妃の神）を祀る神社で、事代主神はいわゆるえびす様であり、各地のえびす様を祀る神社の総本宮である。美保神社の本殿は二つが連なった珍しい形をしており、それぞれの屋根の千木は一つが縦、一つが横に切れる形となっており女性の神様と男性の神様を祀ってあることが分かる。そのため比翼大社造と呼ばれる。また美保造りと呼ばれることもある。

実は美保神社の横山陽之宮司さんは青戸祟年さんの従兄弟さんである。

ところで大国主命の次男に当たる神様は建御名方命である。すなわち大国主命と奴奈川姫との間に生まれた神が建御名方命であり、出雲の国譲りと云われているが、天照大神の使者として出雲の国を譲れと出雲に来た建御雷神に対しこれに反対し争って敗れたことから、東の方に移り、諏訪神社、諏訪大社のご祭神となっている。従って、諏訪地方を含めて長野県など、中部、北陸地域には出雲との強い繋がりがあることが分かっている。諏訪大社などで御柱祭りが知られている

付録図６　美保神社

が、これなども出雲大社の巨大建築技術の流れをひくものと聞いている。上田市など長野県の中部から近隣の諸県まで広い地域の神社の8割以上は調べてみると出雲系の神様ですよ、と信州大学の太田和親教授は以前から云われている。要するに大国主命から発する出雲系の影響は日本海沿いに越（高志）の国、さらに新潟から諏訪を中心に長野県あたりまで及んでいることが明らかである。

また、奴奈川姫のいた地域、糸魚川のあたりでとれる翡翠が出雲にも運ばれてきているし、布宇神社のところで大国主命がはやし（拝志）と云われたのも越の国に向かう途中だったことからも出雲と越の強い繋がりが伺えるところである。

筆者自身は出雲族と云われる人たちは海での移動、巨大な建築、造船にも長けた海洋族であり、実際にはその影響は太平洋岸から紀州にも及んでいるのではないかと思っている。

4・4・5　佐香神社

佐香神社は日本最古のお酒の神様を祀る神社である。すなわち、祀られているのは、薬の神様、お酒の神様でもある久斯之神（クスノカミ）、少彦名命（スクナヒコナノカミ）とも呼ばれる神様で、出雲の国を大国主命に協力して作り上げた神様である。もちろん出雲風土記に佐加社と記載されている。現在の出雲市、旧平田地区の東の方、松江市、旧秋鹿（あいか）村との境近くにある神社である。出雲国楯縫郡の佐香郷にある神社であり、佐香河内、百八十神等集坐、御厨立給而、令醸酒給之、即、百八十日喜燕解散坐。故、云佐香、と記されている。

この神社の第65代宮司である常松秀紀宮司さんから代々の口伝えによると、この宴会の場所は、神社のま東の小高い丘で、通常「曲松つあん」と云われる所である。三十年程前までは、この地に三かかえもある程の老松が四本立っていた。その老松にスズメが稲穂をついばんで止まり、佐香川の水をすすって止まること

付録図７　佐香神社

を繰り返した。いい香りがする老松のほこらの白いものを、八十神様は「どぶろく」と名付けられ、百八十日もの間、宴会をされた。これが日本で最初のお酒、日本酒として代々言い伝えられている、と聞いたことがある。

スズメの唾液或いは周辺の何かから由来するアミノ酸分解酵素、酵母が働いたのだろう。お酒の由来については各地に面白いお話がいろいろあろうが、面白い口伝である。

島根県でお酒に関わる産業に直接関与しているのは我々の島根県産業技術センターであることもあって、この神社の常松秀紀宮司と常松宏祥禰宜とは格別に親しくしている。従って、毎年10月13日の祭礼では神様から授かり醸された濁り酒が振舞われるが必ず参加することにしている。特に今年平成28年の10月13日にはお花の小原流第5世小原宏貴家元によって献花がなされた。小原流開祖小原雲心家元は松江出身である。

4・4・6　出雲地区のその他の神社

ここでは筆者、あるいは筆者が勤務する島根県産業技術センターに絡む五つの神社の話をごく手短くしただけであるが、いずれにしても出雲には出雲大社、美保神社などの他、素晴らしい神社が凄くたくさんあるのである。上述以外に、現在の松江市、昔の出雲の中心地、意宇郡の中の竹矢で生まれた母の実家の近所には真名井神社、佐久佐神社、六所神社、阿太加夜神社などたくさんの神社があるが、その他筆者がお参りしたことのある神社のいくつかを上げるだけでも熊野神社、神魂（かもす）神社、八重垣神社、須佐神社、佐陀神社、賣豆貴（めずき）神社、末次（須衛都久）神社、などなどを始めおびただしい数である。いずれも由緒があり、是非とも一度は参拝したい神社である。

尚、出雲地方では、西の出雲大社、東の美保神社を出雲の国の西と東の守り神と云っている。

（略歴）

吉野勝美　工学博士

昭和39年　大阪大学工学部電気工学科卒業
昭和63年　大阪大学工学部電子工学科教授
平成17年　大阪大学名誉教授
平成19年　島根県産業技術センター所長
電気学会元副会長、日本液晶学会元会長、澪電会元会長、
電気材料技術懇談会会長

主な著書

「電子・光機能性高分子」（講談社）、「分子とエレクトロニクス」（産業図書）、「導電性高分子の基礎と応用」（アイピーシー）、「高速液晶技術」（シーエムシー）、「自然・人間・放言備忘録」（信山社）、「雑学・雑談・独り言」（信山社）、「雑音・雑念・雑言録」（信山社）、「液晶とディスプレイ応用の基礎」（コロナ社）、「吉人天相」（コロナ社）、「分子機能材料と素子開発」（エヌティーエス）、「過去・未来五十年」（コロナ社）、「導電性高分子のはなし」（日刊工業新聞社）、「有機ＥＬのはなし」（日刊工業新聞社）、「番外講義」（コロナ社）、「番外国際交流」（コロナ社）、「電気電子材料工学」（電気学会）、「高分子エレクトロニクス」（コロナ社）、「液体エレクトロニクス」（コロナ社）、「温故知新五十年」（コロナ社）、「番外研究こぼれ話」（コロナ社）、「フォトニック結晶の基礎と応用」（コロナ社）、「番外研究余談—出雲神話と先端技術—」（コロナ社）、「高電圧・絶縁システム入門」（森北出版）、「古い大学講義ノート—電磁気学—」（コロナ社）、「古い大学講義ノートⅡ—交流理論、過渡現象論—」（米田出版）、「古い大学講義ノートⅢ—発電、基礎水力学、基礎熱力学—」（米田出版）、「古い大学講義ノートⅣ—有線通信、無線通信—」（米田出版）、「古い大学講義ノートⅤ—電気鉄道—」（米田出版）、「古い大学講義ノートⅥ—電気材料学、電気化学、物理化学特論—」（米田出版）、「古い大学講義ノートⅦ—回転交流機、変圧器及誘導電動機、整流機器、電力応用概論、照明—」（米田出版）、「古い大学講義ノートⅧ—解析数学、函数論、応用数学—」（米田出版）、「古い大学講義ノートⅨ—計算図表学及数値計算法、誤差論及最小二乗法—」（米田出版）、「古い大学講義ノートⅩ—電気測定法及び電気計器、電気設計、基礎機械設計学—」（米田出版）

明治期初等学校教育教科書
—明治期の子供たちが受けた高いレベルの教育とその教科書—

平成29年３月23日　初版　第１刷発行
著　者……………… 吉　野　勝　美
発行者……………… 米　田　忠　史
発行所……………… 米　田　出　版
〒272-0103　千葉県市川市本行徳31-5
電話　047-356-8594
発売所……………… 産業図書株式会社
〒102-0072　東京都千代田区飯田橋2-11-3
電話　03-3261-7821
印刷・製本………… やまかつ株式会社

ISBN978-4-946553-67-7　C0037